文學叢刊之六十

情繫江家峪

張放著

文史哲出版社印行

國立中央圖書館出版品預行編目資料

情繫江家峪 / 張放著. -- 初版. -- 臺北市 :
文史哲, 民85
面 ; 公分. -- (文學叢刊 ; 60)
ISBN 957-547-996-3(平裝)

857.63 85001159

文學叢刊 ⑥⓪

情繫江家峪

著者：張放
出版者：文史哲出版社
登記證字號：行政院新聞局局版臺業字五三三七號
發行人：彭正雄
發行所：文史哲出版社
印刷者：文史哲出版社
台北市羅斯福路一段七十二巷四號
郵撥〇五一二八八一二彭正雄帳戶
電話：三五一一〇二八

實價新台幣四四〇元

中華民國八十五年二月初版

ISBN 957-547-996-3

自序

從事小說創作的人，最重要的應有紮根立足的地方，然後結合作者廣闊的知識見聞，寫出作品，那才會具有藝術性。這也就是美國傑出的小說家福克納的話：「一枚郵票那麼大的地方有寫不完的內容。」

過去我常聽到文藝界流傳一句話：文藝作品應該走向世界。為了實踐這偉大的理想，甚至還曾召開會議，專門討論中國文藝應當怎樣走、如何走，才會「走向世界」去。冷靜地想：參與討論這個問題的人，大概是從外太空星球上來的人吧？任何一個國家的文藝都是世界的一部分，任何一位文藝作家也是生活在世界上，那為什麼文藝還要「走向世界」呢？

二十年前，曾獲諾貝爾文學獎的小說家川端康成來台北開會，數日之間，我曾觀察他那瘦小的身材，微弱而謙卑的聲音。高達攝氏三十二度的氣溫，川端先生為了避暑，白天在台北開會，夜晚回到陽明山去休息，因為他沒有吹冷氣的習慣。他在文藝大會中發表演說，開頭便提起小時候的往事，在那恬靜的素樸的農村，太陽掛在山嶺上，蟬兒躲在樹梢鳴叫，門外響起小販的敲擊梆子聲；川端康成從小到老，他的文藝生活永遠沉浸在這充滿東方農家情調氛圍裡。

川端康成和福克納一樣，自己認為是「鄉下人」，他描寫的都是身邊熟悉的事物；他們並沒有考慮外國讀者，或是設法迎合國門以外的讀者。但是一個偉大的作家獨特的藝術個性如同磁石一樣，吸引了世界各國的讀者。曹雪芹、關漢卿、莎士比亞、托爾斯泰、巴爾札克的名字，都是從他們偉大作品放射出的光芒，而不是「走向世界」的。

我的故鄉是在黃河下游一座貧瘠的山村，那座僅有五十多户人家的窮村子，正如同福克納所說的「一枚郵票那麼大的地方」。雖然我從誕生下來到現在，僅在故鄉住了不到兩年，但是故鄉在我心目中卻占有重要的地位；儘管我已離開它四十多年，甚至也曾走過世界二十多個國家，可是每當午夜夢回，我繫念的還是那座一窮二白的山村。這種落葉歸根的觀念，大概就是中國傳統文化吧！

自從台灣開放大陸探親，故鄉的影子宛如一幅水墨畫，突然之間似乎距離愈加遙遠，故鄉的人物，也恍若隔世之感。

為了捕捉我少年時代逝去的悲歡歲月，為了紀念我親炙而熟悉的親屬和鄰居們，我從六年前便開始以我的故鄉——「一枚郵票那麼大的地方」作背景寫作。我必須誠實地告訴讀者，四十年來，我幾乎無時無刻不在思念故鄉，我寫作這系列小說的時候，右首擺著茶杯，左首擺著一個塑料碟，碟內放著一塊小毛巾，不是用它來擦汗水，而是用它來擦眼淚的。我寫作這本書雖然將近廿萬字，前後花了兩年的時間，我不知道流了多少次眼淚，有時寫到悲傷的地方，禁不住嚎啕痛哭！老伴皺著眉頭發起牢騷：「甭寫了，再寫下去眼睛就哭瞎了！」

歌德說：「文學陣地上陳列著許多無名陣亡者的屍體，他們死亡的原因各不相同，卻有一個相同的致命傷，那就是他們都脫離了自己的時代和人民。」親愛的讀者朋友，請寬恕我沒有藝術才華，而且知識見聞有限；但是我的這本小說，卻真正描寫了大陸來台灣人們的悲劇。

一九九六年春節・新店溪畔

情繫江家峪

目次

春情

1.

午夜，杜小甬被尿憋醒，聽窗外飄起淒風苦雨，怪不得愈睡愈冷。披上棉裌克，他捂著硬邦邦的老鼠下床去撒尿。屋內泛潮，床上的枕頭、棉被和鋪在下面的毛毯都濕淥淥黏糊糊的。去年冬天他就想買除濕機，女人不同意，說是浪費。想起此話他就火冒三丈。莫非患風濕關節炎打針，吃藥不浪費？……狗日的！走回臥房，他發現妻子睡得香甜，而且發出輕微的有節奏的鼾聲。他低聲唸禱著：等明年新屋建築完成，咱就搬家，阿春，委屈你了！

這棵小屋蓋在海拔六百二十米的麻里山半山腰。過去，杜小甬在夜晚常和阿春上山，找到僻靜處坐下，看月亮，然後脫衣掛在樹上，兩人抱在一塊啃嘴。有時老杜還會走到那株老榕樹下拉野尿，阿春躺在草窩裡數星星、哼歌曲，等他。薑是老的辣，真對。他二人年紀加起來一百出頭，卻比二十多歲男女還熱烈些。婚後，他們的新居就蓋在老榕樹下。老杜是工兵出身，他親手設計建築的這間碉堡形狀的房屋，若不是屋頂晾著白菜、辣椒、白蘿蔔，山下人根本不會看出它是住屋。老杜時常叼著煙捲兒跟阿春開玩笑：這不是蜜月小屋，這是炮台。哈哈！

幹你娘，老不羞！阿春紅著臉啐老杜一口，笑了。

當時修建這座「炮台」流了不少汗水。首先，老杜在老榕樹下開鑿一口壓水井，然後再下山購買水泥、沙石、木料、鋼筋、鋁片等建屋材料。年近六旬的杜小甫，每天光著膀子汗流浹背做工，實在令人感動。新娘上山給他送飯，送茶水。阿春心疼他，勸他歇憩一下再幹。老杜伸出一隻骯髒的手，摸了她奶子一把，嘻皮笑臉說：早一天把炮台蓋起來，省得開旅館化錢了。

豈僅為了化錢？每次二人面紅耳赤心驚肉跳走進陰暗小旅館，既怕警察臨檢又怕下女窺視。別看杜小甫老兵出身，對於帶女人開旅館卻是外行，走進房間如履薄冰如臨深淵緊張兮兮脫去褲子，捅不了十下八下便豎起白旗。那種窩囊透頂的感受，讓他懊喪不已。幸而阿春安慰他：老杜啊老杜，我喜歡你並不是為了這個。你心地善良、厚道。以後咱們在一起要過一輩子。杜小甫凝聽著阿春那懇摯的略帶沙啞的話音，竟然感動地熱淚盈眶。

新婚蜜月，這間小屋洋溢著歡樂笑聲！晚上，老杜唱豫劇〈鍘美案〉給她聽，聽得她如醉如痴，躲在牆角擦眼淚。老杜說豫劇是「中原之音」。至於此話是何意思？連老杜也不明白。有一晚，老杜向她講述過去做的壞事：那年駐防東引島，島上生活寂寞，有些老兵拉他去逛特約茶室。起初他忸怩不前，經不住別人的激將與慫恿，最後還是下了海。老杜玩的13號，是一個雙眼皮、高鼻樑的年輕姑娘。阿春聽得眼珠溜圓，臉頰緋紅。13號端進房間半盆溫水，問杜小甫要不要戴套子？老杜壓低嗓門說，我不戴那玩意兒，那等於「穿著襪子洗腳」。13號刷地一下脫下衣衫，露出一對白花花大奶子，接著朝床上一躺：快，卡緊……驀地，阿春伸手摑了丈夫一巴掌，憤恨地罵了一聲「沒見笑！」眼淚不由地奪眶而出。為了此事，阿春一連七天不和老杜講話。

阿春是東部人。家貧，父母早逝，十九歲便嫁給一個建築工人。婚後兩人時常吵架。丈夫不但酗酒、賭錢，而且時常在外面嫖娼。起初阿春原諒他，總認為男人拈花惹草，算不了啥缺點。後來，她發現丈夫竟然跟一位女人同居，她帶領警察前往捉姦，當即辦理離婚。從此她到西部謀生。賣水果、賣青菜、做醫院清潔工……不曾生育過的女人不顯老，阿春認識杜小甫那年，已經四十五歲，看起來像一個三十剛出頭的鄉村姑娘。她身穿天藍色工作服，戴米黃色塑料手套，兩隻水靈的大眼朝他發怔。喂，老先生，你這橘子多少錢一斤？老杜年近六旬，身體還挺硬朗，頭髮雖已花白，卻仍流露出無比的活力。他盯著阿春突起的胸脯，伸出三個手指頭，操著豫北味的台灣話說：桑考。阿春齜牙笑了。我也賣過水果。陽明山的小橘子，粒小，卻甜。可是哪賣這麼貴？二十五行不行？老杜在醫院門前擺水果攤，對於這位醫院清潔工有點印象，想不到她的國語講得字正腔圓，比收音機裡那個報交通狀況的播音員聲音還好聽。老杜的腦袋變成波浪鼓，朝對方阿諛奉承說：沒關係，大小姐要幾斤？

我不是……大小姐……阿春的大眼珠向他發怔。

那您是……太太？

我也不……是太太。阿春破涕為笑。

老杜紅了臉，尷尬至極。低頭為她挑了些顆粒大的橘子，二斤二兩尚高，倒進塑料包，遞給阿春，懇切地說：要是好吃，下次再給錢吧。阿春善解人意，羞紅了臉，拎起橘子，扔下五十元紙幣，默聲離去。

這件芝麻大的小事，如同愛情種籽，深埋在老杜和阿春的心靈深處。只等春風吹過，愛情便會發芽茁壯起來。

麻里鎮依山傍海，若非此地是颱風必經之地，它是世外桃源。沿著麻里鎮的一片海灘，呈月牙形，長滿野菠蘿。當年杜小甫從軍中退伍便來到這個寧靜的小鎮，他愛小鎮，更愛這美麗的沙灘。眼前的地形、地貌和故鄉相似，所不同的是一望無垠的鹽鹹地變成波濤洶湧的大海。最初，老杜是以五萬新台幣買下那間克難房，他親手換了鐵皮屋頂，又在屋旁加蓋廁所，圍起籬笆院兒，儼然成了海邊人家。也許由於地形的影響，冬季海浪滔天，氣候特寒；每值夏季颱風來臨，從東太平洋吹來的強風，繞過台灣最北端的富貴角，直掃麻里海灘，因此千百年來此處無法建設海港，同時也造成了麻里鎮的落寞。

杜小甫原打算在此安家落户，但是連遭五次颱風把小院的雞棚、木瓜樹吹毀，屋頂翻修十幾次。鎮長曾派人勸促老杜搬遷他處，甚至提出補助金的條件，但是這個老牛筋堅持不肯遷居，對方只得悻然離去。老杜白天在快安綜合醫院前擺水果攤，水梨、橘子、蓮霧、葡萄、蘋果、哈蜜瓜，生意還算不錯。他心情開朗，知足常樂，數年來像春天的麻里海灣，平靜無波……但是自從認識阿春，他的心底翻騰起波濤……

少年時期的杜小甫，從來沒見過海，甚至連海的圖片也未見過。他生長在窮山窩裡，鄉親父老世代和坷垃打交道。他從小沒有父母，依靠外婆長大。他十六歲那年，身高一米七，挑起一百多斤的穀子，扁擔壓得呈月牙狀，他能一口氣挑回八里遠的村莊，絕不換肩。村裡的大閨女背後評論他，說他羅成投胎轉世，註定今生受盡苦難。儘管女娃們偷偷喜歡他，可他從來不跟女人點頭拉家常。

抗戰勝利後的第三年，七十一師從西安順隴海線向豫東轉進，越過鞏縣。由於連續兩年的戰鬥，缺員甚多，沿途收容、招考學兵，也有的是強迫抓來的，杜小甫是其中的一個。那天，工兵營長段喚召集新兵點名，叫到「杜小虎」時，見此少年相貌不凡，身材魁偉，唯一缺憾就是兩排黃板牙齒。身上衣服破爛不堪，穿著一雙草鞋。

段喚營長問：你們鞏縣出了一位偉大的詩人杜甫，有關他的後代，你知道麼？

他楞了半天，逼出這麼一句話：我不認識這個人。

段營長轉頭向司書說，小虎名字不雅，應改名小甫，以紀念那位唐代傑出詩人。他是文盲，聽不懂這些文謅謅的話。這是四十年前的往事，屬於杜小甫檔案秘史。

正由於杜小甫少年時沒見過海，他才親近海、喜歡海，他在海灘安家落户，即使每年受盡颱風的侵襲危害，他也捨不得搬走。但是他和阿春結婚以後，卻毫不猶豫遷居，愛情力量重如泰山，每逢老杜想起這件事，他禁不住發出會心的微笑。

2.

自從杜小甫愛上阿春，彷彿脱胎換骨變了另一個人。他是農民出身，數十年嚴肅而規律的軍營生活，他既無戀愛經驗，也沒有真正迷上一個女人。那年在東引逛特約茶室，雙眼皮、高鼻樑的13號一脱褲頭就催「卡緊」，他感到屈辱與憤怒。那次，老杜喝下肚內的一瓶大麯酒，通過腸胃、五腑六臟，最後從下體排洩出來，把床單濕了一大片。氣得13號從頭到尾罵了足足七十分鐘。兩年後，杜小甫調防前夕特地去辭行，13號一眼認出是他，馬上掉頭而去。眼睛迸射出仇恨的光芒。因而讓老杜每逢想起來便不寒而慄。這也屬於老杜的個人檔案秘史。

每天，老杜坐在水果攤旁，瞪大了眼朝醫院大門眺望，他那貪婪專注的神情，彷彿老貓守候小老鼠一樣。有時阿春瞅他一眼，或是老遠招一招手，老杜像喝下醇香的茅台酒，飄然若仙之感。即使阿春低頭而過，甚至故意裝作有急事匆促走過去，老杜也覺得愉快而幸福。他在無數失眠的夜晚，幻想有一日約她爬山、看電影，或是一起下小館。他自編自導自演，默默咀嚼著愛情的甜蜜……

那天陽光普照，晴空萬里，老杜正坐在板凳上打盹，聽見有人喚他：買橘子噢！睡意朦朧，他發現一位如花似玉的女人痴立眼前。是李麗華林黛楊麗花柳青小艷秋白莎莉崔苔青……不是，他揉揉眼睛，咧開肥厚的嘴唇笑了。阿春，阿春，江春……我好想你喲。阿春驚喜交集，茫漠地問，你咋知道我的名字？老杜搭拉下頭，和風細雨背誦語錄：「天下無難事，只怕有心人」，問唄？阿春笑了，蹲了下來，把一張報紙遞給老杜：好消息！你看，你們榮民老兵可以回大陸探親啦。老杜接過報紙，兩眼烏七抹黑，喉頭頓時像塞住一顆酸梅，眼淚不由地奪眶而出。阿春，你不是糊弄我吧？是真的還是鬧著玩的？阿春有點生氣，你看哪。說罷，站起身來，走了。

這是一件震驚海宇的消息，杜小甫竟致失眠數夜晚，心亂如麻，不得安寧。離家四十載，想起往事，恍若隔世。回去，回去看望誰？只有看看村前的一排白楊樹、豬圈、石磨、山神廟，以及打麥場。老杜想前想後，嚎啕大哭。從離家到如今他這是頭一回放聲大哭。對於開放大陸探親，老杜最後只憤憤地罵了一句：狗日的！

這個老牛筋夜晚失眠，白晝睡覺，鬍鬚不刮，臉也不洗，生意也懶得做了。那天睡到摸黑，老杜打開電燈，先燒開了水，把暖水瓶灌滿，再脫光了身子去浴室沖澡。洗淨身子，用大毛巾圍住下體，刮鬍、洗面、刷牙。正走出浴室，不料阿春適巧闖了進來。老杜一時心慌，差一點將大毛巾掉下來。你坐，你坐……他邊說邊向臥房走。所謂臥房，僅隔一張布幔而已。穿上運動褲，披上一件薄裌克，老杜趕緊出來為客人沏茶。

我以為你病了。阿春坐在破籐椅上，慢吞吞地說。一連三天沒見你，我心裡有點緊張，是不是為了開放探親？

狗日的！老杜長嘆一口氣，低下頭去搓手指頭。

阿春茫然不解，老榮民到底罵誰？開放大陸探親，原是一樁天大的喜事，父子重聚、夫妻團圓，這是基於人道主義同情老兵的政策，為何老杜嘴裡不乾不淨發牢騷呢？

早知如此，為啥前二十年不開放？如果老營長活著，他一定抱頭大哭！……唉，狗日的！

阿春發現老杜的眼泡浮腫，面色憔悴，湧出一片同情心。你幾個兒女？大概都四十多歲，像我這麼大年紀吧？

我沒兒沒女，絕戶頭。老杜謙虛地笑著。民國三十七年，我被抓兵出來，還是小孩子，十六歲，還沒長屌毛呢……忽然，他口無遮攔說出粗話，幸而阿春聽不懂濃重的豫北鄉音，才逐漸使他平靜下來。

你……她摀住了嘴。你說啥？別吞吞吐吐，你想說啥就說啥。即使你罵我，我也喜歡，咱們是……自己人嘛。杜小甫真正笑了。

阿春打量這個退伍老兵，五官端正，身強力壯，是一個忠厚老實人。她一直瞅老杜，倒使老杜有點難為情。你想跟我說啥？

我看你一個人，也挺可憐的。她說。

我才不可憐哩。老杜爽朗地說，一天兩頓飯，不是米飯就是麵條。早晨一套燒餅夾油條，豆漿加蛋。有時候高了興，燉兩根豬蹄子下酒。我們鞏縣縣長也比不上我生活享受啊！

你為什麼不找個老婆？

阿春提出此一問題，卻把老杜考住了。心中暗自琢磨：哪一把壺不開提哪一把壺，小親親！半晌，杜小甫終於轉守為攻：你幫我找一個行唄？什麼條件？老杜偎近她，嘻皮笑臉說：像你這樣就行。阿春低下頭，我不行……我已經四十出頭，不會生孩子了。老杜笑得咳嗽起來，你呀……不是我說你……哈……光緒年間的頭腦……無兒無女無牽掛，有兒有女是冤家。江小姐，我絕不糊弄你，我說的是心坎兒的話，江小姐……他關上電燈。

我不是小姐。阿春搖頭說。

那你是太太？

我也不是太太。

那我叫你……小親親行不行？

啊，受不了！受不了！她摀住臉，倒在籐椅上。

這位質樸淳厚的老兵彷彿吃了老虎心、豹子膽，走近阿春，摟住柔細的頸子，親吻她的面頰、耳朵，親得她咯咯直笑。接著，老杜趁勢抱起了她，嘴裡一面嘟嚕，一面朝床邊走。小親親，你是賊胖，淨重最少有六十五公斤。屁股蛋子還真性感……窗外的驟雨襲來，敲擊著屋頂鐵皮發出啪拉啪拉的聲響。下雨天留客，颱風季節的這場驟雨下了兩個多小時，比放映一場A級影片時間還長，老杜累得筋疲力竭，女主角全身癱瘓，兩天沒去醫院上班，像害了一場大病。

他倆的戀愛渡過漫長的夏季，秋風乍起，轉瞬間到了歲暮年關。這個離婚二十年的阿春，對於老杜，好比「傻小子放炮仗」，又怕又愛。一日，老杜央求阿春：

俗話說，有錢沒錢，討個老婆過年。眼看要過年了，咱們到地方法院登記公證結婚，行唄？阿春趕緊搖頭，誰敢跟你在一起呀？那麼厲害……若是跟你結婚，用不了半年就會把我整死……老杜拊掌大笑。比那年他晉升上士班長還高興。由於時間迫促，他們拖到翌年農曆二月初二辦理結婚手續，這是黃道吉日，所謂「二月二，龍抬頭，金銀財寶往家流」。老杜做了新郎，水果攤生意愈加興隆。新鮮的水梨、蘋果用紅綠紙包裝在小筐中，既美觀，又顯得高貴。這是新娘阿春出的主意。因此銷路大增。阿春勤儉且有頭腦，買了一架榨果汁機，只要醫院下工，她便幫助榨甘蔗汁、桔子汁，這樣每天的盈餘收入比過去超出兩三倍，小生意做得像黑松牌汽水，直冒泡兒！

3.

眼前麻里鎮海灘，固然近似老杜故鄉的景緻，但他熱愛這個地方是為了紀念老營長段喚。民國五十一年冬，麻里海面波浪滔天，段營長懷著悲憤心情蹈海自殺。這件事如同一片枯葉無聲無息落進大海。麻里鎮居民不知道，陸軍工兵部隊也不知道，因為任何傳播媒體在「軍事機密」限制下皆未曾報導此事。

當年，杜小甫卸下背包，來到這荒僻的麻里海岸，他就覺得氣候多雨、潮濕，難以適應。段營長冒著淒風苦雨，領導工兵部隊弟兄趕築沿海防禦工事，將近一年時間，從麻里到富貴角七十九公里的明堡、暗堡，超期完成。當時參加工作受傷十一人，因中暑併發肺炎等病死亡二人；在搶築工程時杜小甫不慎被鋼筋砸爛右腳，淌了兩三碗鮮血，等傷口包紮完畢他立即投入工作。這些往事也無聲無息被歷史淹沒了。

當年，杜家的一名十六歲的孤兒小虎是被七十一師工兵營抓走。強迫他脫去骯髒破爛的衣服，換上陸軍草綠色制服，而且強迫他取名杜小虎，後改為杜小甫。抓他當兵的段喚中校，把他看作部屬兄弟袍澤和同甘苦共患難的革命伙伴。三十八年過去，彈指一揮間，老杜如今只要瞅見波濤洶湧的麻里海灣，老營長的音容笑貌栩栩如生展現眼前。最後老杜流下了傷心的眼淚……

段營長投海的秘史，任何人都搞不清楚，甚至杜小甫也一直茫然不解。民國五十一年秋天，在中印邊境的「麥克馬洪線」東西兩段印度軍隊，突然以閃雷不及掩耳的手段發起進攻。為了保衛國土，中共駐防西藏、新疆的部隊展開反擊作戰。這件新聞在台北報端發表後，引起段喚的注意。他在全營時事座談會上，憤怒地指責印度總理尼赫魯的侵略野心，同時讚揚共軍官兵為了保衛疆土，前仆後繼，誓死如歸，充份發揚了愛國主義精神。

當時全場報以熱烈的掌聲。老杜根本聽不懂，他敬重老營長，凝聽講話，鼓掌也最熱烈。

一週後，段喚以「為匪宣傳」罪名，押往台北審判。那晚專車駛近麻里海岸，風雨交加，親近段喚的兩名槍兵故意縱使他跳車脫逃。後來，軍方出動兩個加強營兵力，進行地毯式的搜捕，結果在海面發現了段喚的屍體：他仰望烏雲密佈的冬空，眼珠暴突出來，充滿血絲，彷彿向上蒼控訴自己的冤屈……最讓老杜感傷的是老營長遺體直到火化前，手銬才卸下來……

每次談及此事，老杜總是淚洒胸懷。阿春認為人的壽命操縱在閻羅王手上，而不是以人的意願所決定。這種帶有迷信色彩的話，老杜聽不進去。他認為老營長口快心直，人家印度跟共軍作戰，咱管這個作啥？這豈不是自找麻煩？最使他茫漠不解的，段喚既未接受審訊，又未宣判，他卻先了斷自己，這不是跳進黃河洗不清的冤案麼！

那年駐防新竹沿海一帶碉堡，每到假日，老營長帶著魚肉、罐頭輪流到碉堡和弟兄們聚餐。段營長曾拍著老杜肩膀，誠懇地向大家說：你們要照顧這傢伙，他是被我抓兵抓來的。群眾大笑。我把老婆孩子拋在西安，卻從鞏縣抓來這個可憐的孤兒，我沒做虧心事吧？你們評評理。杜小甫跟大詩人杜甫只差一個字，了不起啊！於是，碉堡揚起暴風雨般地熱烈掌聲！

老杜的最大缺點，除了老牛筋固執，另外就是順毛驢：你說他胖他就喘，你誇獎他工作賣力，他會夜以繼日不眠不休即使累出肝病肺病風濕關節炎也樂此不疲。老營長對他的讚美，雖帶有開玩笑性質，杜小甫卻下定決心，堅守崗位，高舉主義領袖國家責任榮譽的五大信念旗幟，為實現鞏固台灣光復大陸而奮鬥。後來杜小甫士官長幹到五十四歲退休，領的榮譽獎狀獎牌一大堆，卻在個人資料卡上註明「政治嫌疑份子」，佐證則是他曾被「匪諜」段某抓兵進入工兵營。這也屬於軍事機密，老杜當然茫然不曉。

其實老杜犯的罪狀，任何人也不知道。從他參加麻里沿海構築工事，積蓄了薪水買了一只小收音機，閒來無事，偷聽大陸播出的豫劇。由於豫劇鄉音親切熟悉，他聽得津津有味，日久天長，有幾齣新劇他幾乎能哼唱出來。

罵一聲親家母你個老妖婆，
不該說俺是老山窩。
深山野溝自古常有，
俺的個子也不比你長的挫。
自從俺轉入高級社，
一不愁吃來二不愁喝，
千年的荒山栽成樹，
萬年的旱地流清河。

吃不愁，穿不缺，
糧食一年比一年多。
你說俺山高路又遠，
俺計劃明年就通汽車……

雖然杜小甫學會新劇，卻從不敢哼唱。當時「偷聽共黨廣播」，將以匪諜論罪。後來，軍隊曾下令沒收私有收音機。老杜心眼多，他並未繳出，卻在修理手錶那兒用它換了一只舊手錶。這件秘密雖已過去三十多年，老杜每逢想起心噗噗直跳，他總覺做了一件膽大包天的事。

老杜結婚日，痲里鎮如意園餐館席開六桌，高朋滿座，水洩不通。新娘燙了新髮型，格外年輕，那一身紅泥料洋裝，漂亮耀眼。老杜白襯衫、醬紅色毛衣，外著牛皮厚裌克。客人低聲議論：新郎看樣子是忠厚老實人，可惜年齡大一點，快七十了吧？有人急忙辯駁：黑白講，老杜才五十八歲。

那時老杜還住在海灘鐵皮房屋。天冷，入晚飄起細雨，再說海灘黑燈瞎火，任何人也未去洞房看熱鬧，倒讓阿春感到輕鬆。老杜已有幾分醉意，他是實在人，喝酒絕不敷衍了事。倒在床上，他卻哼哼唧唧唱了起來：

……你掉根頭髮我也心疼，
噙你到嘴裡怕噙化，

頂到頭上怕你受驚。
你胳臂沒有夠著頭，
你心高意大想成精。
從小看你是白菜樣，
長來長去一撲楞，
從小看你是豆芽子樣，
長來長去彎成了弓。
糞堆上不能長靈芝草，
蛤蟆長蟲不能成龍，
死狗也扶不到南牆上，
老母雞攆兔不能充鷹……

新娘在浴室洗澡，凝神聽著丈夫唱豫劇。她覺得有點煩惱，洞房花燭夜，新郎不顧妻子，卻喝得暈頭轉向躺在床上哼唱，這咋是幸福婚姻？過去，醫院的女工都羨慕她有福氣，嫁給年紀大的男人，懂得體貼，可是老杜一點也不體貼她。唱著唱著唱累了，老杜睡著了……阿春換上睡衣，走近床邊，輕輕推了新郎兩下：起來，洗個熱水澡再睡覺。老杜揉一揉眼，問：幾點了？她故意説風涼話：天快亮啦。

沖了熱水澡，杜小甫酒意漸淡，精神昂然，在腰間圍了大毛巾，趿拉著拖鞋走近床沿，輕掀棉被上床，一把摟住赤裸的阿春。

你唱戲是跟誰學的？

電台裡的女演員。

哪家電台？

河南人民廣播電台。

阿春唬地翻身坐起，用棉被掩住兩只白花花的乳房。騙人！台灣由北到南，從來沒聽說有這家廣播電台！

老杜哈哈大笑。等他解釋清楚，她才躺下。窗外傳來落雨聲音，她的風濕性關節炎症，開始在肩肘腕膝等大關節間游走性的疼痛。老杜為她按摩，最初確使阿春舒適，按摩了不到十分鐘，那隻毛茸茸的大手便失去控制，摸奶子、抓脖頸、搔胳肢窩、摳屁股，最後老杜的賊手搭在她豐滿的陰户上。不久，鐵皮屋子開始晃蕩起來……

4.

麻里山怪石嶙峋，雜草叢生，原是野鼠山雀聚集之地。自從杜小甫在半山腰築屋，雖山地潮濕多雨，但卻享受新鮮空氣。每天東方泛出魚肚白，有些鎮上的退休老公務員、工人或老水手，拄著拐杖沿著腸小徑爬山。老年人只發出咳嗽聲、低沉談話，不覺甚麼；但是遇到假日，一群青少年結伴郊遊，提著收錄音機，播放西方熱門音樂，嚇得山上野鼠奔竄、山雀振翅飛翔。連睡在屋內的杜小甫也氣得跳腳罵娘。

你生哪門子氣？這些人還不是咱們引來的？阿春勸他，怕他生氣而影響健康。

麻里鎮濱海處，正在建築一座五層樓公寓，早已貼出海報。老杜曾琢磨過，只要付出二十五萬便可搬進新樓居住，其餘百分之六十低利貸款，可以在十五年內付清。老杜積蓄五十多萬，他原把這筆款項作為棺材費，這是往年的心理計劃。如今他改變主意，打算用它作為購置新居費用。他和阿春商量，阿春卻不同意買屋。

你有風濕性關節炎病，不搬家，老是花錢吃藥怎麼行？

我有勞工保險，化不了多少醫藥費。

你嫁給我，住這種破舊房子，我覺得對不起你。老杜說出心底的話。

你對不起我，給我買陽明山別墅，我才高興。阿春說起風涼話。

不經一事，不長一智。從此老杜購買任何物品，再也不跟妻子商量，免得阻撓他的置產計劃。他悄悄到鎮公所申請戶籍謄本影印本，取出存款，辦妥購屋手續。

老杜心地淳厚，為了愛阿春，他將這座二十五坪的房屋產權，列在江春名下，而江春卻對此事毫不知情。

其實江春不同意買樓房也有理由：丈夫年居六旬，靠擺水果攤謀生，風裡來、雨裡去總是辛苦工作；若是將來患病，手中不積蓄一些醫藥費，那豈不坐以待斃！何況住進公寓之後，每月還要繳納房款，那和租賃房屋差不多，何苦忍受長達十五年的精神壓力？江春的心事只有山上的麻雀野鼠知道，而老杜卻蒙在鼓裡。

秋天，金燦燦的陽光從蠶蛹般雲絮鑽出來，照射著寧靜的麻里鎮。老杜坐在水果攤前，朝濱海正架設鋼筋的公寓工程眺望，在不久的將來，他和阿春搬進新樓居住。他的心噗噗跳躍，好像過去部隊開榮譽團結會，他上台接受營長的表揚一樣緊張興奮。老杜燃上一支煙，悠閒地吸了幾口，他想起住進公寓，沙發、飯桌、衣櫃、雙人床都應添置，若不然空蕩蕩的咋行？眼前家裡的零星家具，等搬家時恐怕大部分淘汰了。正在痴想，眼前站立一個頭髮灰白的老人，定睛看時，那人雙腳併攏，抬起右臂向老杜行了一個舉手禮。

報告，老班長！

那人穿著一件灰袂克，花格熱褲，眼睛笑成兩個「一」字。黑不溜秋，像剛從煤礦出來。老杜唬地站起來，伸出右拳輕輕搥了他一下：高漢！你還沒死啊！

高漢咧嘴傻笑。鷹鉤鼻子上面兩個「一」字眯得更細了。班長，你身體還真不錯，還能日吧？哈哈，你記得東引13號……哈哈，差一點被你日死……

你不是也日過她？老杜紅著臉，警惕地朝四週瞄了一眼，擺攤的、走路的，誰也沒有留意他倆說葷話。高漢家住七堵，開計程車為生，已有一子一女，女兒嫁給一個跑商船的二副，兒子目前在海軍服兵役。剛才老高從五堵送一個病人來麻里快安醫院，想不到在醫院門前碰見一別十幾年的老班長。

驀地，高漢憶起一件大事。去年秋天我回西安，看望咱老營長的夫人啦！

她過得怎麼樣？

老高搭拉下頭，沉默起來。兩隻蝦米眼睛擠出兩顆黃豆樣的淚珠。他猛烈地吸了幾口煙，從那烏黑的鼻孔冒出兩股白色的煙柱。

你沒告訴她，咱老營長的事吧？

高漢淒然一笑，默默搖了搖頭。

唉，咱老營長到底埋在啥地方？有人說台北六張犁，也有說埋在石碇；三十多年了，上哪兒去找屍骨？……營長他一心為國，想不到落了個匪諜的下場。老杜仰頭凝望天空，烏雲蔽日，不禁潸然涕下，眼睛頓時混濁無光了。

在國共內戰中，段喚扮演了典型的悲劇角色。共軍進入西安，段營長家屬接受隔離審查，後來兒女進入學校讀書，也受到歧視。文化大革命期間，段夫人戴了「反動派家屬」紙帽，被迫在毛主席照片前罰跪、認罪。幸虧她的一對兒女響應號召上山下鄉各自謀求發展，只是段夫人像經過冬眠的土撥鼠，等春天來臨，她卻被送進精神病院。高漢用手絹擦乾眼淚，激動地說：老營長在台灣是匪諜，他夫人在大陸是反動派家屬……唉，如今段夫人連親生兒女也不認識。只會讀毛主席語錄。我原想給她點錢，她瘋瘋癲癲，見面就跑了。

老杜剝橘子塡進高漢嘴裡。別難過，兄弟，瘋子才有福氣。人活世上，再風光也不過八九十年。吃，員林橘子甜。記住我的話，老高，這年頭能吃就吃，能日就日……高漢破涕為笑，鼻涕混合橘瓢噴了出來：我早就日不動了。老杜馬上開藥方：西藥房有龍虎威風丸，專治老二毛病，非常有效，我絕不騙你……老高直搖頭，啥藥也沒用，老班長！我的糖尿病很嚴重，你看看我的眼珠……

有人要坐車，高漢只得告別，雙腳併攏，挺起胸膛向老杜行舉手禮。當計程車駛出街口，老杜的眼淚刷刷淌了出來……

這夜，老杜躺在床上，想起段營長生前音容笑貌，以及他夫婦的不幸遭遇，百感交集，忍不住暗自啜泣起來。阿春拖著疲倦的身軀，下床煮麵條為丈夫消夜，勸他把一切看開朗些，不必作繭自縛。阿春接著把她的秘密抖露出來：麻里鎮新成立一家投資公司，接受民眾投資，十萬元一股，每月淨獲利息五千。只需兩年時間便收回本錢。這件事阿春考慮很久，因為有不少人踴躍投資，甚至出售房地產，所以她最後才買了兩股，也就是二十萬。老杜吃麵條擤了一把鼻涕，抬頭警告阿春：你貪圖人家高利貸，人家吞掉你的資金。

呸、呸、呸！阿春急忙用手指在桌面敲擊三下。烏鴉嘴，哼！

看到阿春這種迷信動作，老杜忍不住想笑。阿春見丈夫露出輕鬆表情，順水推舟談起她的夢想：我放出去的二十萬，五年過後，連本帶利八十萬！老杜，你是想買房子還是買汽車，儘管說吧！

我要討小老婆。

呸，你有那個本事麼？再過五年，你還行麼？阿春哧地笑了。

窗外傳來淅淅瀝瀝的雨聲。杜小甫洗淨碗筷、小鍋，沏了一杯包種茶，悠閒地吸煙，剝橘子吃。阿春從浴室披著圍巾走出來。燈光下，那兩隻肥大的奶子晃晃悠悠，讓老杜看得如醉如痴。想起高漢患陽痿症，吃藥打針也無效，他把此事告訴阿春。阿春躺在床上，朝丈夫瞄了一眼說：老杜，你別驕傲，你也快不行了！

阿春的話，激發起杜小甫的青春的豪情。老七十一師工兵營袍澤，哪個不知「杜七寸」的光榮史？那猶如魯智深酒後「倒拔垂楊柳」，讓人讚嘆不已。老杜酒後晃晃蕩蕩走進特約茶室，找了一位身體壯碩皮膚黝黑的4號陪宿。二人挑燈鏖戰，凌晨二時許發生事故，4號因不堪蹂躪，呼天搶地，被救出送往醫院，自此老杜聲名大噪。

窗外柔風細雨，屋內春潮盪漾，兩隻裸蛙纏鬥到天亮……

5.

江春懷孕的消息是從醫院化驗室傳出來的。一個女清潔工，離婚甚久，身體健壯尚有幾分姿色。江春曾受到鎮上老男人的矚目。過去，有男人給她寫過情書，她惱羞成怒，把情書貼在佈告欄上。「當前男女戀愛，只重肉慾而忽視精神愛情，與禽獸何異？余年居七旬，但每晨在草坪作俯地挺身八十下。前在貴院體格檢查，血壓脈膊五臟六腑正常，如能與你結為伴侶，實國家民族之福也。」這是屬於江春的秘史，因為情書貼出不到一小時便被人撕走。至於何人撕走，為何撕走，迄今仍是疑團。江春嫁給擺水果攤的老杜，不少老男人瞪起羨慕而嫉妒的眼珠，互相傳告：「一朵鮮花插在牛糞上。」如今江春懷了身孕，這消息是一顆原子彈，炸醒了萬古如長夜的麻里鎮。

如今，江春變成魯迅筆下未莊的吳媽，她走到任何角落，都有人用奇異的眼光看她。甚至連醫院的大夫，發現她在掃地拖地板清理垃圾或是為病患送飯，總會停住腳步向她打量著說：

阿春，恭喜，聽說你懷孕了？你有什麼打算？

打算？阿春茫漠不解。

是留著，還是不要？

我……不……知道。

阿春確實拿不定主意，到底留著還是不要？她原來以為是一樁喜事，回家告訴丈夫，那個質樸的河南老榮民高興地咧開厚嘴唇，哈哈大笑！淚珠流在那佈滿蚯蚓般青筋的大手上。謝天謝地！老天爺賞我一個兒子，我杜小甫給你磕三個響頭，保佑阿春平平安安把孩子生下來。他計劃新居落成，先給嬰兒買一個小床、搖籃、小車、玩具。阿春見丈夫歡喜若狂，感動得流下了眼淚。……不過，婦產科主治醫師莊自珍看過化驗單，卻勸江春回去和丈夫商量再作決定，因為江春年近五十歲，早已超過生育年齡，所以生小孩有兩項顧慮：一是危險，二是擔心是畸型兒。阿春拿不定主意，留著還是不要？她終日愁眉不展，猶豫不決，只是幾天工夫，阿春已顯得削瘦了。

中午下了工，阿春在醫院買了飯盒，去給老杜吃。她打算把此事告訴他，讓他作決定。老遠，看見老杜坐在水果攤前看農民曆，還在為兒子取名字哩。阿春想笑，卻笑不出來。昨天晚上，老杜在燈下寫出杜長祥杜台生杜永泰杜長順杜滿金杜念慈杜天寶……寫了又塗，塗了又寫，最後覺得不滿意，只得默然睡去。

老杜是孤兒，文盲。段營長愛開玩笑，杜小甫當選克難英雄，他向師長介紹，此人乃「國立河南高粱大學鋤頭學系」畢業。師長捧著肚皮大笑。六十年代初，國軍為了提高官兵素質，辦理隨營補習教育。杜小甫硬是從一二三四、人手刀尺讀起，費了八年光陰拿到初中畢業文憑。直到現在文憑還貼在麻里山鐵皮小屋裡。

阿春把飯盒交給丈夫，見他吃得很香，問他：兒子的名字到底叫什麼？

老杜搖頭。

想不出來，別急。取名字是件大事。萬一想不出來，你不妨去婦產科找莊大夫商量一下，他有學問……阿春叮囑他說。

這多不好意思？老杜把飯盒內吃剩的豬排骨頭，用筷子挾給路旁趴著的一隻狗。

下午，阿春照顧生意。杜小甫用塑料袋裝了兩個蘋果、兩個水梨、四個橘子、四個芭樂，走進了快安醫院。他從右邊電梯上了三樓，走出電梯門，便是婦產科護理室，幾個醫師、護士正忙於作業。老杜發現莊自珍大夫低首看病歷表，他輕聲走近，適巧莊大夫抬頭，兩人都發出會心的微笑。

老杜，恭喜你呀。不過，你太太高齡生產非常危險。因為她這是頭胎，要冒風險。這個，你有什麼意見？……還有一點，我已經告訴過你太太，即使把嬰兒生出來，恐怕嬰兒也不正常……莊大夫摘下近視眼鏡，用紙巾擦鏡片。

這……這……杜小甫囁嚅地說：我原想請你幫忙……這……給孩子取個名字，嘿嘿，這也是……阿春的意思……

你堅持讓你太太把嬰兒生出來嗎？莊大夫苦笑著問。

莊大夫，我不懂，若是阿春生下小孩，很危險是不是？

非常危險。莊自珍斬釘截鐵地說。

那……那……就聽你的話……打胎吧……老杜舉起右手，摀住臉孔，眼淚刷刷掉了下來。莊大夫，我回去了。這幾個小水果，請大家吃……

莊自珍送到電梯門前，安慰老杜說：你應該想開，天下沒有兒女的很多。我今年四十五歲，也沒有兒女。只要你太太身體健康，就是你的幸福。

老杜噙著眼淚直點頭，門開了，他神色恍惚走進電梯間。天上星多月不明，地上坑多路不平。他覺得委屈、可憐、孤單、失望。彷彿他是被社會遺忘的人，別人不但不愛撫他幫助他關懷他，甚至還以冷漠的眼光朝他發出嘲笑。莊大夫的話固然有道理，但是他聽不進去。因為他雙腳走遍萬水千山，穿了四十年軍裝，嘴巴呼口號喊萬歲，他的青春消蝕在海邊碉堡和風沙料峭的離島。他老實得像石頭，他的資料卡記載「政治嫌疑份子」六字，而他卻茫然不曉。如今懷孕的妻子面臨墮胎的命運……他走近水果攤，端望阿春那很蒼白的面孔，他咧開嘴哭了……

別哭，老杜。胎兒在我肚子裡，誰也管不著。我想生幾個就生幾個，你難過做甚麼？阿春勸他。她瞭解莊大夫已將分娩的危險性告訴了丈夫。

不！老杜拭乾眼淚，果斷地說：只要你活著，就是我的幸福。莊大夫的話有道理。阿春，我們河南有句諺語，一兒一女一枝花，多兒多女多冤家，無兒無女賽仙家。既然你不能生育，乾脆藉這個機會把子宮拿掉，過幾年快活日子吧！阿春聽了直笑。這好像腿上長瘡而鋸掉一條腿。過不了多久時間，阿春到了絕經時期，便不會再懷孕了。

天剛入暮，鎮上點起稀疏的燈火。晚空卻飄起毛毛雨。老杜一面收拾水果攤，談起他的遠程計劃：再過七八年，等他夫婦年老的時候，回到台灣東部去蓋兩間磚瓦平房，小院種植木瓜芭樂和香蕉，養兩隻火雞，在山明水秀的花蓮溪岸安渡晚年……將來過世之後，骨灰洒進花蓮溪，沿溪北上流入浩瀚無垠的太平洋……

你不回河南老家了？老杜。阿春熱淚盈眶哽咽著問。

阿春，你的故鄉就是我的故鄉；再說，我在台灣流汗流血奔波大半輩子，人親土也親！我想開了，我不走了，我回鞏縣找誰去？誰管我飯呀？……他仰起頭，哈哈大笑；不過在阿春聽起來卻像哀嚎……

6.

為了墮胎，老杜跑到食品店買回兩盒雞精補汁、一罐荷蘭奶粉、三十個雞蛋，另外還買了維他命丸和補血藥片。江春在醫院做工多年，看的聽的有關婦女墮胎是稀鬆平常的事；借用婦產科醫師莊自珍的話：墮胎，聽起來嚴重，其實就像臉上擠破一粒青春痘，手指上用針挑出一根刺而已。莊醫師指定江春墮胎的時間將近，江春卻精神緊張，睡眠不安，食物難咽，老杜卻安慰她要鎮靜些。並以舊時代「新兵怕砲，老兵怕號（衝鋒軍號聲）」經驗講給她聽，她根本聽不懂。江春被推進手術房前，按照醫院規定，凡施行任何手術家屬必須簽字。杜小甫握起原子筆，心噗噗跳，手腕直發抖，好像他少年時剛穿上軍裝趴在掩蔽物後緊握步槍輕摸扳機頂緊肩窩準備射擊，渾身嚇得尿都流出來，這絕無半句瞎話。當時老杜沒戴老花眼鏡，寫字心情緊張。簽過名字，值班護士一看，啞然失笑：林小用——這個名字真有意思，再取個別號叫「大材」。老杜急忙說，讓我再寫一遍行唄？護士搖搖頭，走了。

老杜悶坐在走廊長椅上，默聲哀告上蒼，只要阿春平平安安出院回家，即使一日喝兩頓稀飯不吃葷只吃蘿蔔青菜他也心甘情願。老杜懊悔過去酒後發表謬論，說他啥教也不信，只信「吃飯教」。江春是虔誠佛教徒，手腕戴有佛珠，時常禮佛唸經，初一十五吃素；自從和老杜變愛結婚以來熱度減退，變成一位業餘佛教徒了。她常自我安慰：「酒肉穿腸過，佛在心中留」，老杜聽了拊掌大笑。如今老杜重溫此話，深感惶恐不安。

手術房門打開，護工推出一個開過刀的病人。老杜迎上前去，只見阿春面色紅潤，睜著眼正朝他微笑。老杜幫助推進病房，噙著快活的淚水，心裡暗自唸禱阿彌陀佛。阿春在醫院休息半日便回了麻里山鐵皮小屋。

阿春墮胎不到半載，月經斷絕，身體愈加健康。每天東方泛出魚肚白，她就去爬山，回來做早飯，飯後和丈夫騎摩托三輪貨車下山擺水果攤，她再去醫院上工，直忙到晚上才回家休息。阿春的體質比一般婦女強健，這是莊大夫感到驚異的病例，阿春的絕經前期僅四五個月，也無特殊生理變化；絕經後，情緒正常，唯一不同的是性慾特強，像初愈的傷寒病患者食慾特強，即使一日九餐也覺飢餓，好像胃是無底洞，永遠難以填滿。每晚洗過澡後，阿春裸身倒在床上，用被角搭身，她便嗲聲嗲氣東抓西撓催促丈夫寬衣解帶上馬。老杜謊報頭痛胃痛血壓高肚子脹，但經不住阿春採取以纏為主軟硬齊攻戰術，誘導備役杜士官長解除武裝剝光衣服而深入鷹眼陣地，經過三五回合挑燈夜戰，最後徹底殲滅。漫長的秋季過去，如今又到了淒風冷雨的冬季，老杜面色憔悴，不停地咳嗽氣喘，兩隻腿走路像騰雲駕霧一般。

那天雨過天晴，老杜抄著手在水果攤前看報。一輛計程車停駛下來。車窗露出一張熟悉面孔，朝他微笑：報告班長，你病了還是咋啦？為啥臉色難看？是不是日得太多了？

你小子真是高鐵嘴，比算命的還靈驗！

老班長，你咋不吃龍虎威風丸？

不中。老杜壓低嗓門説：日得過多，頭暈眼花、四肢無力、腰酸背痛，這是腎虧，跟陽痿早洩是兩回事。

高漢皺起眉頭，勸他：留得青山在，不愁沒柴燒。你已經快六十歲了。少浪吧！

滾你的蛋！老杜羞紅了臉，捂嘴直笑。

臨走，高漢給他留下一張旅行社印的返大陸探親簡章，從台北經香港轉機飛往西安，來回食宿、交通費二萬五千元。他揣摩若是到達西安，可以去看望段營長夫人，帶點美金和禮物給她。從西安搭隴海線火車到鞏縣，然後坐汽車返回杜家莊……他記憶著村前的一排白楊樹，小時候和鄰居小孩比賽扔石子，看誰能拋越那一排白楊樹梢……他還記起杜家墳園林木參天，碑石夾道，三伏六月天，他把牛隻拴在柏樹幹上任由牛去啃草，自己躺在柔軟的草地凝聽蟬鳴鳥啼，不久昏然入夢。他常在落日餘暉的傍晚，看見二位老人在青石供桌前下象棋，吸著旱菸袋，那一種「千古是非心，一夕漁樵話」悠然自得的畫面，依然栩栩如生展現在他的眼前……

他十六歲那年夏季特別燠熱。牛趴在墳園林蔭下，嘴巴反芻白沫，不停地喘氣。蚊蚋、蒼蠅在它頭上飛轉。他隱藏在一棵千年老柏樹蔭下睡午覺。赤裸著發育剛成熟的身子，一隻牛腱肉似的胳臂作枕，睡得真香、真甜。他隱隱約約朦朦朧朧嗅到一股芳香襲人的氣息。彷佛夏日的萬里無雲的晴空，出現一朵祥雲，剎那間載著一位仙女輕輕地飄落在他的身邊。

仙女柔情似水，躺在他的懷間。親親我揉揉我摟摟我，小虎……

他無動於衷，鼾聲如雷。

仙女親撫他的面頰、嘴唇、肚臍、粗壯的毛茸茸的大腿，不由地發出咯咯地笑聲！別看人不大，屌倒不小，哈哈！驀地，他被尿憋醒，下面漲得泛出潮紅。仙女摟緊他，一隻柔細的手捂住他的嘴：小虎，趕緊日我……親親，我浪得慌！還沒來得及掙扎，兩隻返歸大自然的蛙已經如膠似漆黏合一起了……

二嫂。他喘息著。我怕。

怕啥？她說，長源進城了，剛走。小親親……日死我吧！

要是二哥他……

他是二腆子、武大郎，哪有你身強力壯？小虎，你這個硬邦傢伙真解饞過癮！

二十出頭的婦女浪得要命，渾身每一根關節都在搐動。正當發育的杜小虎破了身子，他並沒有享受著發洩的歡暢，卻如同吃下隔夜的涼粽子，肚裡總覺有點難受。

杜長源進城買牲口，他那位結婚三年守活寡三年的杜二嫂，趁著烈日當空鄰居男爺們上坡女人家打盹時辰，在寂靜荒僻的墳園活宰長工小虎，嚐到童子雞的鮮味。一連三夜，這個騷女人把小虎叫進臥房，吹燈插門辦事，把小虎整得下體漲疼，像患了睾丸癌一樣。

二嫂，您饒了我吧！那夜，小虎向騷女人投降。她倒在一個剛滿十六歲男孩的懷間，幽幽地啜泣。她懊悔父母家貧如洗，為了貪圖杜長源家有良田百畝，騾馬成群，又是一根獨苗，所以才嫁到杜家村當活寡婦。

二哥他不日你？

小虎的幼稚可笑的問題逗得小婦人咯咯直笑。傻虎子，你懂啥？長源那個小玩意，像餓了三天三夜的小老鼠，咋弄也不成。她舔著身旁小男人的耳朵誇獎著，你那個比一根玉米棒槌還大！

他既不感到光榮，也不覺得高興，相反地他羞辱、懼怕，他湧起出外謀生的念頭。不久，七十一師工兵營路過杜家村，向村長要糧食車輛民伕牲畜，村長起初應付，月黑風高夜，村長腳底抹油溜之大吉。段營長大怒，指示部屬抓幾個青年壯丁，結果只抓到杜小虎一人。工兵營到達王家嶺，一位農婦僕僕風塵趕來會見杜小虎。小虎一見，大驚。你來幹啥？二嫂。長源嫂熱淚盈眶，從包袱中拿出兩雙布鞋，一件袂襖。囁嚅地說，到了鄭州，別忘了寫信。臨走，小婦人硬塞給小虎兩塊袁大頭。

部隊根本未到鄭州，沿隴海線南向東撤退，一直到了商邱才搭上火車。小虎原想托人寫一封信寄給長源嫂，但白天急行軍，到達宿營地忙於餵馬、挑水、燒飯，累得像龜孫，哪有工夫托人寫信？後來到了台灣，海峽兩岸壁壘分明，他想寫信也不敢寫了……

這屬於杜家村「絕對機密」村史。無人知曉。過去和現在甚至未來都無人知曉。四十年來，杜小甫每憶及長源嫂，心裡沉重難受，像塞了一塊石頭。他覺得有愧於她，因為當時他並不愛她，或許他也不懂得什麼是愛……但是等他懂得愛情的時候，兩人相隔浩瀚的台灣海峽，老死不相往來，他的心如同刀絞一般難受……

那晚阿春愁眉不展無精打采回來，不思飲食。老杜摸她的額頭並沒發燒。做好熗鍋麵條叫她起來吃，她搖頭。直到夜闌人靜，阿春才噙著淚花說：完了，我那二十萬塊錢泡湯了！

麻里鎮一家投資公司倒閉，使不少民眾破產。投資人正組成善後小組向法院進行控告。阿春省吃儉用存了一筆錢，原夢想以二股放高利貸，五年之後連本帶利可獲八十萬，到那時買房子買汽車買電視機買洗衣機，誰想到如今已變成一張廢紙！

阿春，老杜親暱地喚她：別難過。是兒不死，是財不散。……再說二十萬算個屌？

你說的比唱的好聽。丟了這筆錢，咱一輩子也住不進公寓。

老杜不吭不哈翻抽屜，取出一個塑料包，裡面裝滿各種證件。翻弄半晌，他拿出一張房地產契約書，遞給她。江春，你的這二十五坪兩房一廳公寓房子，再過四個月就可以搬進去住了。

阿春接過那張契約書，看了又看，激動地流下熱淚。

7.

陰冷多雨的冬季，阿春的風濕關節炎易犯。這種病的特徵為游走性，主要侵犯肩、肘、腕、膝等大關節。但不化膿，不發作時關節功能無障礙。幸而入冬老杜買了一台除濕機，平均每過四小時便抽滿一罐清水，可見麻里山的濕氣多麼嚴重。醫院的莊大夫再三叮嚀阿春，風濕關節炎患者應儘量避免咽炎、扁桃腺炎和寒冷。連續落雨半個多月，北方寒流波浪般湧向台灣，起初阿春咳嗽、體溫稍高，她也沒在乎這些。誰料有一個晚上頭疼欲裂，家裡連一粒阿司匹林藥片也遍尋不著。老杜給她量體溫，39.8C，趕緊催她穿好衣服冒雨陪同去醫院。

急診室的醫師護士正穿梭為病患診治，車禍撞傷血流如注，心肌梗塞患者正接受人工呼吸，其他中風肺氣腫腎結石氣喘病和重感冒病患甚多，急診室散發著濃重的酒精和藥味。

杜小甫坐在候診室，發現報紙「尋人欄」內竟有自己的名字。他心噗噗直跳。從棉襖克袋掏出老花眼鏡，嘴中默唸著：

杜小虎，河南鞏縣杜家村人。一九四八年參加七十一師工兵營，迄今下落不明。如有認識此人者，請他速與杜家村王金花連絡。

過去豫西北一帶窮鄉僻壤，由於教育落後，婦女大多半沒有名字。北伐以後，住在鞏縣城關的住民辦理户籍登記，但並不徹底，但廣大農村從一區到七區包括杜家村在內，完全是黑人黑户。當時縣城的户口簿上，婦女已婚者盡是張李氏林陳氏杜王氏錢周氏劉蔡氏……而未婚的閨女皆為劉大妮李二妮陳三妮王二姑張三姐……那年老杜被抓到營部，官長問他叫啥名字？他聽不懂話。經過再三解釋他才答出「小虎」。杜家村的婦女和大多數莊稼漢，皆無名字。除了家有良田牲畜的舒坦户，才叫出杜長源杜長厚杜家寶杜家與杜傳宗杜傳明……至於四十年後有何變化，杜小甫更是茫然不曉，因為那一塊土地距離他實在太遙遠了……

那夜——長源進城買牲口的第二夜。長源嫂貪圖童子雞的香味，從夜半鏖戰到天明，赤裸著苗條的身子緊纏小長工不放，嘴裡吐出一片柔聲細語：小虎，你喊我啥？二嫂。騷女人啐他，啥二嫂？喊我親親。小虎捂嘴直笑。這麼肉麻的話，咋張得開口？那你喊我金花吧。王家嶺是個窮莊子，有兩朵花，金花是我，銀花是我妹妹。記住了唄？以後你若不喊我金花，我就不脫褲子……饞死你！

老杜點上一枝香煙，扭頭朝裡面瞅，一個護士正給阿春打退燒針。他想起長源返家，金花把他冷落一旁，十天半月幾乎沒跟小虎説過一句話。有一個夜晚，金花偷偷摸進長工睡處，一進門脱下褲子，喘著氣説：傳宗約他打麻將，狗日的剛出門。晚飯小虎吃的韮菜餡合子，勁頭十足，日得金花直叫喚。臨走，金花丟下牢騷話：唉，我的命比黃連還苦啊。若是有一天你走了，我非跳井不可！

老杜的腦袋像電腦，記憶力特強。金花摸進他睡處玩了半夜，次日是農曆六月十九，過了十天，也即是六月二十九，他在坡裡放牛被兩個槍兵抓走。七月初一開拔到王家嶺，金花當日下午趕到向他送別。老杜記得金花穿了一件柳條小褂，黑長褲，兩隻大乳房鼓鼓的。氣色不佳。他問金花是不是病了，她直搖頭眼睛噙著淚花。他們二人只相聚五分鐘光景，集合哨音響起，他眼望金花走向煙霧迷濛的村莊……

當時離開金花，這個十六歲的小青年既不擔心她跳井，也不感到難過。凡是受過苦難的人，感情比較粗糙而富於韌性。就如同從湖水撈出晒乾的苲草一樣。五年前，豫西北發生史無前例的飢荒，旱災焚燬麥子、蝗蟲吃盡高粱、冰雹砸壞蕎麥……鞏縣、偃師、汜水、滎陽廣大黃泛區，農民吃草根樹皮蒺藜粉榆皮麵。剛滿十一歲正值發育年紀的小虎，餓得兩眼昏花，他曾撿收鳥糞淘吃裡面未被消化的草籽。出了杜家嶺經過王家嶺到縣城，每日每座村莊餓死的人數以千計。沿途有些瀕死還能動彈的皆被野狗吃掉。農民如同秋霜後的樹葉，默默無聲地飄落在土地上……

杜小處當年為了餬口，曾跋涉長途去縣城撈苲草。鞏縣舊城東邊，由於地勢低，日久天長匯成一座骯髒的湖泊。在民國三十二年大飢荒時期，許多人划小船在湖面以竹竿撈苲草。這種俗名魚腥草撈起來混和著臭泥，帶回家洗淨、晒乾磨粉吃。如果詩人杜甫地下有知，他會擲筆抱頭痛哭的。

當年七十一師行軍路線，也是踏過黃泛區。沿途村莊煥發了春天氣息。小虎每天兩頓米飯、燉蘿蔔牛肉、青菜煮豆腐、辣椒炒蒜苗。吃得滿面大汗。吃飽了就跑到樹後面撒尿拉野屎。他不覺得被抓來當兵難過，但也不怎麼快活。有時想起金花，他老是懷疑她有了身孕。這是唯一使他感到擔心的事。

別離四十載，老杜偶而想起金花，恍如隔世，有時他連她的容貌幾乎忘記。現在看到尋人啓事，他既憂且喜，憂慮的是金花何以未提長源？若是長源謝世，她依賴何人生活？難道她有了兒孫？……老杜開始發起愁來。

阿春的感冒痊癒，恢復了往昔的忙碌生活。壓在老杜心底的秘密，卻猶豫多日，他不肯和盤托出。新年將屆，他給金花寫了一封信，表達他對家鄉的懷念，也概略地講了他目前情況，不過他和阿春結婚卻隱瞞下來。寫罷信，老杜親自去郵局投郵，心裡石頭才落地。半月過去，收到從河南鞏縣寄來的信，老杜的熱淚盈眶，雙手不停地顫抖，跑到僻靜的半山窪間，他才謹慎的拆開那封航空信。

小虎：

接到你信，我哭了很久。離別四十年，咱們還能連絡上，這是我做夢也想不到的事。過去我總以爲你飄洋過海，遠走他鄉，不然你一定寫信給我，直到現在才證明我想得正確。原來你眞的去了台灣。你走後我開始嘔吐，吐酸水，因爲懷孕的緣故。傳海是四九年一月二十降生的。如今傳海在村裡務農，他愛人在村辦小學作教師。最讓我高興的孫兒杜興，目前在鄭州大學中文系三年級，他熱愛古典文學，對於我縣遠在一千二百年前產生的偉大詩人杜甫，有一定的學習成績。他寫的一篇有關研究杜甫的論文，最近刊登在〈文學評論〉上。你聽到這個消息，一定非常快活吧！

由於歷史的因素，長源早在一九四九年冬土改時期去世。他留下的是地主烙印。幸而我爲了期待海兒長大，期待幸福的遠景，含辛茹苦把兒孫拉扯成人。雖然我年逾六旬，但我無病無痛，一頓飯能吃兩個饃饃、一盅白酒。春節將至，我深盼你早日返鄉，我會站在村頭白楊樹下等候你！

我希望你接到此信，趕快寄兩張照片來，因爲我已記不清你的容貌了。

金　花　一月十七日

杜　興　代筆

金花寄來的全家福照片：老太婆白髮蒼蒼，氣色尚佳，只是尋不出昔年風韻，她端坐一張籐椅上，面露微笑；傳海夫婦站在後面，兩人穿青色短裝，一看就是老實巴腳的農民；杜興夾在父母中間，平頭、長方臉，制服左上角插著鋼筆，是一個樂觀健壯的小青年。

次日，老杜藉著去榮民機構辦理貸款為由，跑到基隆銀行，給金花匯去二千美金，也給阿春買了一條K金項鍊，阿春戴在頸間對著鏡子左看右看前看後看，樂不可支，像十七八歲女孩偎近丈夫身前：你真捨得化錢。半晌，老杜說出一句充滿哲理的話：錢算啥？有人就有錢。阿春噗哧笑了！

雨刷刷地下個不停。西伯利亞湧過來的冷氣團，海浪似地一波波湧泛而來。氣候愈來愈冷。春節眼看到了。老杜給金花寄去信，也附上了照片。他身披袂克，西服褲，雙手插腰站立基隆公園門前。那是十年前的照片。這件秘密的事他瞞著阿春，不敢讓她知道，但內心卻感覺愧疚不安。

春節期間水果攤生意最好，老杜從早到晚守著攤位。阿春吃過，再把飯菜裝進飯盒送去給老杜。初六中午，阿春剛想離家，郵差送來一封航空信，折開一看，她楞住了……

8.

漫長的寒風細雨季節，終於捱過去了。太陽從蠶蛹雲絮中掙脫出來，俯瞰濕潤積水的台灣西北端的山野。隨著氣候的轉變，阿春的風濕關節炎逐漸痊癒。趁著陽春三月，杜小甫挑選一個吉日，搬進剛落成的「麻里公寓」。原有的舊家具皆搬過去，新購的海獅牌彈簧床、人造皮沙發，還有聲寶牌彩色電視機。許多快安醫院的大夫護士清潔工都跟阿春打哈哈：住進新樓，阿春應該懷孕生兒子了。阿春羞紅了臉，謙虛地說：我這一輩子連隻老鼠也生不出來了。

那天上午前麻里鎮民代表王師凱到杜家串門，帶了一個他親筆寫成的條幅，而且裱褙出來作為賀禮。老杜喜得闔不攏嘴，忙著為客人沏最上等的春茶。王師凱操著濃重的湖北麻城鄉音，喝了一口茶說：飲茶之風，由來久矣。陸羽著〈茶經〉，他將中國人一種習慣、嗜好，昇華為一種修養、一種文化。這位年近七十的舊知識份子，打開他帶來的條幅，逐字句唸了出來：

此生已覺都無事今歲仍逢大有年山寺歸來聞好語野花啼鳥亦欣然　東坡

小甫江春賢伉儷雅屬　王師凱

王老筆力蒼勁拙樸，可惜老杜不懂書法，甚至連蘇東坡何許人也也弄不清楚，卻一直嘖嘖稱讚。王老繼續喝茶，似乎等候女主人下工歸來。他讚揚江春是一位秀外慧中、體態輕盈健美的女子。她的容貌風采猶如他去世二十載的妻子。老杜是一個口才笨拙的人，他不知如何應對，只是悶著頭吸煙傻笑。

陸羽是我們湖北人，自小是孤兒，容貌醜陋，性情怪異，說話還是口吃……口吃，你懂吧？

老杜搖頭。口吃者，結巴也。

老杜笑了。他說，過去我們工兵營副營長就是結巴，哈哈！

正在這時，有人按門鈴，走進來一位六十左右的北方漢。手提一袋茶葉。他脫去皮鞋換了拖鞋，啪地來個舉手禮：報告老班長，恭喜恭喜！他仰頭看看天花板，又向四週打量一眼，咧著嘴巴說：這房子真闊氣，連我們的縣長也沒住過。王師凱向來客輕蔑地打量一眼，便託詞告別。

高漢低聲問：這個老頭幹嘛的？

前任鎮民代表。聽說過去在大陸當過縣長。

屌！高漢激昂地罵著：你少跟這些傢伙來往。

為啥？

不為啥。你聽我的話，沒錯兒！高漢從袂克袋掏出一個旅行簡章，說明從台灣經香港去鄭州，再轉汽車回杜家村，往返機票、車票共計二萬二。這是目前最公道的價碼。老高鼓勵他趁著春天氣候溫和，不妨回鞏縣看看；若是時間許可，再去一趟西安，看看段營長夫人。

老杜搬椅子在客廳牆壁上，用鐵錘鑿進一顆鐵釘，把王師凱贈送的條幅掛上，確實增添了一些文化氣氛。

中午，阿春為了款待丈夫的老戰友，炒了幾樣家常菜，燙了一瓶馬祖大麯酒。讓他二人邊喝邊聊，阿春再去下餃子。她凝聽他二人的談話，心裡泛起了波濤。說不出是啥滋味。從海峽兩岸人民准許通信，阿春就不太舒服，好像喉管憋住一口氣，呼吸總不甚暢快。她愛丈夫，勝過愛她自己。這些老杜並不知道。當年王師凱患腎結石住院，曾向她表示愛慕。當時經過X光透視檢驗，結石粒小，可自動排出，既不需開刀，也不必住院。這個固執的老頭兒為了追求阿春，堅守賴在外科病房8號床不走。一日，王老偷偷塞給阿春一封情書，內附一萬元銀行支票。因情書是文言文，以毛筆寫成。阿春看了似懂非懂，朦朦朧朧，不過她理解老頭兒的目的是想娶她安渡晚年。阿春感到討厭、懼怕。翌晨她進8號床房間拖地板、倒垃圾簍、清洗浴室時，悄悄把情書信封還他，內挾原一萬元銀行支票，但是原信她已撕碎，扔進垃圾箱。其實王師凱和老杜相比，無論學問財富甚至談吐風度都高出甚多，唯一的僅是王師凱比老杜年長十歲左右。在阿春的眼裡，老榮民是英俊魁偉一身是膽的武松，麻里鎮上所有的男人包括曾作過縣長鎮民代表的王師凱，都是三寸丁武大郎！……兩岸開始通信，阿春疑神疑鬼有一日忽然冒出一個河南老太婆，帶著兒孫一大群飄洋過海趕來麻里鎮找杜小虎，那可如何對付他們？她起初暗自好笑，這是絕不可能發生的事。但是春節期間阿春發現王金花寄來的信，知道他倆已秘密通信，老杜還給女人匯過錢……阿春當時怒火中燒，把原信和附在裡面的一幀泛黃的金花半身黑白照片撕碎！她的心也如同春風捲起的蒲公英，亂了散了碎了！……

吃餃子時，高漢提議若決定返鄉探親，最好讓阿春陪同，可以照顧老杜。老杜沒表示意見，阿春卻暗自窺視丈夫的反應：他咋願意讓我一塊去？那豈不是一次尷尬的會面？再說，到了夜晚是金花和他睡一起還是和我睡在一起？阿春想笑，卻又感到窩囊，幹你娘！等了二十年沒嫁人，最後作了退伍老兵的細姨（妾）……她的眼淚不由地淌下來。老杜及時向高漢使了一個眼色，高漢馬上撥方向盤，說：河南氣候還是很冷，風沙多，嫂子去了還是不太適合，生活不習慣，同時對於風濕關節炎有影響……阿春抬起頭，打斷高漢的話：我的關節炎毛病沒關係，已經好了。我真想陪他一起去。他最近血壓不正常，有點高，他一個人去大陸我真不放心！

春節期間鎮衛生所為民眾量血壓，老杜讓阿春照顧水果攤，走去伸出胳臂量血壓，可能睡眠不足，加上為金花思慮不寧，原來非常正常的血壓變為90/160毫米汞柱，其實這也不算高。可是阿春卻故意嚇唬他說一般正常血壓是在140毫米之下。白天不准他喝酒，晚上不准做愛。這是阿春的報復手段。他倆從春節到現在已兩個多月沒行房了。

喝了半瓶馬祖大麯，吃了一大盤水餃，火上澆油，老杜的臉灼紅如同關老爺一般。老杜朝沙發一歪，哼起最近從大陸電台學來的新戲：

霜打葉落滿地黃，

天上飛過雁兩行。
那孤雁飛來又飛往，
高一聲低一聲聲短聲長。
我和孤雁一個樣，
失群離隊好憂傷。

……

正在廚房洗碗筷的江春走出來。她壓抑著怒火對客人說：你聽聽，老高！杜小甫他說他是孤雁，還訴苦好憂傷……他一天三餐飽飯，吸長壽牌煙，有時候還吸洋煙……他有什麼憂傷？……是不是再找個女人才不憂傷？……高漢聽了拍腿大笑；連挨刮的老杜也笑得捂著肚子喊親媽；阿春暫時出了一口悶氣，也忍不住笑了！

高漢走後，老杜準備去做生意，不料天公不作美，剎那間烏雲密佈下起春雨。他走進臥房，發現阿春正在打盹兒，憋了兩個多月，趁著酒後的餘威，他餓虎撲羊般扯開阿春的胸罩開始摸索，經過一場勞累的充滿歡情的搏鬥，兩隻劫後餘生的蛙，癱倒在彈簧墊床上喘息……

不服老……不行啊……老杜說。

看你這麼厲害，不准……你回河南……半晌，江春這樣說。

9.

黃昏，飛機降落在鄭州機場。杜小甫帶著簡單行李懷著惶恐不安的心情，搭汽車前往旅館。將近半世紀前，八、九歲的小虎曾經到過這座窮困且混亂的城市。那時鄭州一度陷入日軍手上，我軍收復不久，遇上民國三十二年豫西北大飢荒，鼎鼎大名的大同路、德華街、福壽街都荒涼一片。因為鄭州的糧食大多依賴陝西、山西進口，路程既遠，腳力最大，因而糧價最為昂貴。其實糧價貴賤和廣大的苦難農民扯不上關係。農民當時想買的是榆皮麵、韮菜根、花生殼、蒲草根、棗核、柿蒂、紅薯秧、甘蔗皮……如今老杜還記得紅薯秧賣十元一斤。十元，那需要一位精壯的人力車夫從早拉到晚所獲得的工資總數。老杜還清晰地記得鄭州街頭的麵條攤、大鍋菜，以及餃子攤上，常有人吃出帶有指甲的肉。這種餓莩載道現象，繼清光緒三年以來的空前大饑荒……老杜思及童年往事，不禁流下了熱淚。

從鄭州到鞏縣杜家村的公路，有長途汽車行駛。車子比較陳舊，也無空調設備，確使這位年近六旬的老榮民苦痛難過。他閉著眼睛，腦海浮現出半世紀前的景象：大饑荒時期，從縣城到杜家村常見餓死的壯年農民……他記得鞏縣黃窯村有個叫劉保山的人，吃了人家小孩一隻大腿，被關進監獄。最妙的是案子是從他出賣人心而被破案。當時鞏縣東山一個農民預備把十四歲親生女兒勒死，到集市賣掉換糧食，為了怕人發覺，打死一隻野狗拉回家，準備趁夜間把女兒屍體和狗一塊煮熟去賣。誰知他女兒已有覺察，趁他出去打水磨刀的時候，乘機逃走。這些史實即使杜小甫講出來或是寫出來也難以令人置信，時間久遠，它已像黃河的水一去不復返了……

睡意朦朧，老杜依稀地聽到一個年輕小媳婦唱豫劇，那聲音那腔調那親切熟悉的家鄉味，宛似王金花嘴中唱出來的：

舅的話沒說明我已理解，
說我是矛盾的根源癥結。
我滿腹委屈對誰發洩？
半年來早已是難忍難憋。
嘆青春已流逝難補難借，
一上學碰到那十年浩劫。
拿起筆做刀槍寫呀寫呀寫，
大批判大串連就是作業。
考大學落了榜哭了半夜，
理想的火苗全熄滅。

………

汽車鳴喇叭聲頓時使老杜清醒，原來身後有人以電晶體收音機播放豫劇。汽車越過一段山路，杜家村前的那排濃鬱的白楊樹已展現在眼前。老杜的心，噗噗地跳躍起來……

白楊樹葉被山風吹得嘩嘩直響，似乎對這個從外鄉來的老人發出嘲笑。晌午時分，有的住户煙囪冒起炊煙。他走過一座豬圈，看見一個年輕小媳婦提著餿水桶迎面而來。他想跟人家打招呼，人家膽怯地把臉轉過去。前面，一隻四眼小黑狗朝他狂吠，驚動兩三個十來歲的小青年，端著飯碗從屋裡跑出來。

杜興家在哪裡？老杜明知故問。前面那棵皂角樹向右拐有一座大門樓，那便是杜長源的家。

杜興去鄭州大學學習，他不在家。一個小青年說。

他奶奶身體怎麼樣？老杜問。

還行。去年病了一場，差一點不行了。另一個說。

老杜的心抽搐了一下，朝孩子們揮手告別。提起行李袋逕向杜長源家走去。剛走近皂角樹，從巷內跑出一個中年農民，雖皮膚稍黑，眉宇卻流露幾分英氣，他熱情地喊了一聲：你是虎叔唄？俺娘正惦念著您呢。説著把行李接過去扛在肩上，輕鬆地問：嬸子為啥沒有一起回來？老杜只顧朝他上下打量，聽他問起此話，便哼而哈之把話岔開：杜興在鄭州？傳海告訴他：杜興目前學習非常緊張，因為這學期畢業，由於他功課比較優異，可能留在中文系擔任助教。

門樓依舊如昔。牆頭長滿雜草。斑剝的門上貼了一幅春聯，其中意義卻使杜小甫茫漠不解。

搞活經濟改革

加速實現四化

（橫額）社會主義好

走進庭院，老杜便嗅到刺鼻的辣椒香味，從廚房飄揚出來。院內他種的那棵石榴樹，比以前蒼茂多了。樹幹掛有鳥籠。步向堂屋台階，傳海用濃重的鄉音朝裡面喊：「俺虎叔到家啦！」剛邁進門檻，一位白髮蒼蒼的老太婆，顫巍巍地從臥房走出來，向遠來的親人瞅望。驀地，她的嘴角搐動，發出哽咽的聲音：兄弟，兄弟……小虎，小虎……你老了……咋一轉眼工夫，你變成老頭子了呢？咳咳……那似哭非哭似笑非笑的話音，倒使杜小甫渾身顫慄不已。若非傳海站在旁邊，杜小甫真會走上前抱住她放聲大哭！當年，金花是一朵美麗的玫瑰花，亮麗、鮮艷、耀眼。別後四十載，每逢想起風流往事，常使杜小甫淚洒胸懷。如今，站在眼前的金花已經枯萎衰老。他的心默默滴血。

四十年前，老杜睡在後院的小茅屋，他走後作為儲藏農具地方。從她獲悉老杜即將還鄉，金花找泥瓦匠把它翻修成一座磚瓦平房。房內買進新雙人床、茶几、竹椅。壁上還貼了幾幅年畫。傳海曾跟母親抬槓，雖然虎叔從台灣給咱寄一些錢，但他畢竟是咱家長工，咱為啥巴結他？金花氣得直哆嗦，把兒子痛罵一頓。從此傳海再也不發牢騷。傳海的妻王琴是小學教師，原是金花遠房侄女，她對待婆婆非常孝順，她對於這位未曾謀面的長工叔叔，懷著茫漠的歷史感情。當老杜走進家門，王琴第一眼就看出此人何等眼熟，彷彿在哪兒見過面。思索半晌，卻始終想不起來。

飯後，老杜躺在寂靜的小屋裡，重溫舊夢，恍如昨日。王琴炒的家鄉菜，很對胃口，只是稍微鹹一些。旅途勞頓，加上說話過多，而且飯桌上喝了兩盅汾酒，不久便朦朧進入夢鄉……待老杜醒來時，一縷夕陽洒進窗戶，看一眼手錶已經六點了。

老杜洗罷臉，點上香煙，走進前院。堂屋冷冷清清，一隻慵懶的貓蹺臥在台階睡覺。他拿起竹掃帚想掃院子，正在廚房包餃子的金花聞聲走出來，阻止他說：你趕快歇歇吧！他丟下竹掃帚迎上前去，問：傳海他兩口子呢？金花說：他倆吃過午飯就去王家嶺了。因為王琴她大哥的兒子明天結婚，趕去喝喜酒。最快也得明天傍晚才回村。老杜洗淨手，和金花一起包餃子。

去年，你得了啥病？老杜問她。

頭疼、發燒，扎針吃藥，拖了半個多月。沒啥。見到你寄來信，我啥病也沒有了。

傳海這孩子很厚道。兒媳婦也不錯。這餃子餡是王琴挑的，夠咱倆吃兩頓。我對不住你，讓你一個人撫養兒子，還有孫子……要是沒有傳海，我早上西天啦。她深情地瞅望老杜一眼。走近牆壁，捻開電燈。廚屋頓時亮堂了。

我這一輩子飄泊在外，做夢也沒想到還能見到你。剛才我在小屋還想起過去咱倆睡覺的事……金花，多快呀，一晃眼四十年了。我想不到你還挺硬朗，還很漂亮……

去你的！少在我面前油腔滑調灌米湯！金花紅著臉說。

餃子包完，老杜燒水，金花調拌一盤涼菜，燙了一小壺白酒。然後下餃子。餃子就酒，沒飽沒醉。兩人飯後又泡了一壺茶，前三皇、後五帝聊到深更半夜，韮菜餡水餃壯陽強腎，老杜從開春以來沒行房事，如今溫茶熱酒下肚，渾身熱火燎辣難忍，便捻熄電燈，拽著金花踏著月色走回後院。沒等關上房門，老杜已按耐不住情慾，那醉意朦朧的金花無力地癱臥在床上……

半晌，她發出歇斯底里的聲音：

小虎，你想咋玩……就咋玩……唉喲，整死我吧！……我不想……活了……

幸而夜間下起一場驟雨，否則他倆的呻吟呼喚聲，定會驚起牆外的狗，吠聲一片……

10.

凌晨，喜鵲唧唧喳喳啼叫，傳告一件喜訊。老杜披著裌克，攙扶著鏖戰通宵的傷員王金花，默默地一步一步向前院挪動。小虎，你不累吧？他搖頭。你身體還不錯，想開點，該吃該喝，別心疼錢。錢是人賺的。老杜性情爽快，竟然說溜了嘴：金花，我想得開，能吃就吃，能日就日！金花停住腳步，抬頭質詢：你不是單身漢麼？那你……日誰？老杜支吾說：我是打個比喻，這個……隔上三年五載，偶而碰上像你一樣的女人，化點錢，日一下。哈哈！金花回到臥房，納頭便睡。直到黃昏時分，傳海夫婦提著滿籃魚肉蔬菜瓜果回來，金花才起床洗臉、梳頭。過去守寡四十載，她的性慾被兒孫啼哭聲挑燈夜戰勞動中以及鑼鼓喧天大批判的浪潮所掩沒。土改時期，村裡一個幹部想佔她便宜。金花那時月信剛恢復正常，傳海斷奶，她理直氣壯地說：要鬥就鬥吧。共產黨為窮人打天下，這是正大光明的事，何必鬼鬼祟祟做見不得人的事呢！多少年來為她提媒的都被趕出門。她腦袋宛如花崗石，海枯石爛，此情不變，她堅信總有一天小虎會重返杜家村。

昨夜的通宵鏖戰，甜酸苦辣鹹五味俱全，她受傷慘重，幾乎喪失了性命。如今看到老杜，不覺面頰泛起潮紅。王琴做好晚飯，小米粥、烙餅、大葱豆瓣醬、炒豆芽擺上餐桌。傳海不停地講述王家嶺的見聞，老杜聽不懂，金花興趣索然。王琴一面吃飯，偷偷瞅虎叔一眼，再轉頭去瞅丈夫，最後忍不住笑起來：看啊，傳海的鼻子、眉毛，甚至講話的神情，跟虎叔一樣。

真一樣嗎？傳海好奇地問。

母親放下粥碗，看看兒子，看看情夫，嘴角漾起幸福的笑容。

傳海是虎叔播下的情種生的。這是杜家村的秘史。過去每一次政治運動宛如水銀瀉地，村史家史芝蔴大的事皆能揭發而出，但卻無法揭開杜傳海的生父是虎叔的秘密。當年，七歲的小海穿上鞋，被金花領進村辦小學報名。老師問娃兒叫啥？傳海。老師冷笑地問學生家長：咱河南是一馬平川地帶，可誰見過海呢？三十出頭地主出身小寡婦，臉不變色心不跳，正二八經地說：我就巴望兒子長大成人，周遊五湖四海。是啊，那位老師冷笑的神色和冷峻話語，即使在三十多年後回憶起來也栩栩如生展現眼前。她心裡想，小虎走遍五湖四海也會轉返杜家村。因為她知道小虎愛她，小虎在她身上播下情種。盼星星，盼月亮，捱過萬卉昭甦的春天，也熬過那風雪潑洒的冬天，多少日多少月多少年都度過去，卻始終不見小虎返回家園。金花秘密托一個瞎子替小虎算命，說他當前在海外做生意，一妻二妾，三個老婆。瞎子算的真準，老杜討的阿春加上曾在軍中特約茶室日過的13號和4號不是三個老婆是啥？

當初，擬具尋人啓事，討論了將近半年。既擔心海峽對岸的小虎受到驚嚇，又懼怕將來政策發生變化，惹火燒身。最後請來村支書才拍板定案。不料三個月後，離村四十年的杜小虎改名杜小甫的信，竟然飄洋過海平平安安送到杜家村。那封信起初由傳海唸接著杜興唸最後輪到王琴唸，金花始終凝聽著信上每一個字句，並未流落出喜悦或悲傷的情感。但等傳海帶著老婆兒子出去，她偷偷走到後院的那間幽秘的骯髒的小屋，蹲在床沿旁，嚎啕大哭起來。

對於杜小甫隻身在台，金花從收到他第一封信起，便不相信。老杜回來，年已六旬，渾身的牛鍵肉散發著無比的膂力，底下那東西硬得像熟透的玉米。這種強壯的身體咋捱過單身生活？

晚間，烏雲四起，又下起雨來。對面傳海夫婦臥房的燈早已熄滅。金花披上一件黑色袷襖，頭上裹住黑巾，從走廊躡步走出院門。金花發現小屋燈火通明，咳嗽一聲推門進去，但見老杜剛沖過澡，光著膀子吸煙。

你咋沒睡？老杜趕緊起來給她倒茶。

金花坐在炕上，輕聲細語：白天睡了大半天，現在咋睡得著？

老杜披上一條浴巾，偎近金花說：別走了，今夜裡我摟著你痛痛快快聊一宵，行唄？

你會老實嗎？她白了老杜一眼。

老杜走到門邊按熄了電燈，屋內頓時漆黑一團。她脫去內衣，翻身躺在他粗壯的胳臂間，同時蓋上了薄棉被。他講起這次返鄉日程：先在此地住上十天，再搭汽車去縣城轉隴海線火車去西安，在西安只停留二日，探望住在精神病醫院的段營長夫人，然後搭飛機去香港轉返台灣。

下次，你啥時候來？

明年這個時候，我一定回來。

金花嘆了一口氣。

只要咱活著，總會有見面的機會。老杜伸出毛茸茸的左手，握住金花一隻乳房。將來海峽兩岸改善關係，也許我能接你去台灣住些日子，再送你回來。

別奢想那麼遠。趁著現在聚一起，能日你就日吧！直到老杜返回台灣，他依然記憶金花的這句話；他更牢記著做愛時，金花發出悲哀的啜泣聲……到老莫還鄉，還鄉痛斷腸……到了西安，他按高漢抄給他的醫院地址趕去。醫院工作人員告訴他：段營長夫人在去年十月用玻璃割腕自殺。還說，即使不自殺，這位七十五歲的精神病患者，宛如深秋的枯葉，也難以捱過漫長的冬季……死了，還是她的福氣……老杜在大陸住了半月，最後仍是披著那件袂克，提著行李，像剛從火線上負傷返鄉的戰士，一拐一拐地走進了麻里公寓大樓。

老杜拿鑰匙打開門，脱鞋進屋，眼睛為之一亮。剛粉刷的乳白色牆壁，靠門新搬進一組櫥櫃，櫃上放置電話和幾件藝術品。新買的長方形餐桌，可供六人同時進餐。廚屋也添置不少家具用品。他把行李提到客廳一角，坐在沙發上吸煙休息。阿春好阿春，她趁我返回大陸探親，不辭辛勞在家整修房屋購買物品，拖著酸痛而微燒的患風濕關節炎的身體，整天忙碌操勞而且還去醫院上班，若是累病了怎麼辦？老杜越想越生氣，猛吸了兩口煙，罵了一句「狗日的！」

電話鈴聲響了。老杜的心抽搐一下。過去駐防新竹海濱碉堡，每排皆裝設手搖軍用電話機。他最怕聽鈴聲，因為一拿起話筒朝耳朵一按，吱吱拉拉喀喀哧哧把耳膜刺激得又癢又痛非常難過。若是碰到營作戰官查勤，更是倒楣。喂，你是誰？咹，你是二胰子是咋的？咋哼而哈的像挨肏似的……你到底是誰？……自從杜小甫挨過一頓罵，他便對電話機恨若蛇蠍。想不到離家半月，這個虛榮心重的臭娘們申請了電話，一個賣橘子蓮霧香蕉芭樂的小販家裡，裝一部屌電話幹啥？擺譜兒？……狗日的！

電話鈴響了七八下，老杜才悶悶不樂拿起話筒。原來是前鎮民代表、湖北佬王師凱的難聽聲音：你回來了？你要有摩司事情打電話給我。老杜，你知道我家電話吧？……漏喪妻妻拐漏死……老杜狠狠地放下話筒，罵了一句：狗日的！

老杜氣得連裌克也沒脫，躺在床上，剎那間昏然睡去。醒來已是黃昏。他擄了一把臉，去做熗鍋麵條。剛把水煮沸，正想下麵條，電話鈴聲又響了。狗日的！老杜熄滅了火，去接電話，還是那討厭的湖北佬聲音：你搞摩司？老杜，我記起梁任公說過，生老病死，達觀的人看得很平常。怎麼樣，她的病況好一點了麼？

喂，王代表！你嗓門大一點行吧？我聽不懂你的話。

湖北佬提高嗓門：我是問，你夫人的病好了嗎？

阿春有病？他緊張起來，她現在在哪啊？

快安醫院。你……你是真不知道還是假不知道？……

11.

從老杜返回河南家鄉探親，江春利用這個時機整修房屋、購買家具，確實勞累至極。三天前，她突患重感冒症，原想打退燒針拿點藥回來，莊大夫勸她既然丈夫不在家，何不搬進醫院注射葡萄糖藥水，趕快治癒。老杜放下電話筒，披上裌克匆匆忙忙慌慌張張趕往醫院，看見江春坐在床上吃蓮霧，枕頭旁還放著一份〈榮光週報〉，老杜突然心中一塊石頭落地，喜極而泣……

你哭什麼？是跟狗屁花吵架了麼？阿春酸味十足，向丈夫調侃。

你說啥？老杜沒聽清他的話。

普通病房擺三張病床，一張沒人睡，另一位患肝硬化的婦女去外面散步，所以江春講話無啥顧慮。她見丈夫風塵僕僕歸來，面色憔悴，眼窩下陷，心中猶如針扎一般。但她說出來的話卻是咄咄逼人：你不是預定九號回來，為啥多住了三天？是那個花兒扯你的後腿不准你走對不對？老杜聽了嘿嘿直笑。阿春突來一拳打在他腰上，他哎喲一聲，又哈哈笑了！出院吧。老杜說，你哪像住醫院的病人，你比母老虎還厲害！

江春是醫院清潔工，既然丈夫回來，想出院打一個招呼就走。

杜小甫這次回來，帶了不少家鄉土產品。他說王師凱很夠義氣，若非他打電話他還不知道阿春住進醫院。遠親不如近鄰。明天送他兩瓶大麯酒。老杜從西安買回一盒風濕靈藥丸，專治風濕性關節炎。江春罵他小器鬼，既然此藥靈驗，為何不多帶兩盒回來？老杜說等明年再去時再買。阿春哧地一笑：沒有明年了！放羊上山吃草，早晚給狼叼走。阿春，你這些俏皮話跟誰學的？我在醫院跟你們大陸老芋學的。快到麻里公寓時，江春叮囑丈夫：兩瓶大麯酒留給高漢。至於王老頭兒，改天送他一簍蘋果橘子吧。老杜不甚滿意，卻沒有吭氣。

晚上，老杜提出新的計劃：由於阿春患慢性風濕關節炎，不能過份操勞，最好辭掉醫院工作，每日上午料理家務，等到下午再去做水果攤生意；他自己準備托高漢買一輛二手車，趁身體硬朗幹幾年計程車司機，掙一些錢安渡晚年。阿春當然不表贊同，但是一向遷就阿春的杜小甫，這次卻充份表現出軍人堅強性格，決定明天凌晨去找高漢。江春見他如此執拗，也難以勸阻，便默然應允下來。

台灣北部的路況對於老杜來說，比鞏縣還熟悉得多。尤其沿海一帶，他從十七歲起穿破了二十多雙黑色膠底鞋，從麻里鎮到礁溪、頭城，沿途的高地、河流，甚至高大的樹木和具有史蹟性的碑石、廟宇，即使閉上眼睛也能背誦出來。他在十九歲那年駐防新竹海防時學會開車，因為他眼力好、膽大心細，開車七年來從未犯過錯誤，曾被評為七十一師優良駕駛兵。段營長自殺事件株連工兵營七十餘人。因為杜小甫是被段逆抓兵混進工兵營，經過偵訊研判，證明杜某農民出身，文盲，頭腦單純，大抵不可能受到赤化影響。但師指揮所為了維護安全，最後註銷杜某駕駛專長並限制他在反攻大陸以前不准駕駛軍用車輛。這是屬於七十一師的秘史，杜小甫中士當然茫然不曉。

往者已矣，來者可追。現在老榮民杜小甫駕駛裕隆牌黃色計程車馳騁在陽光普照的台灣北部原野，意氣風發，精神昂揚。身著灰T恤，熱褲，戴西德太陽鏡。許多乘客都以為他四十出頭；其實老杜已過了六十歲生辰，這個秘密他守口如瓶，絕不讓任何乘客知道。

有一次，從南港駛往五堵的車途，坐在後面一位台灣同胞問他：老鄉，你結婚了麼？老杜伸出兩個指頭，給對方看。你結婚二十年了？搖手。結婚兩年？搖手。半晌，老杜甕聲甕氣地說：我說出來你別眼紅，我有兩個太太：一個在台灣，一個在河南老家。

哇塞，了不起！你真幸福。乘客給他戴高帽。我問你，你比較喜歡哪一個太太？

老杜毫不猶豫地說：喜歡台灣這個。

為什麼？

為什麼，這問題仔仔細細講起來，要講三天三夜才扯清楚。……前邊堵車，可能汐止哪家工廠下班……我雖然是河南人，可是在河南住了才十六年……你看這年輕人開摩托車多威風，他大概想作革命烈士……我在台灣生活了四十年，人親土也親，再說這個台灣老婆是我追上的……

大陸上那個是奉父母之命媒妁之言娶來的？

車子越過汐止，老杜開足馬力，加速前進。他難以向一位乘客說出金花與他的相戀史，其實那稱不上相戀，應該說是通姦。通姦在舊社會要受到凌遲處死，同時也是「七出」之一：凡淫亂者，丈夫有權將妻子逐出家門。儘管事隔四十年，每逢想起他和金花幽會做愛，內心總湧出一種罪惡心情。他在杜家村住了十日，享盡天倫樂趣；不過，他總覺得有些疏離感，因為他親生兒子傳海把他視為「長工」，卻不知道他才是傳海真正的父親。老杜還有一種隱秘的苦衷，對於他跟金花及其兒孫的關係，不敢告訴江春。他愛江春，他唯恐對方聽了這件秘史感到灰心、難過，甚至離他而去。

江春也有她的隱憂，自從上次偷拆了金花寄來的信，雖然信裡並未透露任何愛情秘密，但是杜小甫曾瞞著江春寄錢給金花，這其中一定有原因。老杜和她結婚以來，老實得像木瓜一樣，兩口子沒有隔夜的話；唯有王金花的事，老杜輕易不愛談起，即使談起來也是輕描淡寫，一筆帶過。女人的情感細緻，江春早已疑惑他倆之間的關係，但是卻抓不到證據。因此埋在心中的煩愁則是生怕老榮民有一日拔腿而去，既無兒女累贅，又無財產牽掛，他走了像吹過一陣風那麼容易。他們夫婦之間存在的矛盾，正吻合了一句諺語：麻桿兒打狼——兩頭（人和狼）怕。

12.

漫長的暑假過去，又到了淒風冷雨的冬季。一日，高漢開車子路過麻里鎮，順便看望阿春嫂。高漢計劃新年期間回故鄉探親，問老杜是否同行？當阿春轉告此話後，老杜卻長嘆一口氣說：他有九十歲的老媽，我有啥親人？唉！

午夜，杜小甫被尿憋醒，聽得窗外洒著冷雨，他披上睡衣去洗手間解小便。年關將至，他為了阿春怕冷，曾計劃購置一台暖氣機，阿春反對。他想起此事就生氣。狗日的！賺了錢有啥用？光存進銀行生利息嗎？若是一個人做了金錢的奴隸，那才是白痴傻瓜守財奴可憐蟲。為了吵架，兩人好久不講話，進行冷戰。這是他倆結婚以來罕有的事。

其實杜小甫已忍耐了三年。上次王師凱組織麻里鎮長青團東北亞旅行團，鎮上的阿公阿婆踴躍報名參加，鎮長還特別贈送每個團員一雙鞋、一件棉袄克，以壯行色。王師凱打了數次電話而且親自來家邀請阿春報名，可是阿春堅決不答應。他的理由是若出國旅行，影響水果攤生意，而且老榮民回家吃不上熱飯，於心不忍云云。這理由傳到老杜耳朵裡，竟然發生爆炸！他憋得面孔像關羽，狗日的！小器鬼喝涼水，我跑了兩三年計程車，賺了七八十萬新台幣，為的啥？你連這一點錢捨不得化，教我咋有臉見麻里鎮的鄰居？江春毫不示弱，也向他進行反擊：我問你，高漢邀你一塊去河南，一連邀了三年，你為什麼不去？你捨不得化錢，你才是白痴傻瓜守財奴可憐蟲！罵得老杜咆哮起來：我回去幹啥？大陸上有十二億人，除了王金花，誰認得我？誰心疼我？他奶奶個屄！我是豬八戒照鏡子，裡外不是人！……下一輩子，若是再轉世，我絕不做中國人……狗日的！

那夜，風雨交加，老杜嚎啕大哭，他的哭聲真是難聽，讓江春聽得窩心噁心傷心而且毛骨悚然。江春暗自立下誓願：從今以後再也不跟這個老牛筋爭吵，他想回河南回河南不想回河南住台灣，直到老死，我也不再管他。反正他奔波了大半輩子，嚐盡了苦辣酸甜，他常說他是秋後的螞蚱蹦躂不了幾天了。阿春愈想愈覺人生苦短，來日無多，最後眼圈紅了。

臘月二十三，灶王爺上天，麻里鎮響起辟里啪拉鞭炮的祝福聲。杜小甫卻躲在家裡打電話，購買一台洗碗機、一台暖氣機。等電器行師傅裝妥，老杜已做好午飯，他估計阿春中午多半返家，便先打開臥房暖氣機，頓時一團團暖烘烘的熱浪襲來，渾身舒服至極。他喜不自禁，狗日的，這年頭有錢的人真懂享受，像這種玩意兒，王金花一輩子都沒見過！正當老杜吃飯時，門輕輕推開，露出阿春那張凍紅的臉孔。老杜，你沒出去？人家搶年搶節多賺點錢，你卻躲在家享受。老杜聽了嘿嘿直笑，飯粒從嘴中向外噴洒：咱臥房裡還有一個女女更享受。誰？你去看看就知道了。阿春瞪大了眼珠，有點膽怯，是不是金花嫂從大陸來了？老杜哧地一笑：你真會扯，她中風一年多，躺在床上不能動彈，咋能來台灣？不久，阿春從臥房連跳帶蹦出來，伸開雙臂摟抱丈夫，嘴裡不停地致讚美詞：杜士官長了不起！有魄力、果斷性強。你沒和我商量一下就買回來，真是了不起！老杜聽了直泛嘀咕，這是正經話還是風涼話？搞得他一頭霧水，無言以對。

那夜，窗外飄著淒風冷雨，臥房內翻湧起波濤熱浪，這一對裸體的青蛙扭攪一團，情意綿綿；在天願作比翼鳥，在地願為連理枝，縱然夕陽無限好，老杜依然感覺自己的幸福，阿春更激動得熱淚滿腮，差一點哭出來。兩人直聊到夜闌人靜方相擁而眠……

漫長的冬季過去，陽光又從蠶繭般的烏雲露出來，照亮了潮濕寒冷的原野。老杜擦淨車子，正想開出麻里鎮，聽到長青團長王師凱病危消息，馬上跨出車廂趕往快安醫院。

病房擠滿阿公阿婆，有的沉默，有的嘆息，也有暗自流淚的。鮮花擺滿床的四週。王前鎮民代表、長青團團長王師凱躺在床上，眼睛似睜非睜，嘴巴欲說還休，不時發出呼嚕呼嚕的喘息，像火車頭的鍋爐。

老杜……是你呀。驀地，王老頭說了話。

王代表……我來看望你，請你……保重。老杜走向床前，大聲說話。

江春還好麼？王老頭睜開眼問。

還好，謝謝您關心。

你比我幸福。老杜，我說的良心說。娶台灣查某，像阿春這樣的女人，真幸福。王師凱閉上眼，喘吁了一會兒說：你跟阿春結婚那天，我……我妒嫉得眼睛泛紅，像猴兒眼一樣……王師凱笑了。病房的所有長青團員都笑了。

驀然間，王師凱伸出一隻乾癟的手，抓住老杜的胳臂，喘吁吁地說：老杜……

請你參加麻里鎮長青團……因為我不行了……馬上搬家了……

搬家？老杜楞頭楞腦問：你想搬回大陸去住？

王師凱輕微地搖頭。我在台灣住了四十三年，飲淡水河水……吃濁水溪米……我深愛這塊土地啊。他闔上眼，休憩了一會兒，重新振作起來。星雲法師說，一個人死亡離開人世，等於搬家一樣。你問問阿春，她是佛教徒，她一定記得星雲法師這句話……

杜小甫敬愛王師凱，也肯定他領導的長青團的業績。鎮上五十五歲以上男女，大約有五分之一參加了長青團。他們黎明即起，練甩手打太極拳爬麻里山跳土風舞，不定期舉辦長壽健康、佛教、旅遊或藝文講演討論會，而且參加麻里鎮業餘環保衛生宣傳工作。過去，王師凱曾苦口婆心勸江春入團。江春顧家，更顧水果攤生意，為了應付這位長者，她只跑去聽了兩次佛教講座，沒等散場江春鞋底抹油溜之大吉。杜小甫對於長青團一向敬鬼神而遠之，他趁著身體硬朗之年多掙一點錢，將來秋收冬藏安渡晚年。不過，去年長青團組織東北亞旅行團，他堅持讓江春報名；江春捨不得化錢出國觀光旅行，氣得老榮民火冒三丈，兩口子半個月沒講話。至於當年王師凱寫情書追求江春的事，麻里鎮任何人皆朦朧不曉，包括杜小甫在內。三月剛過去，王師凱因心臟衰竭去世，這件屬於小鎮的秘史已隨同男主角的遺體埋葬了……

氣候愈來愈熱，轉眼間到了端陽佳節。那日傍晚時分，老杜開車子回家帶回一串粽子。一進門就對阿春說：我腦筋愈來愈不中，是不是患老人癡呆症？過端陽節，我忘記給金花寄錢！江春告訴丈夫，半月前她已從銀行給金花匯出去一千美元，作端節加菜金。老杜放下粽子，伸開兩隻粗壯的手臂摟住阿春的腰，發出貓叫春似的淫蕩腔調：春子，你真中，咱們先日一下行唄？江春推開丈夫：少囉嗦！渾身汗臭，趕快沖澡換上睡衣再吃飯！

冷氣機孔流瀉出寒冽的氣浪，使人感到天涼好箇秋。晚餐桌上擺的是汽水啤酒陳年紹興酒、西瓜黃瓜哈蜜瓜、豆沙粽子鹹粽子肉粽子、蒜泥白肉醋溜黃魚油炸綠豆丸子葱爆牛肉還有蕃茄豆腐湯。

老杜喝了三杯酒，冒出一句話：等我七十歲，我一定參加麻里鎮長青團，狗日的！

無名菊

1.

每到秋天，我的耳畔便響起浪花拍岸的聲音，混合著渾圓悦耳的歌聲；這時眼前展現出一座恬靜美麗的漁村，它就是位於澎湖漁翁島東南角的內垵村。四十年前，一艘破舊的貨輪濟和號，滿載著八千多山東籍青少年，在內垵村海面停泊。我們扛著行李捲兒，走在那柔軟的沙灘上，心坎裡像喝了黑松牌汽水一樣直冒泡！抬頭向遠處瞭望，但見那座著名的西嶼古堡，隱沒在一塊炫耀奪目的花毯間。那不是花毯，那是橙黃色、粉紅色的野菊開遍了山坡。傳説內垵村有一位質樸善良的姑娘，她時常在山坡上唱歌，送走了無數的夕陽。她漂亮而熱情，島上所有適婚的小伙子都暗戀著她，她卻偏愛上了一個來自黃河下游的清兵。後來大清帝國和日本締結馬關條約，把澎湖、台灣割讓日本。那位忠厚的北方青年懷著依戀的心情，隨同部隊撤走；姑娘茶不思、飯不想，夜以繼日徘徊在往昔駐紮兵營的古堡旁，低聲歌唱，最後她長眠在這座山坡上……翌年秋天，在姑娘長眠的地方，開放出美麗的野菊，把山坡鋪成一片花海。從此村裡的人爭相傳告，野菊就是那個失戀的姑娘的化身……

這個塵封久遠的傳說，從我剛走進這個村莊，它便在我的腦海湧泛著。不久，當山坡上的野菊盛開的季節，我編到一一五團三營九連，換上軍裝，搬進那低矮而陰暗的古堡。

一個月黑風高的深夜，我站在古堡前山坡上值勤。山下的內垵村寂靜無聲，偶而閃爍數點燈火。海面的浪花嘩拉拉激蕩，像行駛的火車發出有節奏的、催人入睡的樂曲。

「于──光──」驀然間，我似乎聽見一個女人的呼喚聲音，從古堡的後面傳來。屏住呼吸，我向前走了幾步，想尋找那聲音的來向。我很納悶，自從進了這個村莊，我從來沒有碰見一個女人，為什麼今天夜晚有女人呼喊我的名字呢？莫非是那一位傳說中為痛失情人而化為野菊的姑娘？……那時我還不滿十七歲，但已不相信所謂鬼神，只是對野菊姑娘和那位年輕的清兵寄予憐憫與同情。這場令人低徊不已的愛情悲劇，卻在這座寂寞的漁村湮沒了半個世紀。沒有文學家去把它整理出來，像羅密歐和朱麗葉、梁山伯與祝英台那樣，讓天下有情人為它一掬同情之淚，這是多麼遺憾的事！

「于——光——」朦朧中，那陌生少女的呼喚聲，又從山坡上的野菊叢間飄蕩而來。我頓時覺得毛骨悚然，心也噗噗直跳。莫非真是這位姑娘死而復活了？

不知是水土不服，還是晚間受了風寒，我們這些來自齊魯大地的青少年，不少人病倒在古堡裡。三營九連的營區，頓時成了野戰醫院。俺們連長江念祖三十出頭，他是全團最威風的指揮官，口才好，學識豐富，唯一的缺點則是好勝心強，同僚嫉妒他，俺們當兵的背後罵他。他看到不少人病倒，急得如同熱鍋上的螞蟻。醫務室的西藥少，江念祖派人到山坡去採擷野菊，把它熬成一大鍋湯，強迫病號飲用。那時我害了一場熱病，頭朦朦的，啥也不想吃，一天到晚蒙頭睡大覺。看護兵給我量體溫，一直維持著三十九攝氏度不變。說起來奇怪，西藥並沒治癒我的病，但是喝了野菊花湯，我卻在地下黃泉轉了一圈兒，竟然返回了人間。

我認為這不是江連長救了我，而是野菊姑娘救了我。等我領到薪餉，特地到內垵村雜貨店買了一疊紙箔，偷偷摸摸趕到那座圍著石牆的野菊姑娘墓前，焚紙禱告：「大仙家！您救了俺這一條小命，俺于光一輩子也忘不了您的恩情。俺十三歲死了娘，若是娘活在人間，就算天下再亂，俺于光也到不了澎湖群島的西嶼鄉內垵村。野菊仙家，求您可憐我，我是一個舅舅不疼、奶奶不愛的苦命孩子。俺于光是茅坑的石頭，又臭又硬，用不著算命的瞎糊弄，俺這一生絕不可能闖出一點名堂來。大仙家！俺要平平安安活下去，俺一定把您傳揚出去，讓後世的炎黃子孫知道，澎湖和內陸雖然暫時分離，但它卻隔斷不掉血濃於水的感情……」我一面禱告，一面掩面啜泣。

也許真的是野菊仙家顯靈，保佑平安，我病愈之後飯量大增，每頓要吃三碗糙米飯，外加一大瓷缸冬瓜蝦仁湯，到了冬天，我的腮幫子也鼓了起來，就像含著一顆橄欖似的。

新年期間舉行壁報比賽，俺第一排榮獲全團冠軍。江念祖在頒發獎品時，竟然雞蛋裡挑骨頭，把批評的矛頭對準了我：「咱九連自從建制以來，加上這次壁報比賽，一共拿了五次冠軍……」他揚起右手，徐緩地向下一壓，平息了第一排同志的歡樂掌聲。「你們先別驕傲，聽俺把話說完。一排的壁報，論編排、書法、插圖都不錯，幾篇散文、小詩也還過得去……不過，俺對于光的那篇野菊之戀提點意見：過去你們是學生，現在穿上軍裝，變成丘八，腦子裡任何觀念、看法應該有些改變才行。總的來說，學生時代可以談情說愛，做了軍人就不能搞這些名堂，聽清楚了沒有？……啥叫戀愛？──那是精蟲作怪！……」裂竹似的掌聲和笑聲，在這低矮的古堡裡回蕩起來。

我是一個初學寫作的小青年，雖不敢說「字字珠璣」，但每一篇文章也是絞盡腦汁完成的。江念祖不僅不鼓勵我，卻這樣在大庭廣眾中諷刺我，引起一場哄笑，你想我心裡怎不怒火中燒呢！

這位行伍出身的江念祖，他不像其他的軍官，進過軍校，受過所謂「養成教育」，他是憑著自己的血汗奮鬥，從戰士、班長、排長一步一步熬上來的。正因為他沒有軍事學歷，卻是一一五團最紅的連長，所以引起同僚的普遍不滿。但是江念祖對此充耳不聞，我行我素，他一天到晚奔波勞累，像一條老黃牛，吃的是青草，擠出來的卻是富於營養的乳汁。可是天長日久，他的眼睛患了夜盲症，遇風流淚，他又愛吃辣椒，因而痔瘡時當發作，出血不止。他卻毫不在乎，好像他這條命是白撿來的，一個子兒也不值。你說這個人是不是怪物？

江念祖唯一的生活享受，是喝野菊花湯。古堡附近山坡上盛開的野菊，不到中秋節便被俺連的弟兄採擷一空。將摘下的野菊洗淨，再晾乾它，裝進一個空麵袋內。江連長每日飲菊花湯，他還命令炊事班長在晚飯不要做湯，卻以菊花湯取代它。每次喝那種土腥味的湯，我總偷偷罵他幾句：「獨眼龍，老軍閥！」

江念祖在我當時的心目中的確是一名軍閥。上級許多法令，到俺九連就變了樣。團部明文規定新年放假兩天，江連長卻規定只放元旦一天。別的連，第二天一早，有的渡海去馬公逛街，有的到村莊去吃小館、拜媽祖廟；但是唯有九連的士兵，卻扛著鐵鍬、掃帚，一個個像孫子似的在內垵村修橋、鋪路，直累得精疲力竭，才沐著夕陽回古堡。

「莫等待，莫依賴，勝利決不會天上掉下來。預備——唱！」

先吃飯，後搶菜，

包子決不會天上掉下來。

老軍閥，別逞能，

再過兩年變成獨眼龍……

儘管我們這些頑皮青少年咒他、罵他，但是江連長卻無所謂。

每逢到了秋天，想起野菊遍野的內垵村，想起西嶼古堡，想起那位耿直而質樸的江連長，我總會臉紅、心跳，慚愧的淚水也會沾濕衣襟。直到現在，我才體會出自己真是大海中的一粒泡沫……

2.

我看了看錶，默然計算一下時間，再過半小時左右，江連長就能到達香港，然後轉機飛往廈門，和他兒子阿貴會面，同返山東。他身體不好，一隻眼睛患白內障症。當他那佝僂的背影消失在機場登機室時，我覺得心如刀絞，眼淚也不由自主流下來。嘴裡兀自念叨著：「老天爺保佑您，一路平安！」

汽車從圓山駛進台北市區，我重新過起渾渾噩噩的都市生活。江連長的影子，漸漸被眼前的車水馬龍的景象輾碎，如今我已忘記了他那濃重的鄉音，聽來的仍舊是流行的熱門音樂。置身在二百多萬人口的台北，走了一個老兵江念祖，就像從日月潭溜出去一只小蝦，無聲無息，誰也不關心他的去留。

作了十年記者，我這個半路出家的退伍老兵，也學會了資本主義的採訪原則：「狗咬人不算新聞，人咬狗才是大眾喜聞樂見的新聞」。這種原則性的話，也許你還聽不甚清楚，讓我進一步解釋一下。打開報紙，凡是計程車司機拾金不昧、救火隊員冒險搶救人民、老作家窮苦無依、老兵昏倒街頭，或是孝女侍候父親三年之類的新聞，問津的人並不多，感興趣的倒是立法院摔跤、抓頭髮毆打，山地雛妓賣淫時當場被捕，或是警匪槍戰九死一重傷、並且殃及路人的社會新聞；其次是股票、投資、旅遊、凶殺、春藥廣告等。

我跑了十年社會新聞，台北市的斜門歪道行業，真是「芝蔴開花」──節節高。一九八九年四月梢，有一天中午，我身背相機，跟隨一小組刑警隊員，在石碇墓地附近搜尋一名搶劫犯。穿過一片荒涼的長滿野菠蘿和荊棘的墳地，我覺得肚子疼，想拉屎。但心想正是緊張時刻，若是耽誤了這則轟動一時的社會新聞，報館一定把我炒魷魚，而且萬一當我解手的時候，那名綽號「智多星」的歹徒，來無影、去無蹤，驀地從身後伸過來毛茸茸的手，掐緊我的脖子，那就沒命了。

儘管我在忍耐，但卻毫無用處。肚疼是拉屎的前奏曲；疼得輕，解得少，疼得厲害則解得多。偏巧那日肚子疼得要命，若是再猶豫的話，一定會拉到褲襠裡。

距離我五米左右，有一座很大的墳墓，墓後是一排濃鬱的木麻黃，我加快腳步跑到樹叢旁，先將相機放在墓旁石碑前，便脫下褲子蹲下來，用打火機燃著了一枝香煙，慢慢吸著。

我肚內的糞便排泄而出，心情也鬆弛下來。前面靜悄悄的，顯然那個「智多星」並沒有窩藏在此。我早預料到今天逮不著這一名搶劫犯，要不然人家為啥叫智多星？剛提上褲子，紮好皮帶眼兒，聽得一聲咳嗽。尋聲望去，但見一位約莫七旬的老人，滿面皺紋，眉宇之間卻透露出幾分英氣。他身穿一件灰色汗衫，著草黃褲子，頭戴一頂草帽，從面目和打扮看起來，是一位退伍老兵。我迎上前去；帶著歉意向老人說：「對不起，我拉肚子，所以在這裡解手。」老人眨巴著眼，不停地向我渾身打量，似笑非笑地問：「你跑這兒來幹啥？」聽他的口音非常熟悉，而且是魯西鄉音，使我頓感親切。我老實地告訴他，我來此是為了採訪搜捕「智多星」新聞，由於肚子疼痛，所以才躲在這兒解大便。老人把肩上的鋤頭朝地上一扔，嘴角露出善意的冷笑：「懶驢上套，不拉就尿。于光，你的老毛病還是沒改呀！哈哈！」就當他哈哈大笑時，我終於恍然大悟，原來他是我的老連長江念祖啊！我急忙迎上前去，握緊他那寬闊而肥腴的大手，激動地喊了兩聲：「老連長，俺是于光！」他睜大了那一隻患白內障的右眼，凝望著我，嘴裡嘮叨著：「于光，你這個小懶蛋兒，咋一眨眼工夫也長了白頭髮啦。唉，歲月不饒人啊！」

「小懶蛋兒！」這是多麼親熱而熟悉的稱呼啊。聽到了它，曾使我氣惱、也讓我臉紅，因為這是一種羞辱的代名詞。但是如今聽起來卻是何等溫暖，像回到了哺育我長大的黃河岸邊的江家峪。

四十一年前，我剛從江家峪走出來，還是一個頑皮而懶惰的十七歲的小青年。到澎湖漁翁島駐防時，由於兵多槍少，我撥到一一五團三營九連，站崗是徒手，出操扛著鐵鍬；只有打靶的時候，才能摸到三八式步槍。

我從小得過氣喘病，每次跑步，總是口吐白沫，喘息不已。有一個落雨的凌晨，我從睡夢中醒來時，只見空蕩蕩的沒有人影。穿好軍衣下床，蹓到外面洗臉、刷牙。晨霧茫茫，細雨霏霏，聽得一陣沙沙的腳步聲，原來跑步的隊伍已經回來了。趁著大家解手、洗臉的混亂機會，我渾水摸魚參加了早餐集合。集合以後，再由值星官領導大家齊唱「開飯歌」。

唱完了「開飯歌」，每個小青年正準備向白饅頭、稀飯、炒花生米、小鹹魚進攻的時候，江連長突然從旁邊走過來，他習慣地用右手掐在皮帶上，操著濃重的魯西鄉音，打起了官腔。

「稍息。剛才你們唱歌，我發現有一個人沒張嘴，不唱，跟著哼哼。這小子為啥不唱呢？因為他不好意思唱，唱出來他覺得丟人、臉紅。你一個人躲在被窩裡睡懶覺，還能不臉紅？」

江連長身高一米六八，雖然不算魁偉，但他的嗓門高，講話簡捷有力，決不拖泥帶水。對於部屬的賞罰，他是小葱拌豆腐——一清二白，絕不馬虎。他說到這裡，臉色頓時嚴肅起來：「現在我領導你們喊一句口號——打倒懶蛋！」

「打倒懶蛋！」接下來是一片帶著歡騰的吼聲。

從那天起，我對這個軍閥記恨在心，他的別出心裁的侮辱性的懲罰，比打我、罵我，甚至關押禁閉還令我難受。可喜的是他並未宣布我的名字。全連的弟兄也弄不明白到底發生了什麼事。為了面子問題，我也裝糊塗。等到漫長的夏季過去，澎湖海峽湧起大的風浪，我們第三營移防到澎湖本島石泉村，這件不愉快的往事便沖淡了……

有一天，我擔任監廚，幫助炊事兵燒火、洗菜。這是一樁輕鬆的差事，因為有充分的時間休息。那天下午，我正躺在炊事班長床上看小說，誰知江連長悄悄走了進來。

「小懶蛋兒！」他嘿嘿地笑起來：「你幹啥？」

「看小說。」我趕緊翻身下床，給他行禮。

「稍息。」江連長拿起床邊那冊《約翰・克利斯朵夫》，翻看一下，便皺起眉頭：「看這個幹啥？為什麼不抽空看步兵操典？將來考軍校，那才有用處哩。」他說著朝外走，向炊事兵嘮叨著：「你們給病號煮的稀飯，那是稀飯麼？那是泡飯！

我這是向你們提出最後警告，若是再犯錯，我罰你們下海撈蝦去，給大伙兒加菜。」

那時，江連長三十出頭，正值青春茂盛之年，可是在我的眼裡，他滿面風塵，如同飽經滄桑的中年人。我在背地詛咒他、罵他，有時也對他湧出同情心。可當我離開澎湖，走向廣闊的社會，看到許多虛偽的面孔，聽到不少庸俗而卑劣的話語時，我這才憶起那個把青春埋葬在軍隊的江連長，他才是值得我敬愛的人！他不僅沒有談過戀愛，甚至連文化娛樂也享受不到。住在澎湖，一年難得看上一場電影，偶而師政工隊到營區放映電影，全營士兵像過年一樣，提早吃晚飯，太陽還沒下海，便把大操場圍得人山人海。操場中間掛起一個白被單，一方的觀眾瞧正面，另一邊的觀眾看反面，有時海風吹得白被單膨脹而起，銀幕上的人物便變了形。那天晚上散場以後，江連長不准我們洗澡，也不准睡覺，帶領第九連弟兄去海邊沙地跑步、唱歌。那時我年輕氣盛，反叛性強，我忍不住發牢騷、講閑話，最後終於被江連長聽見了。

「誰在講話？」他吼了一聲。

「我！」我的嗓門比他高。

「出列！」

我絲毫不懼怕，默聲走了出來。

「跪下！」他如同站在當陽橋下的張飛。

那晚，江連長氣得發抖，我也抱著犧牲到底的決心，為全連同伴出一口鳥氣！

江連長命令值星官把隊伍帶回去洗澡、睡覺，他卻陪著我在沙灘談話。起初，他囉嗦了半天，我低著頭充耳不聞。他問我何以不作聲？最後逼得我道出心底的話：「你叫我跪著，我咋講話？你不是皇帝，你憑什麼罰我下跪？」

「好，你起來。」他尋思了一下，終於下了命令。

月兒從雲層中露出臉來，照耀得眼前的海峽一片明亮。我在朦朧中想起了江家峪的黃河渡口。月光下，春水泛濫的時候，不正像眼前的景色麼？思前想後，我的眼淚不由得奪眶而出。他在前面走，我在後面跟隨，寧靜的月夜，逐漸溶解兩人的憤怒糾葛。忽然，江連長停住腳步，充滿感情地說：「于光，你的脾氣真像俺于大哥！」

我心裡暗自吃驚，莫非站在我眼前的這個不講情理的軍閥，他就是村頭的江大姊的丈夫？……我並不作聲，對著茫漠的汪洋大海，我嗅到一股新鮮的海風腥鹹氣味。

「我離開咱江家峪的時候，于大哥中風躺在床上，他現在還壯實嗎？」他轉頭望著我說。

「還好。」我向江連長說。按理輩份，我應該喊他叔，但是驟然改稱呼，正是「刮大風吃炒麵」——張不開嘴呀！

在故鄉時，每到三伏六月天，收割麥子的季節，我常看見一個年輕而苗條的小媳婦，頭上包著白布巾，戴斗笠，挑著麥秸在羊腸山路上走。「小光！」她轉頭喚我一聲，臉上泛出笑容：「你手上拿的啥？」我說：「大嬸子，俺抓的一串螞蚱。」她笑道：「你把它烤熟了，給俺吃一個行唄？」我立即回答：「行。」

這位住在村頭的小媳婦，娘家在黃河下游的翟家峪，她嫁到江家峪不久，爆發了中日戰爭。她丈夫江念祖在縣裡唸中學。大抵是日軍侵占濟南前後，江念祖便跟隨學校去了河南，從此失去了聯繫。我在小時候記得江大嬸子挑水、餵豬、拾柴、種地，一年到頭包著白布巾，誰也看不出她是個小媳婦。她那時候才十七八歲，還是個天真未鑿的孩子，所以時常跟我逗嘴，尋樂，窮開心。

有一次，江大嬸問我：「小光，你猜你念祖叔啥時候回來？」

我胡謅說：「明年打麥子的時候，他就回來。」

她那微腫的眼睛，頓時亮堂起來，而且充盈著晶瑩的淚光，宛如夏夜的螢火蟲一樣，閃爍發亮。「小光，你真是金口玉言。若是你念祖叔真的回來，我給你做一雙老虎頭鞋，直貢呢布的鞋面，美死啦。」

「俺不要老虎頭鞋。」我搖頭說：「過了端午節，俺七歲了，該上學堂了。俺要穿上老虎頭鞋，學堂的女同學一定笑我。」

「誰敢？」江大嬸突然發起脾氣，憤恨地說：「女學生有啥了不起！俺過去也唸過兩年書，沒啥稀罕！小光，看哪個騷蹄子敢欺侮你，告訴嬸子，我撕她的嘴！」

我捂住嘴想笑。江大嬸憑什麼撕人家女生的嘴？直到後來我上了中學，才逐漸了解江大嬸的嫉妒心理。村裡傳說她的丈夫江念祖在縣中有個女朋友，兩人情投意合，後來一同參加了抗日工作。隨著時間與生活的變化，這些往事逐漸淡漠忘卻，唯一使我念念不忘的則是江念祖這個人，蒼天悠悠，到底流落何方？

世界是圓的。江念祖在中國大陸轉悠半圈，卻渡海來到澎湖，作了我的連長，這是多麼讓我感到驚訝的事！

半晌，他感慨地說：「帶你們這些學生改編的兵，難哪。對你們嚴格一點，你們發牢騷，講怪話；待你們鬆一點，上面也不滿意，這是燙手的山芋呀！……」

我不作聲，心裡暗想：「活該！誰讓你用北洋軍閥時代的帶兵方法，來對待俺們？」

3.

穿過木麻黃樹林，眼前便是一片整齊的茶田。

我穿著皮鞋在羊腸小徑趕路，覺得既勞累而不習慣。抬頭向前方望去，前面不遠有一座荒涼的山坡，山坡下是個小村，只有兩三户人家。村莊前面是茶田，還種了一些包心菜、小葱和紅辣椒。江連長的住屋非常寬敞，一間十坪大起居室，後面是一間二十坪的鐵皮儲藏室，堆滿了報紙、空瓶子和塑料罐。看起來他以收破爛維持生活，我覺得有些心酸。靠窗擺了一張鋁質書桌，桌上放著幾冊傳記文學和佛教書刊。靠牆放著單人床，床上還掛著三四十年前的綠色軍用蚊帳。床上的棉被疊成豆腐干狀，讓人一看就知道主人是軍人出身。江連長的廚房是在起居室的左角，門外有一棵木棉樹，樹下有一口壓水機。他燒開一壺水，便進來沖茶待客。

「你嚐嚐這春茶，不錯吧？」

喝著芳香撲鼻的蓋碗茶，真是舒服極了。

「你在報館工作，我真不知道。于光，不瞞你說，從去年春天開始，我就決心不看報了。你別不高興，我並非不關心時局，我只是想多活幾年。」

我感到慚愧。為了刺激讀者，擴大銷路，除了官方報紙比較保守，其他的都愛刊登聳人聽聞的東西。

老連長喝了一口茶，感慨地說：「我在你面前，批評報紙，有點班門弄斧，自不量力。可是于光，打開報紙，看到的不是立法委員打架，就是議員砸桌子、摔麥克風，這不讓人心慌嗎？不瞞你說，我這隻眼就是看報紙氣瞎的……我講話絕不誇張。」

這個收破爛的退伍老兵，不看報，不看電視，倒也樂得清靜自在。是啊，他為這些雞毛蒜皮的事生氣，實在毫無意義。

江連長談起往事，露出幸福的微笑。他談起內垵村，談起西嶼古堡，他還提起秋天遍山的野菊：「喝菊花湯，治眼睛，那才管用哩。」他走來走去，熱烈地談著往事，當我正凝聽時，他從抽屜裡翻出一張泛黃的照片，笑眯眯遞給我說：「你看，這是四十年前咱們三營九連全體官兵在澎湖石泉村拍的團體照。」

老連長戴上老花鏡，指著那張泛黃的十二吋照片，不停地向我嘮叨不休：這其中某人當了師長，有一年曾在馬祖見過面；某人退伍以後去了澳洲，目前在墨爾本開餐館……

驀然間，我似乎感到他的形象高大起來。他活得如此貧窮而卑微，住在這荒僻的鄉間，沒有人來關懷他，甚至和他通信，但是他卻關懷四十年前的一群小伙子，這是何等偉大的胸懷！

我想幫助他，讓他搬到比較寬敞而方便的地方居住。但是聽他的口氣，他對於目前的生活感到滿足。於是，我故意聊起故鄉的情況，那是我從家信和親友聽來的有關江家峪的變化。這位老兵聽得津津有味，終於忍不住流下了熱淚。

「江大叔，不想回去看看嗎？」我試探著問。

他默默站立起來，顫巍巍地走近窗邊，用那唯一的一隻患白內障的眼睛，眺望遠方的山，嘴角露出笑意：「我每天早晨，站在窗口看那座山，它多像咱江家峪東邊的青龍山啊。那時你還小，可能記不得這些事故。每逢快下雨之前，俺青龍山上雲霧朦朧，老年人說那是青龍吐霧，一定下雨。」江大叔轉過頭來，熱心地解說：「咱們莊稼人就是靠天吃飯呀。碰到天旱的年頭兒，村裡的井乾涸了，咱們只得喝黃河的烏突水，這有啥辦法？」

我兀自凝聽著他那濃重的鄉音，既感到親切，也覺得驚喜。中國人對於土生土長的故鄉，有著永遠撕扯不斷的纏綿感情；即使離開它多麼久遠，甚至故鄉已經沒有一個親人，但是一提起故鄉，總會湧出歸心似箭的激情。

「大叔，您沒有給俺大嬸子寫信？前幾年，有些老鄉偷偷摸摸從海外給大陸上親人寫信。現在政府准許探親，也能公開通信，您咋不給大嬸兒寫封信？也許她還住在江家峪……」我催促著說。

他沒有作聲，彷彿不高興聽這種話。他用稍顯笨拙的動作，從桌上拿起一枝長壽牌香煙，用打火機燃上，連續吸了兩三口，低下頭去，慢慢地說：「我離開江家峪五十年了，想起來就像昨天發生的事，光陰過得真快呀！」

「大叔，您還是先給家裡寫封信，再回去看看。如果有啥困難，我們再來想辦法。」

臨走，我講了這句話，並且許諾下個月再來拜望他。

果然不出所料，那天警方並未抓到搶犯「智多星」，許多記者大失所望；唯有我暗自欣喜，因為這次採訪意外地遇到老連長江念祖。

為了了解江大嬸的現況，我特地給江家峪寫了一封信。隔了將近一個多月，還沒回音，這原是正常的事，但我卻想起那個收破爛的老人，一個多月不見，不知他近況如何？驀地，我想起最近公布「戰士授田證」的新聞，江大叔不看報紙，他一定不知道登記辦法。我何不趁此機會為他辦這件事呢。

我騎著一輛三陽野狼牌摩托車，帶著兩瓶孔府家酒，直奔石碇。在郊外的公路上駕車奔馳，沿途的景物雖然不同，但心情卻與當年在澎湖一樣。那年夏天，為了傳送公文，連部領到一輛日式摩托車，別看它那發霉的熊樣，可是卻受到一百多個小伙子的寵愛。只要有空暇時間，大家都爭先恐後拿著破布揩拭那輛老爺車。從領下它之後，就擺在伙房門外走廊，像《紅樓夢》小說中賈府門口蹲著的石獅子，供人瞻仰，但卻沒人敢騎它。因為還沒人騎過這個玩意兒。

那天傍晚，江連長心情不錯，意外地出現在群眾之間。他見大家把摩托車擦得乾淨，帶著激勵的意味說：「誰能騎上它跑一圈兒，我保舉他升傳達班中士班長！」這話剛說完，大伙兒哄然大笑。笑歸笑，可是誰也沒主動騎這輛報廢的日軍摩托車。

我心裡噗噗直跳。過去在縣城讀中學，我曾騎過一次摩托車，那還是一輛日本鬼子的俘獲品，因此騎起來有一種威武而光榮的氣概。不知是一股什麼力量鼓舞著我，我像吃了豹子膽、老虎心，竟然在連長和十幾個同志面前，跨上摩托車，發動引擎，在群眾的一片歡呼聲中，駕著摩托車馳出營區，在石泉繞了一圈兒，再回到營區，那些同伴還在等候我哩。

那天晚上，我成了三營的英雄人物。過去不見經傳的小人物，驟然間一夕成名。許多人向我道賀，有些帶著誠意，也有的懷著妒忌心理。因為他們知道我將從一等兵升到中士班長；雖然在我們年輕孩子的心目中，班長，排長，甚至連長算不了啥，但是若想從基層蝸牛賽跑升上去，非常困難。說句現實話，中士班長的工資比一等兵高一倍，而且不站崗，不參加晨跑，不參加戰鬥演習，最痛快的是每天騎著摩托車出外散心，這是多麼瀟灑自在的神仙生活！

江連長找我去談話。他一見面就用道地的魯西土腔問我：「于光，我真想不到你會騎電驢子！」

電驢子，好久沒聽到這麼土的話了。我不禁哧哧地笑起來。

「于光，我在家的時候，咋沒見過你？」突然，他跟我拉近了距離，使我侷促不安，無言以對。

「我向你打聽一個人，住在咱村後山上，五三慘案那年，他跟他爹逃難來到江家峪，他叫啥，我忘了。這個人出來沒有？」

「是不是江源？小名叫圓兒。我小時候常跟他打架。」我又問他：「連長，您咋知道我是江家峪人？」

「看你寫的自傳唄。」他幽秘地笑起來。

我告訴他：江源在前年結婚，後來他去南京報考大學，以後就失去了消息。依我的判斷，江源可能還留在大陸。

我駕著這輛三陽野狼牌摩托車，比剛到澎湖駕的那輛電驢子，真如天壤之別。但是兩者都是日本貨。有時候想起來感到面紅耳赤，慚愧不已。從小學時代讀「國語課本」，便知道作為一個愛國少年，應該抵制日貨，但是抵制了將近半世紀，我為什麼一直擺脫不掉日本貨呢？難道咱們中華民族就像屠格涅夫筆下的羅亭，嘴巴是勇士，行動是懦夫，永遠做帝國主義的應聲蟲……

在江大叔門前熄火，關上油門。屋內靜悄無聲，而且上了鎖。我繞到屋後儲藏室，推門走進去，原來他並未鎖後門。

我點了一支香煙，聽到前面傳來腳步聲，我從後面儲藏室繞到前門，只見門前停放著一輛貨車，江大叔正在用鑰匙開門。

我走上前去喚他，告訴他後門沒上鎖。江大叔笑道：「後門，我經常不鎖。有時候忘了。咳，咱有啥可偷的？這年月咱沒偷人家已經是夠客氣啦。」

他穿的那件破汗衫早已泛黃，下身是一條舊牛仔褲。嘴唇上的花白鬍鬚，顯然已有數日沒曾去刮，不過氣色挺好。江大叔推門進去，便忙著燒開水沏茶。我把帶來的辦理「戰士授田證」核發現金的申請單，講給他聽。他聽了一下，便用手朝下壓，微笑道：「甭講了。講多了讓我難受。當年上邊發給戰士授田證，哪是折合現金？這也不知道誰出的鬼主意？這不是照顧退伍老兵，這簡直是侮辱退伍老兵。他奶奶個屄，一個退伍老兵就值一二十萬塊錢？」我不再吭聲，只是悶坐吸煙。我了解江大叔的耿直性格，他雖然脾氣不好，但是他卻通情達理，決不沾公家一點好處。他當連長，每月領到主官加給，都買成奶粉、雞蛋或維他命藥針，分送給患病的弟兄。他患痔瘡多年，卻從來沒向別人提過，有一次舉行野外演習，大家發現他的軍褲後面被鮮血染紅，才傳出連長患痔瘡的秘密。

午餐吃江大叔煮的牛肉麵。我們二人打開「孔府家酒」，吃著豆腐干。江大叔不禁熱淚盈眶，嘴裡咕嚕著說：「曲阜離咱江家峪三百六十里，若是開汽車的話，三個鐘頭就到了。這酒還真不錯。小光，你在哪裡買的？貴不貴？」

我岔開話題，慫恿他說：「大叔，您離開家鄉五十年，葉落歸根，也應該回去探親了。」

「若是沒有親人，我還回去幹啥？」他仰起頭，飲盡了杯中酒。

「即使沒有親人，您也應該回去看看黃河。」

江大叔睜開泛紅的一隻眼，朝我伸出右手，向下壓。這是他的習慣動作，示意停止的意思。

「天下的黃土，到處都能埋人，何必要回江家峪？」

江大叔說著用手向下一壓，制止了我的講話。接著，他端起酒杯，和我碰杯，一面激動地說：「乾杯。喝家鄉酒，等於回到家鄉一樣。小光，咱爺倆乾了杯中酒，吃麵……」

4.

夏天，是澎湖列島人民幸福的季節，海峽風平浪靜，蔚藍色的天空，飄浮著數片淡淡的雲朵。海島上靜寂無聲，陽光終日照晒著海洋與大地。年輕小伙子在漁船上、田野間勞動，直到太陽落下海平線，西方天空扯起一片燦爛的晚霞時，他們才滿懷著歡騰的心情走回漁村。

自從我當了九連的傳達班長，每天騎著那輛軍用摩托車送公文。車過馬公，我時常停在建國日報社門前，買一份報紙，再走進旁邊的水果店，買一杯涼桔汁，一面喝桔汁，一面看報。那時，住在澎湖的白莽、林原，時常在副刊發表散文，偶爾也見台灣本島作家寄來的作品。由於我喜愛文學，因此也開始投稿。我寫出的稿件不但親自送去，而且還親自去領每千字五元的稿酬。每次拿到稿酬，我總會在馬公吃一頓小館，而且買回幾斤炒花生米回來請客。

江連長對於文學寫作，不感興趣。在他的那兩只患白內障的眼睛裡，搞文藝是旁門左道，只有研讀軍事操典、孫吳兵法、曾胡治兵語錄，才是軍人的正途。偶爾遇到他思緒激昂、心情舒暢，他也愛跟連上的弟兄講笑話。他說：「搞文藝的都是風花雪月，男歡女愛。吳稚暉有一句名言：啥子戀愛，精蟲作怪！」

每逢憶起江連長的話，我既生氣，而又好笑。雖然他奚落作家、嘲笑文藝，但他對於我從事業餘習作卻呵護備至。

有一個晚上，我凝神寫一篇懷念故鄉的散文：

一位青年農婦忙過晚飯，趁著月亮，她趕緊拿起針線笸到打麥場去做活兒。她十八歲從翟家峪嫁到這個窮村子，過門沒有多久，她那個男人便跟隨抗日軍走了……

……她盤算他大概年底就會回來……

那晚，我為了捕捉不到螢火蟲，憋了一肚子氣。

「小光，過來！」老遠，念祖嬸喊我。

我走近她，一肚子委屈。

「你咋啦，小光！」她抬頭問：「誰惹你了？」

我把南瓜莖燈扔給她，沒吭聲。

「啊，沒抓著螢火蟲呀！」她笑起來：「嬸子替你抓。」

「你抓不著。」我說。

「俺抓不著。你咋也像你念祖叔似的瞧不起我？」她有點惱怒地說。

「不是！」我急得直跺腳，氣急敗壞地說：「嬸子，你的腳小，跑不快，抓不著螢火蟲。」

念祖嬸真的惱了。她低下頭，用兩隻手撫摩自己的雙腳。那種地瓜形狀的腳是最先纏足，後來放開它。這在俺魯西俗稱「半大腳」，縣城知識分子稱它「解放腳」，這是民國以來改良派的產物。念祖嬸的臉色變紅，仰頭凝望夜空的圓月，眼眶充盈著淚珠。我有些害怕，急忙抓著她的胳臂央求說：「嬸子，你別惱，剛才俺是跟你鬧著玩的。」她低下頭，拍著我的肩膀，微笑說：「你咋這麼膽小，我不怪你，我的腳本來就小嘛。我不能參加賽跑，也不能跳高，也不能扛槍打日本鬼子，俺只能在鄉間幹活兒、生孩子，這是你念祖叔說的屁話呀！……」清瑩的淚珠從她眼眶淌下來，淌在她手上，她用衣角拭乾眼角的淚……

那晚，我的小說寫到這裡，便無法繼續下去了。那時我才是一個剛滿十八歲的少年，無論知識、經驗和對現實的觀點都非常幼稚、淺薄，我實在不知道如何評判這一對分手的夫妻？我應該怎樣處理這篇小說？……從窗外吹進來一陣海風，使我渾身涼爽欲醉，宛如投身在黃河的浪花中……

不知什麼時候，聽得耳邊有人輕聲講話：

「回去睡覺吧。已經兩點多了。」

驀地從睡夢中醒來，睜開眼睛，我發現江連長站在跟前。他臉上堆滿了和藹可親的笑容，輕聲細語說：「收拾一下，睡吧。」說著轉頭走了。走到儲藏室門口，卻又返回來，叮囑我說：「你寫得不錯。有個建議，你把那個念祖改成別的名字，好不好？這篇文章若是發表出來，讓人家知道是我，我怎麼有臉見人？」

江連長的笑聲，一直在我的耳畔回蕩。後來，我的那篇習作胎死腹中，因為實在難以繼續下去。甚至到了四十年後的今日，我也不知道念祖嬸是否活在人間？

我給住在江家峪的鄉親寫信，打聽念祖嬸的情況，但是始終沒有回信。我開始感到焦急不安。在漫長的夏季，我每隔十天半月便去探望江大叔。他看見我非常高興，即使身體不舒服也撐著為我炒兩樣菜，陪我喝兩杯酒，天南地北聊個沒完；但等我一提起返鄉探親，江大叔便啞口無言了，好像他不願聽這樁事。

「挨，這件事等一等再說吧。」他最愛講這句話。要不然，他舉起右手向下壓一下，苦笑道：「四十年都熬過來了，咱還計較這一年半載嗎？」

我實在摸不清這個老兵的想法。他選擇居住的這塊世外桃源，從遠方的山勢和近處的田地與樹林景緻，簡直像回到江家峪一樣。難道江大叔就以此而滿足了思鄉願望了麼？不，這兒是台北縣石碇鄉，這兒不是江家峪，若是以眼前的景物來欺騙自己、痲醉自己，那是自欺欺人的事。畢竟他是我的長輩、長官，而且也是提攜、照顧我的恩人，我怎敢貿然批評他呢？

驀地，江大叔笑起來，沒頭沒腦地說：「小光，你最近還寫小說麼？」

我搖了搖頭。生活在忙碌而繁華的都市，人的思想情感麻木、冷漠而且現實，誰也不願意把內心的話告訴別人。文章是思想情感的產物，試問思想麻木、情感冷漠，如何寫出優美感人的文學作品？

「我記得你在澎湖當兵的時候，寫過一篇東西，後來我咋沒看到發表呢？」江大叔吸著香煙，神秘地問我。

「我對於您和嬸子了解太少，所以寫不出來了。」

江大叔聽了我的話，開始沉默起來。他是一位非常實在的人，肚子裡裝不了秘密，但是對於他離家出走的往事，他從來沒向任何人講過。也許由於作久了新聞記者，我擁有一種探索別人心事或隱私的欲望，何況他又是我的鄉親、長官呢？那日，我多勸他喝了幾杯白酒，趁他心情開朗，我便以採訪新聞的方式，激發起他的談話興致，讓他用自己的手，挖開沉埋了半個世紀的寶藏。他講到傷心的地方，禁不住啜泣起來。

「我真懊悔，我明知道所謂面子問題，是非常庸俗的、虛偽的，但是我為啥卻還把它看得那麼重要？結果害了我一輩子！……」江大叔點上一支香煙，用笨拙的動作吸了兩口，便咳嗽起來。

我有些懊悔。為了想採訪這個沉埋已久的秘聞，我實在不應該讓江大叔難過、悲傷。如果他遇不到我，他仍舊住在這簡陋的房屋裡，過著安靜的收破爛的生活。但是從我踏進門以來，我給他帶來煩惱、眼淚和無盡的悲哀，我是否又做錯了一件事？

「江大叔。」

「你聽我說，」江大叔用手向下一壓，打斷了我的話。「我真懊悔，我明知道愛面子……」他把香煙擱在破玻璃煙灰缸內，用兩手摸著太陽穴，好像他有點頭疼。「她沒來咱村跟我拜堂，我就和說媒的提過纏腳的事。我說對方年紀、醜俊、過門的陪送家具，俺啥也不在乎；只有一樣，俺決不要裹腳女人，這可不算挑剔吧？我說小光，這樁事你來評評理。你想想，俺若是討一個纏腳的女人，怎麼帶出門？……」

我有些反感。低頭不語。

「她一進門，我看到她那兩隻地瓜腳，我的心就涼了！不瞞你說，到現在我已記不清她長得啥樣了？我也不知道她的名字。」江大叔說著仰頭笑起來。

若是他不笑，我或許可以忍耐下去，笑聲給我帶來無比的憤怒，我為那個被封建世俗所貽害的先輩婦女叫屈。我忍不住說出了帶刺的話：「胡適的老婆也是地瓜腳，但是人家並沒有感覺丟人，還不是共同生活了一輩子？」

江大叔並不生氣，卻淡淡笑道：「咱們怎麼能跟胡適相比？人家是啥命，咱們是啥命？于光，你可別扯得太遠了。」煙圈繚繞中，我聯想起那個燠熱的夏天晚上，念祖嬸子仰起頭去望月光，月光映照著她的美麗的臉孔，我發現她的眼珠充盈著晶瑩的淚珠。我問她：「嬸子，你咋哭了？」她默默搖了搖頭。我搖晃著手中的南瓜莖燈，對她說：「你是不是想俺念祖叔？」她頓時翻了臉，急忙向四下打量，便帶著激動的表情向我說：「我才不想他！小光，你想一想，他待我無情，我憑啥對他有義？人心都是肉做的。俺不是傻瓜、白痴，俺孬好也上過幾年小學，俺憑什麼受他江念祖的氣？……」望著她的激動表情，我嚇得不敢作聲了。從那一次起，我便不敢在她面前提到江大叔。後來我逐漸長大，進了村立小學，念祖嬸子依然守在村頭那間石屋裡，每日挑水、推碾、餵豬、打柴，直到我進城讀中學，她仍舊任勞任怨住在江家峪。或許是她勞動過度，也許由於她時常發愁，當我離開故鄉時，她的面孔已漸蒼老，眉頭已出現了不少皺紋。我每逢想起念祖嬸子，我總聯想起魯迅筆下的祥林嫂，這兩位先輩婦女的悲劇命運，宛如兩個沉重的鐵錨，長年壓在我的心坎中。

儘管提起往事，我常用不甚禮貌的態度對待江大叔，他卻毫無惱意，這卻更增添了我的歉疚心情。老實說，我是對不起江大叔的。就以三十年前在屏東萬巒碰見他，為他抄印了「九連官兵通訊錄」，但是卻想不到給他帶來更多的麻煩。九連退休、轉業的五十多個同學，那時平均年紀都在三十出頭，正是結婚之年，若是沒有通訊錄，誰也不會想到江連長退伍以後，竟然作了萬巒鄉一家中日合資經營的豬肉加工廠的守門警衛。每一個退伍戰士結婚，不管住在花蓮或是台東，拿起通訊錄照抄無誤，江連長接到喜帖，凡是在嘉義以南的，他是風雨無阻，準時赴宴；若是在台灣東部或嘉義以北結婚，老連長「禮到人不到」，而且還親筆寫上「天作之合」或是「愛河長浴」幾個毛筆字，用掛號信同賀禮寄到對方的手中。五十年代末期，台灣的經濟尚未起飛，那少數腦滿腸肥的資本家，還不能興風作浪，把台灣社會折騰成現在這種烏煙瘴氣的景象。那時參加朋友婚禮，台灣中南部一般送五十元，最厚的禮金也不過一百元。但是這位工廠看門的警衛、退伍上尉江念祖，凡是親身去喝喜酒，他總是送一百六十元，若是「禮到人不到」，一律寄去一百元。這都是我給他惹來的麻煩，帶給他的精神和物質上的損失。

那時我剛從師範學院出來，分派到屏東內埔作中學教師。屏東是個農業縣，放眼望去，到處是青翠的蔗田，連綿的蕉園，在蚯蚓般蜿蜒小路上，常見頭戴斗笠的農民趕路，一派秀麗而寧靜的水墨畫面。每到假日，我常騎自行車到萬丹、潮州、西勢、萬巒等地閒逛。我最愛吃萬巒的紅燒豬腳，那是享名南部的食物。走進陰暗的小店，叫一客剛出鍋的豬腳，喝一瓶啤酒，再吃一碗麵，那是最美的享受。萬巒豬腳嚼起來很脆，肥而不膩，越嚼越香，百吃不厭。那天，我正在獨自啃豬腳，忽然有人拍我肩膀，回頭一望，只見江連長穿著一件灰色裌克，胸前綉著兩個英文字母，那是工廠的標誌。十年不見，他的頭髮顯得疏落，臉色也蒼老了些，不過精神依然抖擻，讓人一看就知道他是一個出身軍旅的退伍戰士。

我站立起來，雙腳併好，皮鞋後跟喀嚓一聲，來了一個美國式光頭舉手禮。「報告連長！」這一喊不要緊，卻引起旁邊吃豬腳、喝米酒的客人的矚目，大伙兒張飛看刺蝟——大眼瞪小眼，其中也有幾個伸舌頭、作鬼臉的。江連長紅著臉說：「于光，你在這裡出啥洋相？」話是這麼說，但卻掩飾不了他的喜悅心情。

江連長把我從飯館帶到工廠宿舍，將自己因夜盲症被迫退役的事，講了一遍。他指著自己的眼說：「早知如此，我當年真不應該從軍。男怕幹錯行，女怕嫁錯郎。遠的不說，就拿我在澎湖帶你們這些學生兵來說，我幹得非常愉快！……可做夢也沒想到眼睛誤了我的前程。」

江念祖說的是懇切而實在的話，凡是駐防澎湖的哪個不知道「石泉九連」？每年的馬公戰技比賽，來自望安、西嶼、湖西、白沙等鄉的選手，參加爬吊杆、擲手榴彈、拔河、武裝游泳、步機槍射擊，江念祖領導下的「石泉九連」幾乎囊括了所有的金牌和銀牌。那個綽號李鐵頭的司令，咧著厚嘴巴，拍著江念祖的肩膀笑道：「好生著帶這些學生兵，這是山東的棟樑。俺看你眼力不濟，沒毛病吧？要是有毛病俺送你去台灣大醫院看看。眼睛不好，要多吃雞子多吃魚。」江念祖立刻肅立報告：「俺眼力還行。連上每禮拜吃雞蛋、吃魚，伙食很有營養。」李鐵頭笑了，九連的戰士哭了。

在那嚴格的軍事訓練的歲月，九連弟兄每天累得像剛脱毛的火雞，渾身是傷疤，而且水漬漬的，像剛從水中撈出來的。伙食團的菜，吃膩了煮南瓜，只得吃炖蘿蔔，或是炒高麗菜、包心菜，到了風季，從台南、高雄駛來馬公的交通船斷航，我們只得靠洋葱湯下飯；除了過年過節，我們哪兒吃過雞蛋和魚呢？

在少年不知愁滋味的年代，我和九連的同伴都曾暗自批評江連長虛偽、好大喜功、粉飾太平；但到了現在，這位不懂交際應酬，只知道服從長官的退伍老兵，卻當了工廠守衛員，我一方面同情他，為他抱屈，同時也真正感到慚愧起來。若和江連長比，我是多麼渺小、幼稚、浮淺而自私！

5.

若不是收到大陸來信，得知念祖嬸的近況，我決不會冒著大雨騎摩托車趕往石碇的。裝在雨衣裡面的襯衣袋的那封信，用簡體字寫了有關念祖嬸的事情：土改時期，因為她是貧農，村里對她家並未進行政治鬥爭，同時還勸導這位苦命的年輕婦女，掙脱封建制度的枷鎖，重新進入新社會去戀愛、結婚。不過，念祖嬸的覺悟不高，既不參加集體活動，也不願意改嫁，從此一直守在村頭那棟破舊石屋裡，度過了四十年的農家生活。文革第一年，她在井邊打水，不慎滑了一跤，後腦勺摔在石頭上，當場嘔吐，送到公社醫療所，醫生診斷念祖嬸腦震盪，休養了兩個多月，才恢復了勞動生活。但從此有了健忘症，做任何事都丟三忘四，而且嘴巴也開始嘮叨不休。每到夏天的晚上，月兒高掛夜空，念祖嬸總愛拿著小板凳，走到打麥場的一角，坐下來衲鞋底，看那螢火蟲一明一暗地在草叢間追逐，月亮一忽兒鑽進雲層，眨眼工夫又從雲中露出來。念祖嬸手裡衲著鞋底，嘴巴也開始念叨起來：「想起來俺真傻，明知道江家峪是個窮村子，可俺為啥願意嫁過來？一進院子，剛下轎，他看見我的這兩隻地瓜腳，就像渾身澆了涼水，氣惱了。哼，江念祖，你甭那麼驕傲，你上了幾年中學算個啥？你瞧不起我，嫌我腳難看，你也不照照鏡子看看你那兩隻蝦米眼，哈……」她用一隻手捂住嘴巴，哧哧地笑起來。

「他在外面一定討了老婆。」有人在旁邊扯謊話。

「不會的。你念祖叔不是那種荒唐人，他老實得像一根榆木疙瘩，他從來不跟女人開玩笑。真的，俺不騙你！」

圍在她四周的孩子，幾乎都背熟了她的那一套話，聽得興趣索然，一哄而散。打麥場只剩下她一個人，坐在月光下衲鞋底。念祖嬸做了一百多雙丈夫的合腳布鞋，都藏在櫥櫃裡，留給丈夫回來穿。歲月無情催人老，她從青春少女轉變成將近七十的老太婆，如今還住在那棟石屋裡。

從江家峪來信提到「四人幫」垮台、黨的三中全會以後，為了落實政策，縣裡來人去看望那個孤苦無依的念祖嬸。建議送她去縣「幸福院」，院內包吃、包住、包醫療，而且還有文娛活動。這位可憐的婦女吃了秤砣，硬是不答應。她的理由非常具有說服力：「你們叫俺搬走，若是念祖有一天回來，看見大門上了鎖，他可有多傷心啊！」

我冒雨去送信，為的是催促江大叔趕快辦理探親手續，回去團聚。山上的路積水難行，有不少落石擋住去路。趕到他的住屋附近，我熄了火，把摩托車推到鐵皮屋檐下。脫下雨衣、雨褲，晾在後座上。進屋之後，我發現老連長正躺在床上睡覺，腰間斜搭著一件破夾克，他的嘴微張著，似乎渴得要命想喝水。偶爾聽到從他鼻孔中發出嘶嘶的鼾聲。我低頭去看他的一對眼睛，或許長年患白內障，眼眶顯然下陷，因而看上去江大叔像一頭老猿猴。驀地，我聯想起一個可怕的疑慮問題：若是這位退伍老兵患心肌梗塞症，或許心絞痛，或是急性腸炎突然發病，附近兩三戶鄰居常不在家，江大叔豈不坐以待斃？思前想後，禁不住悲從中來，我的眼淚奪眶而出了。

外面的雨越下越大，我索性灌了一壺水，打開瓦斯爐燒水，等候他醒來。我吸著紙煙，隨手摸起一本破舊的辭典，慢慢翻閱，我無意之間翻到「白內障」一條…………

我急忙丟下辭典，想催促老連長去榮民總醫院開刀。先把眼睛治好，再探親也不遲。這時江念祖適巧翻身醒來，他使手揉一下眼睛，終於發現了我，便趕緊下床，到後面抹了一把臉，轉回來說：「下這麼大雨，你跑來幹啥？你來了多久了？」

我告訴他，剛接到江家峪的來信，所以急忙趕來見他。江大叔的面色頓時變了，彷佛在準備聆聽醫生宣布他的病情，顯得非常緊張，手足無措。他轉回頭去，走近門前，向那白茫茫的山眺望。雨勢越來越大，幾乎掩蓋了遠方傳來的轟隆隆雷聲。他又轉回身來，走近了我，用著試探似的聲音問道：「她還活著？」

「嗯。大嬸子還住在您老房子裡。」我說著從衣袋中拿出了信。

江念祖用兩隻手捂住臉孔。突然，他嚎啕大哭起來，他的哭聲似狼嚎虎嘯，彷佛埋藏了半世紀的懊悔與悲哀，到如今才發洩出來。他哭了不一會兒，便突然停止下來，走到後面去擤鼻涕、洗臉，然後走進屋來，從爐上拿起剛煮沸的滾水，倒進茶壺，接著擰熄了爐火。

「我眼力不行，還是你念給俺聽吧。」他喝了一口熱茶，坐了下來。

眼望著這位孤獨無依的退伍老兵，我欲哭無淚。我想起他的眼淚，便勸他趕快去開刀治療，等把眼睛醫好再返鄉探親。江大叔對我的建議不感興趣，揚起了右手向下一壓，茫漠地望著窗外的雨：「這些事，等以後再說吧。」

雨嘩拉拉響個不停。我在雨聲中把信上的內容，詳細地向老連長講了一遍。他歪著腦袋在仔細凝聽，猶如當年他在軍隊凝聽部屬的工作報告一樣，偶爾還舉起了手壓兩下，示意暫時停止講述，接著提出他的疑問。江大叔所不了解的詞彙，有些我也茫漠不知：譬如三中全會、拖拉機、五保户，還有什麼包產到户，我原想打馬虎眼混過去，但是俺這位帶兵出身的江大叔，提問題像檢查內務衛生，小葱拌豆腐——一清二白。因此，我給江大叔講這封信，足足耗費了一個鐘頭。

「大叔，您趕快治好眼，去大陸吧？」

「關於這件事，等一等再考慮吧。」

窗外的雨，越下越緊，看起來一時難以轉晴。我抽空冒著大雨趕來報喜訊，他卻還要考慮一番，再作返鄉探親的決定，這怎不令我失望！面對這位落魄半生的退伍老兵，我只得忍住性情，慢慢勸他；否則，我又怎能對他發脾氣呢？

江念祖在軍隊時，任何事情都搶先完成，要不然「石泉九連」怎會享譽澎湖呢？但他對自己的事情卻拖拖拉拉、猶豫不決，這是我對他非常不滿的地方。就以當年俺江大叔在屏東做工廠看門的，他剛四十出頭，若是他和秋菊結了婚，到現在兒女都已經長大，正是成家立業的年齡，老兩口相依為命，安度晚年，那是何等幸福！絕不會像現在的江念祖，一年到頭騎著破車子收破爛兒！

「聽人勸，吃飽飯。」當年為了撮合他和秋菊的婚事，跑斷了腿，磨破了嘴，但是江大叔卻無動於衷，只是搖頭微笑，他用右手向下一壓，輕描淡寫地說：「婚姻大事，得慢慢考慮，我看還是過兩年再說吧。」

秋菊是內埔鄉間一個客家族姑娘，身高一米七，由於胸脯過高，走路又快，因而那件柳條布的短衫，總是顫顫悠悠，讓不少男人向她矚目。秋菊那年二十八歲，隔一兩天騎著摩托車來學校福利社送水果，甘蔗、楊桃、西瓜、甜瓜、木瓜、柿子、西紅柿、山梨……屏東縣盛產水果，價格比北部便宜三成，每次秋菊來學校送貨，只要她的摩托車聲在校園響起，許多天真無邪的男女青少年便跟她揮手，叫嚷：「阿柑來了！木瓜西施來了！」

這位木瓜西施不僅長得健美，講話也有禮貌、悅耳，同時更具客家人的傳統勤勞美德。她若生長在台北市，她一定能夠當選「健美女郎」、「中國小姐」，或是被電影公司挖去當明星。可惜她的家境清寒，從小死去父親，而且沒有哥哥、姐姐，只有母女二人相依為命。母親患病臥床多年。為了解決生活困難，秋菊只讀到初中二年級，便擔負起養家餬口的工作。秋菊從不打扮，連一件時髦衣服也不穿，但她依然美艷得如同原野上盛開的野菊花。初次托媒人為江念祖提親，媒人苦笑道：「阿兵哥，錢可多。屏東有兩朵花、三朵花求婚，秋菊都不要，怎麼要你三根油條的？」

媒人的話過份主觀，她說屏東有中校、上校來求婚，都被拒絕，因而她論定秋菊不會看上一位上尉退伍軍官。我說服了江大叔，讓他換上新衣服，帶了一份厚禮，選了一個周末的傍晚，兩人騎車前往提親。秋菊住在內埔以南的鼎灣，那是一座幽靜的山村。我們到達鼎灣時，天已摸黑。俺倆就在人不知、鬼不覺的時辰，摸進了她的家門。當時，秋菊正在燈下和母親吃晚飯。一木桶白米飯，摻了一些甘薯，中間擺著一碟鹹蘿蔔乾。客人剛進門，便嚇得秋菊的母親端著飯碗，走了進去。秋菊是個聰明人，她當然知道來意，但卻掩不住內心的驚訝與膽怯心情。是啊，哪有男人上門來提親的？這豈不使她措手不及、無言以對麼？

「于老師，您們二位沒吃飯吧？」秋菊沒話找話，有些尷尬的神情。

「俺們都還沒吃。」江念祖搶先說。

「那我去炒一點菜，您二位將就著吃吧。」秋菊說著轉身向廚房走。

「不必了！」江念祖大聲說。他拿起桌上別人吃過的半碗飯，用筷子在碟子中挾了點蘿蔔乾，便大口地吃起來，吃得還真香。不僅是我覺得驚奇，連秋菊坐在旁邊也愣住了，一直瞪著眼睛瞅他吃飯。

那時我正患胃病，吃了一碗，就放下了筷子。但是俺江大叔卻一連吃了三碗，而且把碟子裡的鹹蘿蔔乾一掃而光。昏弱的二十燭光電燈光下，我發現秋菊那一對烏溜溜的眸子，一直在江念祖臉上打轉，帶著無限好奇與關懷的神情。

秋菊收拾了碗筷，抹淨了桌子，便將她母親攙扶出來，和客人喝茶聊天。

秋菊母親問江念祖：「你今年三十幾了？」

江念祖說：「俺四十二，屬小龍的。」

「你在大陸有沒有太太？」

「有一個。」江念祖喝了一口茶：「可是有，等於沒有。」

她們母女二人笑了。我的心卻涼了半截，完了，咱們跑來向人家求婚，你提自己結過婚做什麼？正在犯愁，聽得秋菊發出悅耳的聲音：「江先生，您有幾個小孩？」江大叔竟然哧地一聲笑了：「哈哈，俺怎麼會有小孩？那豈不是天大笑話？」秋菊卻不以為然，問他：「結婚，為的是生兒育女，這是天經地義的事，怎麼是笑話呢？」江念祖嘆了一口氣：「唉，這叫小孩沒娘，說起來話長。以後有機會俺再講給你聽吧。」

那天晚上騎車回來，我曾埋怨江大叔不應該提起結婚的事。但是他卻毫不在意，而且斬釘截鐵地說：「成就成，不成拉倒。婚姻之事根本就不能強求的。」

隔了兩天，從鼎灣來了一位媒婆找我。她開門見山向我表示：秋菊對於江念祖的印象不錯，秋菊非常欣賞他一進門，端起飯碗，不管飯菜好歹，一口氣吃下三碗飯，像這麼樸素和爽朗的男人，打著燈籠也不容易找啊。媒婆還說：秋菊家雖然窮，卻不稀罕男家的財產，她需要的是一個健康的、老實的男人，和她一同創業生活。秋菊說江念祖身體還不錯，只是眼睛有毛病，她還建議江大叔到屏東明光眼科醫院去求診。這些話聽來讓我興奮不已，恨不得馬上跑到江大叔身邊，向他報喜訊。

「江先生是一位退伍軍人，人品很好。將來這門親事說成，請我喝杯喜酒，我就高興。」媒婆的眼眨了兩下，尋思著說：「于老師，你和我都為這個婚事費點心。你也去勸一勸江先生，只要他們的喜事辦成，你于老師是功臣。」我感覺有點蹊蹺，莫非對方還有什麼條件？果然，媒婆最後終於講出來：鍾秋菊是獨生女，鍾家為了傳宗接代，想等他們結婚之後，把第一個兒子，無條件送給鍾家，這是秋菊的母親唯一的要求。這也是秋菊所以遲到現在尚未結婚的原因。

當我將此事轉告給江大叔時，他卻翻了臉，搖頭拒絕：「俺不幹。當人家養老女婿，咱江家峪找不出一個。你這叫俺怎麼做人？」

我耐下性情勸他，為了娶上這麼一位精明能幹、年輕貌美的大閨女，即使犧牲一點也算不了啥。何況結婚之後，還是姓江，只是將來生出頭一個兒子，送給鍾家，這算不了什麼「犧牲」。

江大叔皺著眉頭，似乎有些為難：「俺要生不出兒子，咋辦？難道到了那個時候，秋菊跟俺打離婚？」

看到他那發愁的臉孔，我實在笑不出來。我依然勸他：「您想得太多了，江大叔。依我看，您就答應了吧。咱們出門在外，不能不吃點虧，再說這算不了吃虧。您已經四十出頭年紀，不能再過光棍生活了。將來您老了，找對象可不這麼容易了。俗話說，過了這個村，沒那個店，您再考慮一下行不行？」

江念祖考慮了半個月，還是沒有下決心。他把右手舉起來，向下一壓，苦笑著說：「這件事，還是拖兩年再說吧！」

我耐不住急躁性情，反駁他說：「再拖兩年，您可找不著這麼合適的對象了。」

「你急啥？」江念祖淡然一笑：「皇帝不急，急死太監；到底是你結婚，還是我結婚呀？」

江大叔這種優柔寡斷性格，讓我左右為難。我既無法向媒婆回話，甚至也不敢到福利社去，若是萬一碰見秋菊來送貨，我怎麼好意思和她點頭、講話？

住在那質樸僻靜的南部鄉間，我原以為可以安靜地教書、養病，但是惡毒的謠傳，像夏天的蚊虻一樣，到處亂飛。有一天，教務主任找我談話，他首先轉彎抹角向我暗示，作為一個青年教師，應當儘量少跟年輕婦女接近，免得鄉民講閒話。那時我年輕氣盛，修養極差，便當場向那個假道學翻臉：「我渾身是病，哪有能力去拈花惹草？我看您認錯人了吧！」假道學不慍不火，從抽屜內拿出一疊匿名信，指控我在鼎灣和「木瓜西施」約會，在甘蔗園被人趕出來，而且還丟下一根皮帶……同時指控我協同退伍軍人，威逼秋菊成婚……我看了付之一笑，問他：「你想怎麼辦？」假道學笑道：「也許這些信有些誇張。可是，無風不起浪……為了我們學校的光榮傳統，是不是……于老師，下學期你調到別的學校去，行不行？」

「行！」

從此我離開了屏東，來到了繁花似錦、車水馬龍的台北市。

6.

我來台北不久，便進了永和鎮一所中學教書。在生活的空隙裡，我時常去永和豆漿店小吃。那兒豆漿非常濃香，油條炸得焦脆，只是燒餅烤得稍軟一些。每次去喝豆漿，看見炸油條的那位師傅，長得和江念祖相似，我便湧起給他寫信的願望。我最關心的是他的眼疾，如果尚未痊癒，不如來台北治療；我還提起內埔鄉的「木瓜西施」，別來可無恙？我在信中寫道：「過了這個村兒，沒那個店兒。大叔，您別猶豫不決，趕快抓住青春的尾巴，跟秋菊結婚吧。像這般質樸而勤勞的客家姑娘，您打著燈籠也找不著。」

隔了很久，我才收到江念祖的信。他寫的字很大，顯然寫字還有些困難。江念祖在信中批評我說：「你勸我在台灣結婚，而且是入贅，難道你不想讓我回江家峪了？若是故鄉父老得知此事，他們作何感想？」

住在煩囂的城市，終日嘈音擾耳，人的情緒也如同澎湃的浪潮，起伏不已，難以寧靜。既然江大叔反對結婚，我又何必這麼熱心？從此我再也沒給他寫信。有一年春天，我從報紙上發現一則地方新聞，屏東一家中日合資的工廠，由於瓦斯外洩發生爆炸，焚燬了廠房，那正是俺江大叔服務的工廠。我立刻寄了一封限時信給他，結果石沉大海，一直沒有回音。後來有一次我去屏東參觀農村建設，特地去找江念祖，才知道他早已離開那兒，不知去向。台灣島雖小，但是我卻始終找不著他，誰能想到三十年後我卻在採訪新聞中遇上了他，這怎不令我喜出望外！

那場爆炸引起的火災，焚燬了江念祖的一切，包括他所有的將近五萬元儲蓄。廠方遣散了全體職工，宣布破產，江念祖宛如一匹喪家之犬，作了流浪漢。

在江念祖沒蓋起這座簡陋的房子以前，他白天做工，晚上隨地而睡，如台北公園涼亭、火車站、地下道、路橋底下、防空洞，他都睡過；炎熱的夏季容易過夜，但到了雨季、颱風季或寒流過境，江念祖簡直凍得無法入睡，只有靠在牆角等待天明。也許上蒼可憐他，江念祖受盡了生活折磨，吃了不少苦頭，但他的體格卻越加硬朗起來。

每次去看江大叔，看到他那滿臉皺紋，我的心禁不住抽搐難受。他卻從來沒覺得自己受了委屈，受了痛苦，不嘆息，不發牢騷，相反地卻感到非常滿足。「咱們魯西那年旱災，餓死了十幾萬人，那才叫苦哪。」他時常提起過去的苦痛歲月，故鄉同胞所受的災難，進而證實目前生活的幸福。

從這個收破爛的退伍老兵身上，可以了解到八十年代末期台灣一些的人奢侈浪費。就拿睡眠用的彈簧墊而言，用了二三年就向外扔；有的為了換新屋，屋主索性將沙發、桌椅、床舖一古腦兒變成垃圾品出售。江念祖最近從台北敦化南路拉回來五十多條彈簧墊，如平均每條多賣六十元，他便賺上三千元，足夠半月的生活費。你想他吃穿不愁，咋會思念故鄉？

「俺實在忙碌不過來，若是有個幫手，辛苦幾年，俺把這房子翻蓋一下，那還不像地主莊園一樣，享幾年清福嗎！」江大叔總是充滿樂觀談論將來。他從不羨慕比他幸福的人。這是讓我感到不可思議的事。

7.

初來澎湖，俺山東八千多中學生編成軍隊，每次大學招生、軍校招生，或是軍事通信、補給短期班招生，總能考取三五十人，然後搭乘海輪去台灣。有一天，我歡送幾位考取大學的同學回來，心裡悶悶不樂，蹲在木馬旁吸香煙。

「小光！」驀地，江連長從後面走來，喊我的乳名。我趕緊扔掉煙蒂，站立起來。

「你啥時候學會抽煙的？」

「今天。」

「為啥好的不學，學抽煙？」

「心裡悶得慌。」

「哈哈！」江連長忍不住笑起來：「你年紀這麼小，難道還苦悶嗎？」

「人，他總有苦悶的時候。年紀小也不能說不算人啊。」我繃著臉說。

「你這個小懶蛋兒，嘻嘻，稍息。」他拍著我的肩膀，笑道：「你說，你為什麼吸香煙？為什麼苦悶？」

夕陽在西方海面上扯起一片彩霞，遠方傳來一陣悠揚的軍號聲，我吞吞吐吐地告訴江連長：「今天送走了幾個考取大學的同學，心裡感覺不是滋味。看到人家離開澎湖軍隊，步向了康莊大道，而自己還困在這兒當兵，不知何年何月才熬出頭？」

「小光，人比人，氣死人。你為啥跟人家比？地球上人那麼多，若是你一個個比，你比得完麼？你這不是作繭自縛，自己給自己找苦惱麼！」

江念祖扯著大嗓門。我凝望著他，雙腳肅立，睜大眼珠，凝聽他的講話。彷彿站在眼前的不是江連長，而是一個魁偉的巨人，我有一種仰之彌高的感覺。他見我不作聲，便和緩地問：「我的話，對不對？」

「太對了！」我大聲地回答。

「我用不著你這小子給俺戴高帽兒！」江連長滿意地轉過身去，走向了營房。

江連長這句樸素的語言，四十年來，一直在我的腦海回蕩。人比人，氣死人，這句極其通俗的格言，在我來說，做起來卻是多麼艱難！少年時期，不懂修養；步入青年之後，為了謀求發展，沒有競爭的勇氣是難以立足社會的；但是為什麼到了而立之年，我有時還和別人相比而引起了許多無謂的煩惱？

江大叔在台北露宿街頭的那幾年，我這個窮教員住在光棍宿舍，每月的工資扣掉伙食費、紅白帖子，再加上每天吸一包雙喜牌香煙，喝喝豆漿、吃吃牛肉麵，也就差不多了，因此毫無儲蓄。別人是有計劃結婚，我卻是稀里糊塗結婚。「貧賤夫妻百世哀」這句話，只有窮困的人才理解它的含義。結婚頭兩年，住在永和一條僻靜的小巷內，租的是一間破舊磚房，只要一下雨，屋裡便成了沼澤區。八坪左右的空間，擺上一張床、一張書桌、兩把藤椅、一個茶几，兩人在小屋走路時常禮讓一番，真是寒磣之極。亞男是個要面子的人，每逢學生求找我，她總是裝啞巴，指手劃腳說他們走錯了門。等那些天真無邪的孩子挾著書本走後，亞男才捧著帶球走的肚子，嘻嘻笑起來。

「你這樣做不對呀。我是老師，老師怎麼騙學生？這怎麼能為人師表？」有一天，我發覺這個秘密，向亞男發了脾氣。

「不騙不行呀。他們來了七八個，還有兩個女生，他們進來怎麼坐？連站的地方也沒有。」

由於那間小屋潮濕窄小，我和亞男的晚飯時常是豆漿、饅頭、鹹菜。巷口的豆漿店，聞名台灣。每天來喝豆漿的有大企業家、電影明星、美國大兵、海外華僑，他們坐汽車老遠趕來，為的是喝一碗五毛錢的豆漿。我家買豆漿非常近，亞男從懷孕到生下女兒，喝了一年多豆漿，兩個腮幫紅得像蘋果，比做姑娘的時候還漂亮。

女兒是在酷熱的夏天出世的。八坪大的磚房，悶得如同沙丁魚罐頭，讓人窒息。偏是南絲颱風過境，巷內淹水，我住的小屋如同扁舟，危險至極。我下課以後，順便在巷口豆漿店買一筒豆漿，兩個包子、一塊蛋餅，再涉水回家給亞男送飯。坐在悶熱的罐頭盒內，看亞男吃飯、女兒伸手蹬腿的快樂情景，心內卻像刀割似地難受。

「上午幾堂課？」半晌，亞男問我。

「兩堂。」

「教的什麼？」

「杜甫的〈茅屋為秋風所破歌〉。」

朦朧中，眼前有一百多隻烏黑的眼珠在閃爍，那是充滿希望與探索的眼睛。我用那洪亮的激動的聲音，講述詩人杜甫不僅掛念自己的手足，而且也關懷千萬缺衣少食的同胞。「布衾多年冷似鐵，嬌兒惡臥踏裡裂。床頭屋漏無乾處，兩腳如麻未斷絕。自經喪亂少睡眠，長夜沾濕何由徹？」講到此處，悲從中來。擔任高中國文教師數年，由於考取大學的比率低，校長曾警告我多次，不能只帶著感情講課，應當面對現實而授課；換言之考取大專院校的同學多，才是皆大歡喜的教學目標。我不信這一套，我的心頭流蕩著詩人杜甫的博愛精神，眼前吃一點苦算什麼，若是能看到明天的幸福，那才是喜極而泣的理想遠景啊。「安得廣廈千萬間，大庇天下寒士俱歡顏，風雨不動安如山……」這時，五十多個青春面孔，向窗外眺望。隨著同學的視線，我終於發現了卜校長。

下了課，我急著回家，家裡還有一個挨餓的產婦呢。卜校長喊我：「于老師，請到我辦公室坐一下。」我邊走邊想，又是提醒我注意升學問題。走進「校長室」，他破例遞給我一杯茶，他咳嗽兩聲，開始了談話。

「于老師，近來有幾位家長向校方反映，你上課總是講故事，扯閒話，不太注意同學的功課。」他舉起右手，向下一壓。這個姿勢使我聯想起老連長江念祖。「別打岔，聽我把話說完。我知道你是軍人出身，吃過苦，受過罪，你們最會講故事……哈哈，但是學生不是阿兵哥，學生讀書目的為了升大學，你懂不懂？如果我們的同學參加大學聯考，國文的分數都在四十分以下，我們怎麼對得起學生家長，你說對不對？」

「對。」我急著開溜：「以後我要改正自己。」

「不，于老師。」卜校長一把拉住我，面帶微笑：「為了本校的榮譽，請你幫個忙。下學期你去東部怎麼樣？……東部的升學壓力比較輕，你有足夠的時間，寫文章，賺點外快……我知道你生活清苦，剛生了小孩……」

「對。」我邊走邊說：「下學期，我一定走。」

我走出校門，先到一家北方小館吃了一碗大鹵麵，再去給亞男買食物。想起卜校長的話，如同嚼橄欖，越嚼越甜。在這競爭的社會裡，文學算啥玩意兒？只要把握重點，為同學抓穩考題，送他們上榜，這才是正途。我卻咬文嚼字，為作者樹碑立傳，浪費了同學的大好光明，這豈不是名副其實的誤人子弟麼！

亞男喝光豆漿，用嘴舐淨碗底，她滿足地說：「等女兒會走路，我們自己磨豆漿，比買的便宜。」

那年六月底，學校快放暑假，女兒剛過滿月，我從學校收到一封掛號信。信封上印的是「台北市館前路行政院退除役官兵輔導委員會」。拆開一看，只見一張紅紙上，寫著不甚漂亮的毛筆字：

于光賢侄結婚誌喜

鸞鳳和鳴

江念祖敬賀

不知江念祖從何處得來我和亞男結婚之事，他這次寄來了八百塊錢，這是我一學期的工資。手捏著那張匯票，我感動得熱淚盈眶。我打電話去「退輔會」打聽他的地址，一直沒有下文，後來又跑去詢問，管事人告訴我退役軍官幾十萬，住址遷移不定，無法查找。誰想到那一段時期，他白天在新店當建築工人，晚上睡在碧潭橋畔的廣仁寺的後面走廊裡。

仗著江念祖送給我的八百元，我搬家到了風光秀麗、依山傍海的花蓮；我押了兩間平房，而且小院中還有兩棵翠綠的木瓜樹。過去家窮，亞男時常回娘家幹些小偷小摸勾當，貼補家用。正像清朝貧士朱草衣的詩句：「糧盡妻常寄母家」。如今生活有了改善，心情也變得舒暢而愉快，惟一遺憾是始終得不到江念祖的訊息，海天茫茫，如今他在哪兒？

若是不在報上刊登尋人廣告，我是無法和江源聯絡上的，同時也不會轉業作了新聞記者。當尋找江念祖的經濟廣告登出不久，就接到了江源的來信，那時他在報館當編輯，他比我年長兩歲，是俺江家峪的鄉親。他勸我去台北當記者。那時我也厭倦了教書工作，便很快辦理辭職手續，舉家搬到了台北。

我在一次採訪搶犯「智多星」的新聞中，碰上了江大叔。他右眼失明，左眼也視力不清，他不看報紙，不看電視新聞，但卻對於國家大事、社會新聞，了若指掌，這都是他從收音機裡聽來的。若是沒有收音機，他的生活是何等的寂寞！

我勸這位可憐的老人，返鄉探親，何況大嬸健在人間，若是不把握時間，將來海峽兩岸政策有了變化，那已是後悔莫及了。起初，我勸他，他只是哼哼哈哈，應付差事。等我認真地逼他回鄉探親，他把右手舉起來朝下一壓，帶著不耐煩的神情說：「這件事，停一停再說吧。四十年都熬過來了，咱還在乎這三年兩年麼？」

那天，趁江念祖多喝兩杯白酒，有幾分醉意，我索性舊話重提。我從天有不測風雲談起，勸他趁著天氣不冷，趕快回江家峪，這邊的房子我會幫他照顧。我還將江大嬸在故鄉替他衲鞋底的事，重複一遍。半晌，江念祖的眼眨巴兩下，淌下了清瑩的淚珠，流在他那爬滿蚯蚓般青筋的手背上。他突然張大了嘴，抬起頭，悲痛地哀嚎起來。哭了約莫三分鐘，他停止了哀嚎，閉上眼似睡非睡，嘴巴不停地喘氣。我這才明白過來，他哭累了。

「江大叔，是不是俺說錯了話？若是俺惹起您難過，您打俺、罵俺，罰俺兩腿半分彎，頂著棉被跑一萬米，都行。」我故意跟他算老帳，想逗他笑。可是他依舊茫然望著我，彷彿聽不懂我的話。

隔了很久，江念祖才拿起桌上的香煙，點著火，吸了兩口，無限感慨地說：「唉！早知如此，何必拖到現在再開放呢？……若是早二十年開放，我還有點指望……可是現在，兩個人加起來一百四十多歲，能團聚幾年？你說……」

我倆相對無言。

8.

從那天冒雨回來，我再也沒去石碇看望江念祖，甚至我替他辦妥「戰士授田證」領取代金手續，我也沒寫信告訴他。我同情他，但卻也惱恨他。一個年近七十的老頭兒，腦袋瓜比鵝卵石還硬梆。對他回鄉探望老伴，他還猶豫不決，推諉再三，好像他是啥了不起的人物，生怕回了出東，人家找他算帳。「哼，你算老幾啊！」不提便罷，提起來俺一肚子氣。

那天是七月十三，黑色星期五。羅賓颱風遠離台灣，但是卻下起滂沱大雨。凌晨五時，我正在熟睡中被一陣電話鈴聲驚醒，採訪組長老林通知我立即前往石碇鄉，參加搜捕「智多星」搶犯採訪。放下話筒，抹了一把臉，穿上雨衣，從酒櫃抽屜內找出江念祖授田證收據，塞進褲袋，我匆促下樓，駕車直向石碇鄉駛去。

雨，嘩嘩地下著。若不是我戴著遮雨鏡，茫茫的彎曲公路，簡直難以前進。從上次參加圍捕「智多星」行動撲空，到現在已經兩個月，換言之，我和江念祖重逢已有兩個月。如果不是採訪「智多星」追捕行動，恐怕直到現在我還找不到他。這樣說來，我應該感激「智多星」才是。雨意朦朧，我腦海浮映起一個少年的影子，小披頭、濃眉大眼，從照片面孔上漾出幾分英氣。這就是原名張增貴、綽號「智多星」的搶犯。這個曾犯恐嚇、勒索、非法持有槍械的累犯，目前是台北東區的重要流氓頭目。去年三月，康定路正大銀樓的搶案主犯，經過長期的研判，最後查出是一個年方二十五歲的「智多星」。當時所有參與辦案的刑事組幹員都大吃一驚，想不到這小子是如此厲害。

駕車越過一個小山坡，雨勢漸小，眼前的一片光秃的茶田間，隱約地出現不少持槍的便衣警員。我才知道情況異常緊張。向前駛行了三百米左右，頓時警悟，警方圍捕的目標正是江念祖的那間低矮住宅。

雖然我沒見過「智多星」，有關這個搶劫犯的背景資料，我卻很熟悉，這都是從記者、警員和市民的談話中得來的。據說在所有的重要流氓頭目中，從南到北，論文化程度、槍法準確、外貌英俊，做案乾淨利落，張增貴稱得上一個黑社會的頂尖人物；若不然，綽號怎稱「智多星」呢？

一陣警告性的槍聲，越過江念祖的屋頂，飛向了對面的荒山中。接著，麥克風發出淒厲的喊話聲：

「趕快出來！張增貴，你走投無路了！」

「出來吧，阿貴！趕快繳槍投降吧！」

眼看這危險的情況，我已手足無措，不知道如何去營救困在房子裡的江念祖。擺在面前有兩種情況，一是江念祖出外工作，搶犯在警察圍捕下，躲在江念祖屋內，堅決拒捕；另一種情況是搶犯張增貴強行進屋，以江念祖為人質，和警察作長期抗戰。這時我的手錶是清晨六時五十分，雨仍下個不停，這個時候江念祖決不可能離開家門，雨意朦朧，我隱約地發現江念祖那輛收破爛的小貨車，擺在門口的樹底下。糟了！江念祖一定被「智多星」劫持在屋內。

圍捕小組正在召開緊急會議。雖然我不能走向前去，問個究竟，但從當時記者們的談話中了解到：如果搶犯施展拖延戰術，警方便將不惜流血作主動的突襲行動，勢必括捉張增貴才行。因為這個搶案若不及時抓到主犯，警察界的聲譽與士氣將大受影響。

我急得像熱鍋上的螞蟻，點上一支香煙，抽上幾口，扔掉，又從煙盒中拿出一支，打著火……我的眼睛死盯著江大叔的房門，盼望那個青年搶犯舉著雙手走出來，後面站著面露笑容的江念祖……這是多麼期待的一個結局，聽不到槍聲、不流血的結局！

我暗自為江大叔叫屈。苦了大半輩子，如今將要返鄉探親，夫妻團聚，卻發生了搶犯闖門，劫持他向警方頑抗的事件，這是多麼倒楣的事！若是萬一發生了不幸，真是無語問蒼天了。……

在無數的夏夜的打麥場裡，江家峪的一群天真爛漫的孩子，沐著月色捉迷藏、抓石子、跳房子、摔跤，鬧得宛如沒王的蜂窩一般。我總是手中拿著南瓜燈籠，不停地瞅望那幾只在南瓜綠莖中蠕動的螢火蟲。年輕漂亮的江大嬸放下手上的針線活兒，指著剛從夜空劃過去的一顆彗星說：「小光，瞧那個，掃把星！」我仰起了頭，俺沒看見掃把星，只看見一大片密密麻麻的東西，亮晶晶的，像洒了一大片螢火蟲。

「那叫啥，亮晶晶的？」

「星。」她抓著我的手說。

「咋這麼多的星？大嬸。」

「小光，你不知道，地上有多少人，天上就有多少星。一個人就有一顆星。」

「大嬸，俺的星在哪兒？」

江大嬸用手朝夜空指劃，一面向我介紹。她說，天河附近有一粒最大的就是我，稍微大一點的是她，而天河對面一顆泛紅的星，便是離家遠行的江念祖。我瞅了半天，脖子直發酸，卻一直認不清我自己的那顆星的正確位置。我心裡開始惱了。

她不知道我已生氣，卻茫然地凝望那無邊的夜空，默默地說：「天上星多月不明，地上坑多路不平……」

雖然隔離了半個多世紀，海峽對岸的那位苦命的江大嬸，如今已是年屆七旬的老婦，但是她向我說過的順口溜，卻一直深鐫在我的腦海裡。四十多年來，看過成千成萬的人，走過成千上萬里路，「地上坑多路不平」，這乃是通過千千萬萬人的經驗而總結出來的話。在茫茫的人生旅途上，有的人走康莊大道，有的人走崎嶇道路；像俺江大叔，他的一輩子走的盡是坎坷不平之路，他哪年哪月才能走向坦途？……

雨漸漸緊了。圍捕小組的警員，臉上都現出焦急神情。因為江念祖的平房，傍山而建，他們擔心「智多星」趁著雨勢大、煙霧濃的機會，從後門逃竄上山；若是「智多星」上了山，山上坑坑窪窪，像翻開的石榴皮，隨便窩藏在任何地方，也難以將搶犯逮捕歸案。況且荒山上下了一夜大雨，泥沙受到沖刷，攀登上去非常困難，所以山上無法派警力，因而形成了U字形的包圍形勢。

警方開始作最後的勸降，擴音器發出巨大的聲浪：

「張增貴，限你三分鐘出來繳械投降！……聽清楚，從現在開始計時——」

時間，在我心跳的次數中溜走。一分，二分，一秒、二秒、三秒……

忽然有人從前門彎腰走出來，頭戴草帽，身披黑色塑料雨衣，腳穿雨靴，他揚起手向圍捕的警員打招呼：「俺來歡迎各位，用不著你們喊話了。」

是他，江大叔！他怎麼說這種話？莫非他喝醉了酒盡說酒話？

幾個年輕健壯的警員迅捷地躍進屋內，進行搜捕。同時，江念祖也被押上了警車。我一顧一切衝上前去，制止警方行動。我明白表示了江念祖和我是同鄉，我可以擔保他和搶劫犯張增貴毫無關係。

江念祖皺起眉頭，喝斥我說：「舊時代軍隊有句話，司務長打伙夫，公事公辦，你算哪頭蔥？回去寫你的新聞稿吧，你管俺的事幹啥？」

四周的人都愣住了。

「大叔，您冤枉啊。」我在咆哮。

「冤枉？哈哈，你咋知道俺冤枉？」他忽然笑起來：「俺已經好幾年不看報了，俺早知道報紙上寫的七成是瞎編的，白糟蹋紙。」

這次圍捕「智多星」，宣告失敗。不過，第二天報紙上都以全版篇幅報導石碇追捕的經過，以及主犯逃脫的新聞。不用說，各報將江念祖寫得非常詳細，有的說他是一個神經不太正常的老人，靠收破爛生活，卻廣結搶劫犯為友；有的描寫江念祖的臨危不懼，對答如流的風度，儼然是目前黑社會的領導人物，說他以拾破爛作身份掩護，他的一隻眼睛失明，那是由於長期過夜生活的結果……至於記載江念祖和我的談話，各報都以淡化處理，讓讀者摸不清誰曾和他談過話；只有一家報紙上刊出這樣的話：「當這個神經兮兮的老人出現時曾和某報記者聊天，懇請為他作保，但被對方拒絕，最後江念祖遂被押解上車。」

雨停了。台北陷入酷熱的季節。陽光照射在頭上，總覺得蒸蒸然有如耳鳴。江念祖被關押期間，不准任何人前往探望。雖然警方從未跟我接觸談話，但是報館老板卻沉不住氣，惟恐因我牽連這件著名搶案，影響了報館的榮譽。先派林組長傳說，讓我辭掉採訪工作，暫時調到編輯部地方版作編輯，以躲避一下風頭。等這件搶案落幕之後再恢復採訪工作。起初我堅決不接受此項調動，即使江念祖確實牽涉搶案，而我與江大叔過往甚密，但是卻和搶案扯不上任何關係，這怎會影響了報館的名譽？若是我在青年時期遇上這種事，決不受這種窩囊氣！我一定會把桌子一拍，馬上辭職不幹。但是我滿鬢霜白，家中又無積蓄，在這人浮於事的現實社會裡，博士碩士滿街跑，況且自己半路出家，既無人事背景，又不肯向權勢搖尾乞憐，如今只有認了！

「行！我樂意幹，你們調我去校對組也行，反正混飯吃唄。」

林組長聽我講完，拍了我一下肩膀，贊揚我說：「畢竟當過幾年兵，講話乾脆利落。于老，改一天請你喝酒，找江源作陪。」

「你們打算什麼時候調我離開採訪組？」

「你在採訪組幹到月底，從八月一號起，你就到編輯組上班。今天十九，還有十二天。」

七月二十三，台北上空萬里無雲，清晨九點左右，陽光已曝晒床頭，熱出一身汗。醒來見屋內空無一人，大概亞男出去買菜，女兒早已上班，我起身開上臥房的窗户，打開冷氣，準備睡到中午再起床。這時電話鈴聲響起，拿起話筒，聽到了一個陌生女人的聲音。

「您還記得我麼？于老師，我是屏東内埔鄉的鍾秋菊，有一年，您和老江來鼎灣我家坐過……」

啊，我咋不記得呢？那是一位多麼質樸而健美的客家姑娘！每逢和江大叔提起她，我總會想起馬致遠在〈漢宮秋〉裡的戲詞：「你便晨挑菜，夜看瓜，春種穀，夏澆麻，情取棘針門，粉壁上除了差法……」秋菊如同在山野間長成的野菊花，任它風吹雨打，也掩蓋不住它欣欣向榮的美態。當年，我還陪同江念祖向她求婚，這已是將近三十年前的事，如今該是六十歲的婦女了。

「記得，記得。」我在電話裡說：「我和江大叔時常提起你。」

「我就是為了他才給你打電話。」她的聲音有些顫抖，「于老師，老江現在關在哪裡？」

我把事實告訴了她。因為警方在審訊期間，為了避免外界的干擾，任何人不准接見。半晌，秋菊才悲愴地告訴我，她目前住在台北親戚家，等候消息，她把電話留給了我。

從我在石碇見到江念祖以來，我倆確曾聊到秋菊，那是他先提到的。他說秋菊比以前胖了些，結婚以後，還住在鼎灣。不過，她的母親患肝癌過世了，江念祖還參加了葬禮。我感到有些納悶，一是秋菊如此關心江念祖被捕的事，二則江念祖為了搶劫犯「智多星」，竟會挺身而出，進了看守所，若把這兩件值得存疑的事串聯起來，我得到一個初步的結論：那個惡貫滿盈的年輕搶劫犯，可能就是秋菊的兒子。想來想去，我開始緊張起來。

冷氣機呼呼地吹著。縱然窗外陽光熾烈，但臥房內涼爽如春，正是睡回籠覺的好時辰，但是我卻再也不能入睡。為了好奇，我將秋菊剛才留下的電話號碼，撥了一遍，對方發出錄音的統一聲音：「對不起，這個電話號碼是空號，請重撥……」我試撥了多次，始終撥不進去。最後我詢問電信局，仍舊告訴我那個號碼是「空號」，我茫然了。

七月二十五日，我在報館接到秋菊電話，她約我馬上到西門町國賓戲院門前會面，而且囑咐我不能帶任何人同來。我心中雖微感不滿，但還是立刻騎摩托車趕到。為了避免別人的注意，我特地戴了一副平光眼睛。我先將摩托車停在附近巷口，再從昆明街繞到國賓戲院後門，走了進去。那正是戲院寧靜時刻，海報玻璃櫥窗前，只有一對情侶談話。戲院前有一個煮玉米攤，旁邊是烤魷魚攤，散發出一股濃重的油煙氣息。向對面望去，行人在騎樓底下往來散步。瞅了半晌，我始終沒有發現秋菊的蹤影。走下石階，沿著昆明街向前走，一個五十開外的外省男人湊近我，低聲說：「先生，裡面有冷氣，按摩一下舒服哋。都是大專畢業的年輕小姐。」我強作微笑，邊說邊走：「改一天，今天太忙了。」轉了一會兒，我又繞回國賓戲院，看了半天海報櫥窗，看了許久黃昏的街景，依然見不到秋菊。那時肚裡有點飢餓，索性到隔壁吃了一碗咖喱牛肉油粉、一只油餅，走出飯館，看手錶已經六點，姑且再去戲院門前站一下，作最後的等待吧。

「嗶——嗶——」褲帶間掛的呼叫器響起。取下一看，是林組長的電話。我剛拿起公用電話筒，有人輕聲喊我「于老師」，回頭一看，一位身材高挑的中年婦人，穿著樸素而淡雅，朝我微笑：「你是于光老師？」若不是聽見那客家口音的普通話，我真不敢認出她竟是秋菊，將近三十年不見，她也是快六十歲的人，但是秋菊還是那麼健美，看上去卻像四十來歲的樣子。

「對不起，我給報社掛個電話。」

我重新拾起話筒，投下一元銅幣，掛通電話。林組長緊張地說：「請你趕快去石碇，現在警方正在圍捕智多星，我派小胡支援採訪，你直接趕到現場吧！」還未等我講話，對方便把電話切斷了。

「有什麼要緊的事麼？」秋菊問我。

我把剛才林組長在電話中的話，告訴了她。秋菊聽了聳了一下肩，輕聲地說：「你們這些報社記者，好像寫偵探小說，胡編亂扯，到底為的什麼，我真不懂。」

「為的是刺激讀者，爭取報紙銷路。」我回答說。

「你走吧，回頭我再和你聯絡。」

我跨上摩托車，加足油門，直向台北市郊駛去。

夕陽在西方扯下一片彩霞，馬路上的汽車排成長龍，有時寸步難行。正碰上各機關、公司下班時間，各種汽車像出洞的螞蟻，到處都呈現堵車現象。為了趕時間，我騎著摩托車衝鋒陷陣，好容易騎過新店碧潭，前面則是彎曲而順暢的環山柏油路，我加足了油門，直向石碇鄉奔馳。

自從江念祖被扯進這件搶案，給警方帶走以後，我再也沒見過他。雖然僅有半個月，但真有相隔數年之感。我非常納悶，他是一位安份守己、老實忠厚的人，怎麼會窩藏搶犯？這不是讓人不解的事麼？我原想慫恿他趁著身體還不錯，趕快返回故鄉去探望一下。離家五十年，他經歷了兩次戰爭，如今准許返鄉探親，他真應該回去一趟了。人不親土親，何況他有愧自己的老伴，那個孤苦無依、守了一輩子活寡的江大嬸，現在還在替他衲鞋底做鞋呢。我催促他幾次，江念祖總是吞吞吐吐地說：「這件事，等過些日子再說吧。」

連下了半月的雨，北勢溪的河水顯然暴漲了些。只要翻過眼前的山坡，前面的茶田便屬於石碇鄉。我一想到江念祖的推諉的話，心中就冒出無名火。趁此機會，完成探親願望，何必再拖？若是將來政局發生變化，這邊不准去，那邊不准進，江念祖這一輩子恐怕找不到還鄉機會了。到那一天，你懊悔也沒有用；到那一天，我不僅不同情你，甚至我會坐在一旁叼著煙捲兒，吐煙圈，心中暗罵：「活該，這是你自己找的！」

我抬起頭，發現一隻受傷的麻雀，正在半空掙扎、翻滾，最後跌落在路旁一株樹上。啊，我忽然憶起退伍老兵江念祖，他年輕時振翅高飛，宛如山鷹般地飛過高山、越過海峽，最後流落在這座春天的島上。正如同魯迅在小說〈傷逝〉中的話：「只落得痲痹了翅子，即使放出籠外，早已不能奮飛。」

江大叔，我錯怪你了！擦去眼角的淚水，我看見江大叔的房前站滿了人。樹下，還停放著幾輛黑白相間的警車。看到警車，我就生氣。為了追捕「智多星」，動員這些警察、記者，卻兩次撲了空。帶走的不是搶劫犯，卻是屋主江念祖，這算什麼辦案！我打定主意，若是等抓住張增貴，經過審訊以後，確定了與江念祖毫無關係，我要委託律師控告警方，為江念祖申冤。

停下摩托車，小胡迎上來，把雙手一攤，苦笑著說：「白忙了一陣，什麼也沒發現。」

我驀然想起剛才在西門町時，秋菊的輕鬆神色，顯然她了解「智多星」的行蹤。為什麼警方不將秋菊逮捕，卻偏逮捕一位跟搶劫犯毫不相干的江念祖，這豈不是糊塗麼！驀地，我湧起一個念頭，為了讓警方及時破案，我應該勇敢地站出來檢舉秋菊，只要逮捕秋菊，那個狡猾的搶劫犯張增貴一定會出現的。

晚暮從山野之間聚攏而來，遠處的村落已現出了燈火。圍捕人員漸漸離去。我吩咐小胡先回報館，我肚子疼，在附近野地方便後再回去。我患結腸炎已有兩年，只要吃了一點辛辣或油膩食物，便鬧肚疼，非得方便才行。我沿著一條狹窄的田埂小路，走了一程，前面是一排木麻黃樹，穿過樹叢，原來是一片墓地，驟然想起兩個月前我在此方便時，碰上了久別的江念祖。躊躇之間，我覺得腹疼如絞，急忙解開褲帶便蹲了下去……

晚暮愈加濃重，對面的山林間浮起一輪圓月，把大地照映成一片水銀世界。朦朧中，我發現木麻黃樹間閃出一個人影，那人扛著一把圓鍬，向前走。我立即聯想起兩個月前會見江念祖的一幕，他也是這身打扮，扛著圓鍬，只是今晚他沒戴草帽罷了。我屏住呼吸靜窺他寬闊的肩膀，默默向前挪動。我不禁產生疑惑心理，為什麼江念祖扛著圓鍬？他既非農民，用不著鏟泥土、疏通水溝；況且現在又是晚上，他扛著這玩意幹嘛？等我提上褲子，緊好腰帶，我加快腳步追上前去，看他到底去做什麼。幸虧那晚我穿的是膠底皮鞋，走起來輕便舒服，而且沒有聲音。我和他一直保持十五米的距離，即使他回頭也難以發現我，因為我可以隨時就地隱蔽起來。

月亮鑽進雲層，原野頓時昏暗。這時，我發現江念祖上了山坡。回頭一望，我暗自驚訝，從江念祖的住屋到這座山角，猶如一個倒寫的英文V字，為什麼他不直接從家後門上山，卻繞到這個角來上山？這不是很令人懷疑的走法嗎？

山上野草叢生，到處是坑坑窪窪，像影片中看到的月球上的寧靜海風貌。住在都市的我，很少參加運動，如今驟然爬山，確實有點累。剛走過陡坡，忽見一條蛇在前面草叢爬過青石，剎那間隱沒在草叢間。我至此才恍悟過來，江念祖上山帶圓鍬，八成是對付蛇的。抬頭向前望去，月光照耀下，我看到江念祖用鐵鍬移開一塊大石頭，鑽進地窖。我至此才憶起他說過，等他活夠的那一天，他服下一大包老鼠藥，喝一瓶五加皮酒，鑽進他在後山預先挖的一個地窖，就這樣人不知、鬼不覺地離開人間。我越想越覺迷茫，走上前去一看，啊，若不是我親眼看見江念祖從那兒鑽進去，任何人也不會看出下面是個地窖。那塊大石頭堵擋了三分之二，剩下的三分之一，還有一堆枯草掩蓋著。剛才江念祖進去，只把枯草放在一旁，留下一道空洞，在皎潔的月光下，我趴下去一看，陰森森的，呈滑梯形向下延伸，非常深遠。傾聽半晌，我隱約聽見有人談話，嗡聲嗡氣的回聲，根本聽不清在說些什麼。

在老家黃河下游一帶的農村，時常利用這種地窖儲藏地瓜、蔬菜。因為地窖冬暖夏涼，江大叔家的地窖最為寬廣，猶如一個凸字。我七八歲時，常和同學在他家地窖裡溫習功課。那時江念祖已出門數年，沒有訊息。那位年輕俊俏的江大嬸，常在地窖裡做針線活兒，有時還削紅瓤地瓜給我們吃。不過，她老是叫俺們給她唱歌聽。

在孩子們中間，唱得最多最好的還是江源。他的嗓門高，而且渾厚有力，有時歌聲在地窖發出回音，更增加了美妙與情調。

國民黨與共產黨，
現在已站在一條線上。
他們貢獻出全部力量，
一齊走向抗日的戰場……

江大嬸仰起美麗的臉，那雙烏溜溜的大眼睛閃映著淚光。「唱得好，俺圓兒，你知道你大叔在啥黨？」江源紅著臉搖頭。俺也搖頭。誰也不懂得大人的事情。最後，江大嬸拿出剛削的地瓜片，哄著孩子們：「吃罷。你們小，不懂得啥黨。俺告訴你們，你江大叔在國軍百十三師當排長，他是國民黨。」

「大叔啥時候回來？」有孩子問。

「等他打走了鬼子，他就回來。」江大嬸肯定地說。

……

月亮在一片魚鱗片似的雲層中忽隱忽現，地窖內偶而還會傳出幾句談話聲音，依舊聽不清楚。我索性彎腰鑽進去看個究竟，剛走下去不到十幾步，猛然聽見江念祖的聲音：「我走啦。阿貴，明兒早晨給你送稀飯來。」我趕緊退出地窖之外，跑到一個偏僻地方蹲下。半晌，我發現江大叔露出身子，扛著圓鍬，沿著原來的那條路繞回家去。我一直跟在後面，等他進屋擰亮了燈，我才騎摩托車返回台北。

從我親眼目睹這個秘密以後，我像掉了魂似的，精神恍惚不安，不思飲食。報館同事以為我將調動工作，所以鬧情緒。回到家裡，亞男勸我說：「若是不想幹，我們就再搬回花蓮吧。找個私立中學教書，離開這烏煙瘴氣的台北，也許還多活幾年呢。」我默不作聲，無言以對。她繼續說：「你要是想回山東，趁著現在天氣暖和，為什麼不請假回去探親呢？」我打斷了她的話：「啥親人都沒有，我探哪門子親，你又不是不知道。」亞男幽秘地笑道：「你不講出去，誰知道你沒有親人？」

七月三十日的傍晚，我正在報館寫稿，接到秋菊的電話，她邀我出來會面。我躊躇了一下，問她現在在什麼地方？她說在「南夜咖啡屋」。我說「馬上來。」擱下話筒，我暗自感慨起來。三十年前，秋菊是一個窮苦的鄉村女孩，她心地宛如屏東的西瓜瓢一般晶瑩、亮潔，即使一個玩世不恭的男人，也不敢驟然對她動邪念；但是如今她卻養出一個搶劫犯兒子，這是她的罪過，抑或是台灣社會的影響？

「南夜咖啡屋」就在我們報館對面巷內。它位於九樓，過去我曾去過。由於布置典雅華麗，消費額和一般高級餐廳相近，因此一般顧客都是中上層企業界人士。黑出了電梯，老遠便發現秋菊坐在臨窗的雙人座上向外眺望。她打扮得非常高貴，黑色的洋裝，配上金色的大耳環，格外醒目。常聽人說：最漂亮的女人分為四等；一等是胖白高，二等為瘦小嬌，三等是黑蠻妖，最低的則為怪麻騷；秋菊身材高、皮膚皙白，而且體態豐盈飽滿，正是最美麗的「胖白高」典型婦女。若是有人將《紅樓夢》搬上舞台，請她飾演漂亮的王熙鳳，那才是最理想的角色呢。

「于老師。」秋菊是個爽朗人，講話從不拐彎抹角。「請你勸一勸老江，把阿貴帶回山東去，行不行？反正阿貴是他的親骨肉，只要你勸他，他一定會聽的。」

我愣了一下。心噗噗直跳。

「這是犯法的事。再說，任何人沒有出境證，怎麼能離開台灣？除非是偷渡——」

「當然偷渡啦！」她從皮包裡取出一盒洋煙，遞給我一支，便又把另一支香煙叼在嘴角，點著打火機，先給我燃上。「為了讓張增貴重新做人，只有讓他離開台灣，到大陸去，才有希望。我早想開了，光有錢沒有用，還不如三十年以前，咱們在屏東的時候，雖然日子過得很苦，可是精神倒是挺快活的。」她輕巧地撥弄一下打火機，點上嘴角的香煙，貪婪地吸了幾口，從她那挺直的鼻子中流瀉出裊裊的青煙。

我向周圍環顧了一眼，客人不多，現在約莫六點左右，還不到用餐的時刻。我啜了一口咖啡，低聲向秋菊把最近勸導江大叔回山東探親、以及他的情緒不高的情況，向秋菊講了一遍。接著，我將話題轉到「智多星」身上：「你為什麼不叫阿貴向警方自首？最多關上五年，等他出來重新做人，那多好！像現在這樣躲躲藏藏，讓大人也跟著受罪。」

秋菊長嘆了一口氣，又大口吸起香煙來。

「有一件事，悶在肚子裡三十年。當初你帶老江來鼎灣提媒，為什麼老江不答應這門婚事？是他自己不願意？還是你勸他不要娶我？」

我又在發怔。這麼奇怪的問題，讓我從何說起呢？

昏弱的燈影，照映出秋菊那張瓜子形美人臉，那一對烏黑的大眼睛充盈著淚光。她吸了兩口香煙，苦笑著說：「如果當年我和老江結婚，到如今我們早有了孫子了，決不會發生阿貴這種事情。唉，這都是天意……」

「不對。這是現實社會環境造成的。不怪你，也不怪阿貴；在這花花世界之間，就難免發生你搶我奪的事件，這不是家庭教育所能避免的社會問題。」我堅定地說。

也許我的話「文不對題」，也許我的話引起了她的感傷，她熄滅了煙蒂，便起身走向櫃台付帳，我也沒站起來爭著付帳。秋菊走回來，淡淡地說：「有空的時候，去看看老江。你勸他把阿貴帶走。這是我最大的一樁心事。我也不請你吃飯了。」出了電梯，我和她分手而別。

天色暗下來。街燈、汽車燈的光影，把我攪得頭暈眼花，既摸不清秋菊目前的生活情況，也不知道她怎樣和江念祖生出那個壞痞子？我感到懷疑、惆悵。站在街口，是回報館呢？還是先到附近老周麵館去吃晚飯？正躊躇時，有人騎著一輛小空貨車經過，定睛看時，我不禁叫了起來：「江大叔，您上哪兒去？」他靠邊停下，用毛巾擦了一把汗：「俺正準備回去呢。」我拉著他說：「找個地方把車子停下來，我帶您去吃熗鍋麵，您一定沒嘗過這種家鄉味麵條。」

我是這家老周麵館的常客。老周和我年紀相近，在海軍混過多年，當過英雄，到夏威夷接過軍艦。由於人事制度是一道窄門，即使老周的技術能力超過艦長，他一輩子也當不了官，到頭來只是一個士官長。老周是賭氣退下來的。我了解退伍老兵的心情，再加上他是聊城人，離我江家峪一百二十華里，因此很快地成為知心朋友。

我帶著江念祖走進了麵館，老周樂呵呵地問道：「老于，那個搶劫犯抓到了沒有？」

「哪個搶劫犯？」我愣了一下。

「智多星——張增貴啊。」

我搖了搖頭。帶著江念祖朝裡面走。裡面靠冷氣機的那個座位，既清靜，又涼爽，那是我每次來必占的座位。叫了兩盤小菜，我倆先喝啤酒，墊了一下肚子。江念祖低聲笑道：「阿貴這小子還真成了名人，哈哈！」我沉著氣，裝作不知道似的說：「聽說張增貴在石碇鄉出現過多次，您見過這個人沒有？」

「沒見過他。」江念祖用筷子夾起一片牛肉，填進嘴中。「這小子長得咋樣？你見過他的相片麼？」

過去我曾在警局見過張增貴的檔案照片，削瘦的臉孔，挺直的鼻樑，看起來是個漂亮的小伙子。我喝了一大口啤酒，故意逗他：「看他的照片，有點像你。」

「像我？」他眼望我，臉上堆滿了幸福的微笑。

老周走過來，遞給江念祖一支香煙，我順便作了介紹。「老連長！失敬失敬。」老周殷勤地給江念祖點煙，從旁邊拉了一個凳子坐下聊天。他聽刑警隊小陳告訴他，那個綽號「智多星」的搶劫犯是個富家子弟，他父親就是熊貓牌豬肉罐頭廠的老板張火炎。我暗自吃了一驚，插嘴問道：「你是說屏東萬巒豬肉加工廠的張老板？」

老周點頭說：「二十五年前，一場大火燒光了工廠，也燒死了張火炎。他夫人的遺腹子就是這個搶劫犯張增貴，聽說他母親過去還是大美人呢，外號叫……木瓜西施……」

我愣住了。「木瓜西施」，她不就是秋菊麼。

「木瓜西施是張火炎的第幾房太太？」我問老周。

「第二房。」老周說。

「不對。第四房。」江念祖更正他的話。

「您大概記錯了吧。老連長，這個小陳參加辦這個案子好幾個月了，他對張增貴調查得一清二楚。聽說張增貴最喜歡喝包種茶，所以常到石碇、坪林去買茶葉，警察早在那一帶布置了眼線，準備抓他歸案。」

我靜心地凝聽老周的話。等他離開座位，江念祖才冷笑道：「這個人不像咱山東人。愛吹牛。他還敢和我抬槓。明明秋菊是張火炎第四房老婆，他偏說是第二房。我親自參加他們的婚禮，擔任招待，俺能不比他清楚麼？」

正說著，老周用木盤端來兩大碗熱氣騰騰的熗鍋麵。

吃完麵條，江念祖匆匆告別，要騎空貨車回去。我連拉帶拽，才讓他答應留下貨車，隨我而去。

9. 無名菊

從老周麵館出來，我騎摩托車帶江念祖回了家。從花蓮舉家遷移台北，為了避免搬家之苦，我利用長期貸款在辛亥路買了一幢樓房。前兩年，水泥建材便宜，我在頂樓加蓋了一間二十坪的小套房，準備女兒結婚時住，誰知女兒師範學校畢業，便去花蓮作小學教師，後來這間小屋便成了我的書房。

說是書房，其實並沒有幾本書，倒是櫥櫃裡陳列了不少酒，而以外國酒最多，那多半是朋友出國回來送的禮物。這兩年間開放大陸探親，增加了五糧液、茅台、瀘州大麯、孔府家酒。我的酒量不大，但家中陳列酒櫃是一種風尚，二十世紀八十年代台灣城市生活的景觀之一。我是小知識分子，又在報館做事，若是家中無酒，還算什麼文化人呢？

在臨窗的一組小沙發間，擺著一個飲茶小車。假日好友來舍小敘，在小車上泡茶、嗑瓜子，天南地北胡扯一通；等罵過了癮、嘴也累了，肚皮裝滿了茶水時，送走好友，我便在那個老帥牌單人沙發床上睡覺。

俺江大叔剛走進這間小屋，抬頭瞅見掛在牆上的條幅，鄭板橋的草書「難得糊塗」四字，便沉下臉來，開始了說教：「小光，不是俺嘴巴囉嗦，你這幾年變得庸俗了，你知道不知道？」

「社會是一個大染缸，我咋能保持出污泥而不染呢？」等他坐下，我從茶几煙缸取出一枝Kent香煙，遞給他，並且幫他點上火。然後拉出茶車，打開媒氣筒燒水，準備泡那罐今年春天獲獎的包種茶。江念祖像個小孩，東摸摸，西看看，最後在屋內找出所有的書刊，擺在茶几上：《麻衣相法》、《肉蒲團》、《紅樓夢新論》、《旅行月刊》，還有一冊過期的play boy雜誌。他一面翻看書刊，面孔上顯現出無奈的表情，好似他當年做連長時，檢查士兵的內務整潔，無意之間在士兵的書本中翻出一張妖精打架圖片，雖然心裡非常生氣，但他嘴角卻念著微笑。我是多麼懼怕他的這種表情啊。

「你變了。不僅是你，現在不管老的、小的，整個台灣都變了！」他吸了一口香煙，倒在沙發上。

我陪著笑臉，把那幾冊書刊收回茶几底下。雖然心裡不高興，可卻一直裝作鎮靜的神情。

「你年輕的時候，我勸你看操典，看軍隊典範令，為的是投考軍校。你喜歡文藝，寫小說，這也算正途。你為啥看這些邪門歪道的東西？你看你屋裡擺了幾十瓶酒，你開酒吧呵！」他禁不住捂著嘴笑起來。

「你沒去別人家看，哪家沒有幾瓶洋酒？現在每年台灣島上人要喝下九十六萬瓶XO酒。前幾天有人統計，若是以個人喝XO酒的數量計算，咱們台灣是世界第一名。江大叔，您猜咱們台灣為什麼喝這麼多洋酒？因為此地有個習慣——拚酒。」我激動地說。想讓這個不看報、不看電視的鄉巴佬了解現狀，別老是抱著老皇曆混日子。

「什麼叫拚酒？」他耐住怒氣，不解地問。

「拚酒就是用盡一切辦法，逼迫別人喝酒。這是台灣喝酒的風氣。聽說中部喝酒有個習慣，大伙兒聚在一起喝酒，不醉不散。」接著，我以職業性的記者習慣，具體分析台灣的車禍多，其中一半的原因則是由於酒醉後駕車，引起了車禍。

驀地，江念祖的臉上堆滿悲戚的神情。「作孽啊！……該死啊！……中國沒啥希望啦。唉，就拿搶劫犯張增貴來說吧，他才二十五歲，多年輕呀！……他有半打花雕的酒量……你說這不是作孽麼！」

水煮沸了。我急忙把火捻弱，沏了一道水，再倒出來；然後沏上第二道開水，悶了約莫三分鐘，才倒進小瓦罐內；最後再倒到小杯子中，請客人用茶。江念祖接過小茶杯，破涕為笑：「在咱家鄉喝酒，就使這樣小的酒盅。用它喝茶，喝到啥時候才喝個夠？」

窗外沙沙的雨聲，混合著屋內冷氣機馬達聲，使我湧出無限惆悵心情。我吸了兩口香煙，勸江念祖說：「趁著您身體還硬朗，回老家一趟吧。」

江念祖伸起右臂，向下一壓，皺著眉頭說：「這件事，慢慢商量吧。四十多年都熬過來了，咱們還計較三年兩年嗎？」

瞧他那種對於故鄉冷淡而藐視的態度，給予我極大的反感。如今我已懷疑他和秋菊的曖昧關係，而且秋菊說那個搶劫犯張增貴就是他的兒子，更增加了我的不滿情緒。我激動地說：「江大叔，您到底有什麼顧慮？為什麼不願意返鄉探親？您照實說吧。」

他皺著眉頭，猛烈地吸盡了煙頭，把它按進煙缸內，立刻陷入長期的沉默中。看他那衰老而可憐的愁容，我暗自懊悔起來。我請他吃了一碗熗鍋麵，卻拖他回家給我作伴，而且鬥爭他、批判他、惹他生氣，我實在太過份了些。四十年來，江大叔為我操了多少心，磨了多少嘴皮子，還不是恨鐵不成鋼，巴望我趕快成為有用之材，為社會為人民作出貢獻？他對待當年三營九連的學生兵，宛如農夫，用汗水灌溉了稻苗，長出稻禾來，供給這一百多山東少年食用；但是那些在飯桌上嘻笑、吃飯的少年，誰能再想到這個種田的莊稼漢？

我憶起臧克家的詩句：

像農人

洒了血汗爲人類，

自己卻躲在成功的圈外。

「江大叔，您還是回去一趟吧。我可以請假，陪您一道走。」我低聲和他商量著說。

他不作聲，卻從褲袋掏出一塊烏七墨黑的手帕，擦拭右眼的淚水，接著又將手帕塞進褲袋去。他悲哀地說：「你別再逼我了，好不好？你一提起這樁事，就讓我心神慌亂不安啊。」

「這有啥不安呢？」我茫漠不解地問。

「俺在台灣呆了四十年，吃蓬萊米，喝北勢溪水，眼看就是進棺材的人了，驟然開放探親，讓俺回山東老家，這咋不讓人心神慌亂呢？俺覺得這件事太突然了！像做夢一樣。」

我將茶壺內泡淡了的葉子，用竹片挑出來，填滿新茶沖好，端給江念祖一杯。我見他這時心情稍微平靜下來，便故意問他：「前些日子，智多星張增貴在石碇附近出現，您見過他沒有？」江念祖聽了這句話，充耳不聞，從茶几上拿起香煙，點上吸了兩口，長嘆一口氣：「年紀小，膽量倒不小，若是被警方抓到，能關他幾年呢？」我揣摩了一下說：「恐怕最少也得五年。」江念祖的臉上頓時現出驚惶的神色。他激動地說：「五年，這不是把一個青年毀掉了嗎？」

「您認識他？」我順水推舟地問。

「我咋不認識？即使剝了皮，我認得瓤，燒成灰，我認得魂兒；如果不為了他，我咋瘦成這樣子？」他痛苦地用雙手捂住了臉孔。

「江大叔，您是規規矩矩的本份人，為啥結交這種人呢？」

他並不作聲，只是瞪起那一隻污濁的右眼，向對面櫥櫃內陳列的酒凝望。我尋思了一下，輕聲問：「咱倆喝兩盅怎麼樣？」

「行！」他指著那瓶泥罐裝的「孔府家酒」說：「俺喜歡喝那個酒。」

我想起不久以前，我送給他兩瓶山東曲阜出產的白酒，大概他還很滿意。這回，我卻為他選了一瓶珍藏的茅台酒，找了一些花生米、茴香豆，俺倆慢慢喝起來。亞男最近到南部去，女兒住在花蓮，現在只有俺倆暢快地喝酒、聊天。

外面沙沙的雨聲，喚起江念祖朦朧的記憶。他記得也是一個雨夜，因為多喝了兩杯酒，只沖了一個冷水浴，擦淨了身子，便昏倒在那間倉庫的破藤床上……

白天，江念祖在工廠大門當警衛。晚上，他像一隻土撥鼠，鑽進黑暗的倉庫內，用煤油爐煮一碗麵條，或是泡兩包速食麵，喝些白開水，便結束了晚餐。他一個人躲在倉庫，沒人談話，因此沖過冷水浴，他就躺在破藤床上睡覺。因為凌晨五點半鐘，最早一班貨車駛出工廠，他得趕到大門口去值班。江念祖是一個不善飲酒的退伍軍人，但是從秋菊作了董事長張火炎的第四房夫人，他的生活突然變了，每逢過節，或是心情煩燥時，他總是一個人躲在倉庫喝酒。他為啥心情不好，這樁秘密當時任何人也不知道；只有天上的星星知道，倉庫的小老鼠知道，再就是他和秋菊知道。

那時，秋菊住在工廠後面一棟小洋房內。她的丈夫張火炎，每到月初南下巡視企業工廠，總在萬巒工廠停留兩三天。對秋菊來說，那個日子便像牛郎織女鵲橋相會一樣，使她度過短暫的甜蜜而幸福的少婦生活。

那一棟紅磚砌成的小樓，爬滿了翠綠的青藤。秋菊每到傍晚時分，便倚窗遠眺一馬平川的恒春半島，椰樹、農舍、田地、廟宇，以及馳騁在公路上的車子。她從嫁給張火炎作妾，便像一隻鳥被關進籠子裡，忍受著長期的寂寞。偶爾她騎著那輛五十西西女用摩托車，返回鼎灣探望母親，奔馳在椰樹成蔭的公路上，她才恢復了少女的歡樂情緒。有一天傍晚，秋菊返回工廠，發現了江念祖，兩人重逢，確有無限驚喜的感受。

「你怎麼不來娶我？」秋菊大膽地問他。

「俺沒有能力結婚。再說，你想招我入贅，俺不願意。」江念祖坦誠相告。

從此，秋菊時常派人給他送點菜，或是點心，偶而也送些錢。江念祖是一個耿直人，他接受秋菊的食物，但卻決不收下對方一毛錢，他認為那是一種最大的侮辱。

那是一個落雨的夜晚，他獨自躲在倉庫，借酒澆愁，度過他的生辰。八月天，熱得要命，一瓶五加皮酒下肚，宛如火上加油一般。反正倉庫內只有他一人，索性脱掉褲頭，跑到浴室沖個冷水浴，那時雖覺涼爽痛快，但是酒精在他血液中循環旋轉，他的臉部神經逐漸麻痺了。等他擦乾身體，連短褲也沒有穿，他已昏倒在藤床上。燈下，一隻小順風牌電扇，吹著那赤裸的熟睡的男子漢……外面下著沙沙的雨，夜深沉得如同遠方的巴士海峽……

不知什麼時候，江念祖被兩隻柔軟的暖水袋，壓住了他那寬闊的胸膛。他覺得嘴乾、舌燥，下體在急劇的膨脹，忍不住發出了原始的吼聲：「秋菊，等我！」

江念祖光著腳在柔軟的沙灘上裸奔。月光下，秋菊披散著長髮向前跑，她那美麗的赤裸的胴體，宛如大海狗般富於彈性，不時搖晃著誘惑人心的姿態……最後，他終於抓住了秋菊，兩人抱在一起向沙灘翻滾、沉落……

英國靄理士的《性心理學》有一段話，值得深思：要知性衝動有一個特點，和飲食衝動不大相同，就是，它的正常的滿足一定要有另一個人幫忙。講到另一個人，我們就進到社會的領域，進到道德的領域了。

從那個落雨的夜晚起，江念祖心裡猶如壓了一塊鉛，總是覺得沉重難過。這個秘密直到二十五年後的今天，也只有夜空的幾顆稀疏的星星知道，倉庫的十幾隻精靈的小老鼠知道。後來，江念祖經不住秋菊對他的糾纏，兩人在外面幽會數次，雖然秋菊感到滿足，可是這位耿介的退伍老兵總覺忐忑不安。那年冬天，秋菊懷孕的時候，工廠發生火災，張火炎不幸葬身火窟。這座享名台灣的出產熊貓牌豬肉罐頭的工廠倒閉，職工遣散，從此江念祖隻身來了台北，過起漂泊不定的打零工生活。

從江念祖離開屏東以後，他再也沒見過秋菊，雖然他想念她，但卻不敢給她寫信。因為她有一種犯罪的心情，覺得不好意思再見她。但是二十多年來他陸續得到不少有關張火炎的生前軼事：有人說此人生下來命中缺火，他的父親所以為他取名「火炎」。果然他年剛四十，便已成為南部著名的食品類企業家。正因為他的名字多火，結果在年近五旬，事業如日中上中天之際，葬身一場大火之間，說起來也真是天意。也有人說張火炎雖然有四個妻妾，但是他卻患性無能症。他脾氣相當火爆，正像他的名字一樣。任何人接觸他，都有被火焰燒灼的危險。

去年冬天，石碇鄉煙雨朦朧，夜空飄著淒冷的雨絲。那晚，江念祖在昏弱的燈下捆報紙。突然，一個二十來歲小青年，神色驚惶地走進來，操著台灣味的普通話說：「奧集桑（大叔）！借給電話用，好不好？」江念祖笑道：「俺是收破爛的，誰給我打電話呀。你順著公路向西走，走八百公尺，有一家雜貨店，店門口有一部公用電話。」那小青年皺起眉頭，看看錶、搖搖頭，從黑色棉袂克掏出三五牌香煙，甩給江念祖一支，自己先打著火，貪婪地吸了起來。江念祖見他渾身被雨淋濕，便從床上找了一件破袂克，叫他脫下濕衣換上，免得感冒。接著，他給小青年倒了一杯熱開水喝。

「你是哪裡人？」江念祖問他。

「山東人。」小青年說。

「山東？」江念祖笑了：「你山東哪裡？」

「聽我媽說，我老爸是江家峪人。我不知道他是山東什麼縣？我父親是退伍軍人，當過連長。」

江念祖聽了渾身起雞皮疙瘩，這是從哪兒跑來的神經病，怎麼把自己身世來歷打聽得如此清楚？他又問小青年：「你媽住在哪裡？」小青年說：「屏東。」這時江念祖才恍悟過來，便問：「你不是張火炎的兒子嗎？」對方愣了一下說：「他是我的養父。我還沒出世他就過世了。工廠失火，他跑去指揮救火，被濃煙活活嗆死的。」江念祖關心地問：「你媽身體還好麼？」小青年點點頭：「我出來混，很少回家。」江念祖聽了發怔，但覺得這小青年純潔可愛，便問：「小兄弟，你到底做什麼事情？」對方聳了一下肩，機警地向外面瞅了一眼，門外的雨越下越緊，他回過來向主人說：「奧集桑！不瞞您說，我就是警察正在追捕的搶劫犯張增貴。您聽見過這個名字麼？」江念祖毫無反應，只是淡淡一笑：「抱歉。俺既不看報紙，又不看電視新聞，俺啥也不知道。」張增貴笑了，走過去對著江念祖說：「奧集桑，您給我弄點東西吃好麼？我身上還有錢。」江念祖起身向廚房走，嘴裡唸叨著說：「等著，我給你下麵條去。年紀輕，長得這麼白淨，為啥不學好？三百六十行，行行出狀元，沒聽說當強盜會出人頭地……」張增貴望著他的背影，凝聽他的談話，偷偷伸了伸舌頭，捂著嘴巴直笑……

10.

為了向報館抗議調任編輯工作，我以迅雷不及掩耳的手段，跳槽進了另一家報館，還是跑社會新聞。由於「智多星」張增貴的行蹤不定，不僅讓警方傷透腦筋，甚至採訪記者也被攪得頭暈眼花，不知道阿貴的去向。台灣的記者最大的毛病，便是從主觀的願望出發。他們不去深入調查訪問，只憑自己的小聰明，吸著香煙，喝著咖啡在編造新聞：有的報紙說阿貴去年冬天從東港搭漁船去了菲律賓，目前隱藏在中部的怡朗市；還有報紙報導阿貴已經逃往日本，投靠東京最大的黑社會組織，參加國際販毒工作……這些讓人笑掉大牙的新聞，為的是刺激讀者，花十塊錢買一份報紙。

幾家民營報紙老板，對於手下的記者，多半以雇農的身份看待。換句話說，報館老板就是地主，他可以憑著對雇農的愛憎付給工資，也憑著他對記者的服務成績，決定升遷或免職。雖然我作了十年記者，風裡來、雨裡去，憑靠我的體格還硬朗，筆下比大學剛畢業的小伙子老練些，確實也為報館爭了不少光彩。但是，報館老板是沒有功勞簿的，只要你犯了錯誤，或是人老珠黃，他便一腳把你踢出報館。這次讓我從記者調為地方版編輯，就是想冷凍我，讓我覺得難堪，捲舖蓋走路。至於我犯的過失，前面曾經提過，因為我認識江念祖，而江念祖涉嫌和搶劫犯同伙；報館老板是台灣的聞人，為了怕影響報館名譽，所以把我調職，免得再出頭露面惹事生非了。

既然報館老板無情，我何必再戀棧呢？八月一日晚上，「花東版」的稿件堆在我的編輯桌上，等候我來處理。那個時刻，我正在〈台灣晨報〉總編輯桌前，吸著煙，談著今後的工作計劃。

兩年前，這家報館剛成立，譚總編輯便拉我來當採訪組長。他是我的同學、朋友和酒友，曾創下一次喝半打陳年紹興酒的紀錄。當警方追捕張增貴時，老譚曾打電話向我詢問採訪線索，因為他了解我過去在屏東住過，對於這個大企業家的後代，可能有些認識。我回答確不知道。不久前他聽到報館為了我和窩藏「智多星」的江念祖是朋友，而把我冷凍起來，便親自跑來我家拉我跳槽：「只要你過來，他們給多少，我們給多少，決不讓你吃虧！」我感動得想哭。偌大的台北市，竟然有人欣賞我的採訪能力，怎不使我受寵若驚？士為知己者死，慢說〈台灣晨報〉的工資不低，即使低一倍，為了爭一口氣，我也要離開那個「勢利眼」的報老板！

我到〈台灣晨報〉作了記者，當然還是跑社會新聞。首先我要報導的則是搶劫犯張增貴的去向。既然有的報紙說他去了菲律賓，有的亂扯他去了日本，那我若是確定他可能藏匿在石碇的山坡上，讓警方把他捕獲，則我將聲名大噪，同時報紙也會銷路驟增，這是何等風光的事！但轉念一想，等「智多星」被捕後，他的母親一定悲痛欲絕，而江大叔也會傷心流淚，說不定還怪罪於我，從此再也不准進他的家門……思前想後，我提筆的勇氣頓時消失了。

但是，作為一個記者，我不能不寫這則讓人矚目的新聞。點上一支香煙，我握著原子筆，不知道如何處理張增貴的出路。煙圈繚繞中，我終於湧出了新的靈感。

【本報記者于光特稿】屏東萬巒鄉進學里六號是一座西式的小樓房，樓房前種著數棵鳳凰木，盛夏的陽光穿過濃郁的羊齒形的葉子，發出一片讓人眼花繚亂的光點。年近六旬的鍾秋菊，向記者透露一則石破天驚的消息，「智多星」張增貴昨晚七時從福建平潭打來電話，他激動地說：「我沒有罪！是台灣經濟繁榮引誘我成了搶劫犯！」

這位著名企業家的遺孀鍾秋菊談起她的愛子張增貴在少年時，曾被選爲模範學生。屏東愛好體育的青年，提起「阿貴」當年馳騁球場的英勇事跡，莫不交口稱讚，而且都曾寄望他將是未來南部籃壇上的彗星。但是張增貴在中學時代，由於家境富裕，染上賭博惡習，再加上參加了不良青少年幫派，最後竟然淪爲搶劫犯，這眞是讓人低徊不已的事。

有關目前「智多星」張增貴藏匿地址，鍾秋菊一直保持緘默。她唯恐台灣警方得知地址，運用其他力量將張增貴引渡押返台灣。鍾秋菊向記者表示，她希望張增貴在海峽對岸能夠洗心革面，重新做人。

這篇特寫在〈台灣晨報〉社會版以頭條發表，轟動了台灣新聞圈。許多報館派記者到屏東萬巒採訪，結果撲了個空，吃了一頓萬巒豬腳又回了台北。到底那個搶劫犯的母親鍾秋菊在那兒？台灣的記者除了我以外，都蒙在鼓裡，誰也不知道。

其實連我也不知道鍾秋菊的住址。從前幾天和她會見後，再也沒有接到她的電話。台北市的報紙幾十份，除非別人提醒她，她是決不會看〈台灣晨報〉的。

那天晚上，我剛寫完新聞稿，準備騎摩托車回家。忽然接到秋菊的電話。她約我到石碇江念祖家會面。我放下話筒，心裡有些不安。近幾個月來，捕獲在逃搶劫犯張增貴是警方工作重點之一。石碇鄉江念祖的住宅，早已被列為追蹤目標，若是晚上我去和秋菊會面，那豈不等於飛蛾撲火，自投羅網？

走出報館，我在公用電話亭給亞男撥通電話，說明晚上去石碇探望江大叔，也許睡在那裡。騎上摩托車，加足油門，我抱定破釜沉舟的決心，非要把「智多星」揪出來不可！他讓幾十個沒日沒夜追捕小組警察焦燥不安；他讓他的母親痛苦難過；他讓那位孤苦無依的退伍老兵不能返鄉探親；他也是台灣治安的一顆小小的毒瘤，雖然它不會影響整個生命，但它總是有害的東西，留著它當然比不上拔掉的好！

我騎著三陽野狼牌摩托車越過新店，轉往環山公路向石碇疾駛。想起若是早日將阿貴逮捕歸案，我的新聞稿豈不成為笑料？從〈台灣晨報〉發表我那篇報導阿貴逃到福建平潭的特稿，震動了台灣報界，成千上萬的讀者談論此事，報紙搶購一空，而且還增印了五萬多份。這個數目對幾家大報不值一談，但在〈台灣晨報〉的報史上卻是一樁大事。不少人當面讚揚我，有幾個大學新聞系請我去作專題演講，都被我一律拒絕。在這商品化的台北，人人都懂得錦上添花術，卻找不出幾個雪中送炭的人，這是客觀的事實。假如警方把阿貴逮捕歸案，我所報導阿貴逃往福建的新聞，豈不成為轟動海峽兩岸的騙局？到了那一天，我可說是「豬八戒照鏡子」——裡外不是人！若是海峽兩岸都不能生活，我既無積蓄移民海外，又不會講外國話，我除了跳海自殺，已無路可走了！

我很矛盾，也很難過，若不是俺這位江大叔，我怎會惹了這麼多無謂的煩惱？剛駛到公墓附近，我便減速緩行。為了怕人家發現，我故意把摩托車推到茶田旁，停放在一棵樹下，然後緩步進了村。村裡只有兩三户，黑漆漆的，沒有動靜。那晚上沒有月亮，密密麻麻的繁星，洒滿了海洋般的夜空。一小時前，秋菊打電話邀我來石碇會面，我只是嗯哼兩句，並沒有具體地應允她，她便匆忙切斷電話了。她到底在哪兒打電話，我也摸不清楚。直到現在，我才懊悔自己做事有些莽撞，深更半夜的，我到這兒來不是自找麻煩麼！

果然，江念祖的前門關著。湊著昏弱的窗燈看錶，已經十點半，想必他早就入睡。驀地，我聽到一個女人的泣聲，嚇得急忙向後倒退了兩步，心噗噗直跳；再仔細聽，彷彿有人發出輕微的喘息，混合著歇斯底里的呻吟聲……我懷疑自己耳膜發生故障，怎麼聽出如此奇異的聲音？少年時，我在澎湖當兵，右耳膜發生震蕩，差一點變成聾子。每逢想起此事，我禁不住埋怨江連長。那時部隊開展文藝工作，為了解決女演員荒，用「兵演兵」排演話劇，供給連隊同樂。有一次排演一齣話劇，我飾演一名愚笨的僕人，因為犯錯，挨了主人一記耳光。那扮演主人的是個即墨地瓜桿兒，一米八，機槍手，一頓能吃八個饅頭。他一巴掌打下去，把我打得頭暈眼花，半個月聽不見聲音。江連長不但不責怪那個傢伙，還誇獎他表演「認真」，給他記功一次。而對我這個挨耳光的，卻毫無表示。每逢提到這件往事，我總覺得委屈。愛迪生挨了耳光成了聾子，卻做了科學家；我吃耳光成了聾子，只不過引起一百多兵士的捧腹大笑而已。

我繞到江念祖的屋後，發現後門虛掩，便輕輕撥開木門。昏弱的電光下，一對赤裸的原始人，披頭散髮倒臥在一張單人床上。那女的不停地用一隻手撫摩突起的小腹，閉著眼睛，富態而俊俏的臉上堆滿幸福的微笑。那位年屆七旬的老人，正在用一條花毛巾察拭臂上的汗珠。茶几旁擺著一只舊立體電扇，正對著這兩個汗水淋漓的男女吹。這時，秋菊抬起肥胰的大腿，穿上三角褲，輕聲說：「這麼晚了，于老師不會來了吧？」

為了怕他們發現我，我首先繞到前門，緩步向村外走。抬頭看那烏雲湧捲的夜空，似有雨意。在酷熱的八月季節，若是下雨才能使人獲得涼爽，否則只有期待太平洋上出現颱風。但是今晚的雲塊，僅是山野間溢湧出的氣流，即使飄下一點雨絲，烏雲不久便會吹散開的。我在公路上徘徊了約莫半小時，又在一家雜貨店買了兩包香煙，才走回村子。

等我走到江大叔門口，但見大門敞著，屋內燈火通明，我輕叩房門，隨聲走了進去。江念祖正在燒水，準備泡茶。秋菊從廚房走進來，她穿著一件短汗衫，西裝褲，大概剛從浴室出來，鬢髮還滴著水珠。她在淡笑之間流露出羞容：「這麼晚邀你出來，你跟太太請假了麼？別讓她不放心。」我告訴她，臨離開報館，我已給家裡打了電話。

我們三人喝著茶，吸著香煙，聊起一件重要的事情。秋菊為了兒子阿貴，想動員江念祖和我勸他偷渡出境，先到福建廈門，再會合江大叔一同回山東，在那兒洗心革面，成家立業。將來等海峽兩岸統一之後，她和阿貴母子再團聚一起。秋菊一邊說，一邊用手絹擦眼淚，顯然她心裡非常難過。

江念祖耷拉著頭，苦笑著說：「你想得太天真了，像小說一樣。若是這個計劃好，我不早就勸阿貴了麼？阿貴不肯冒這個風險，他有他的道理呀。你想想看，福建沿海就這麼容易登陸麼？咱這邊有警察，人家那邊也有警察，說不定還比台灣嚴格些。俺是軍人出身，難道還比不上你一個婦道人家？……」

秋菊雖然有些不滿，但依舊和風細雨地說：「這件事我也琢磨了很久，這兩年從福建偷渡來台灣打工的，一波一波的，送走了又回來。他們既然能夠來，阿貴就不能去嗎？這叫什麼平等？哼！」

「這話你在這裡說，沒用！你咋不找江澤民理論去？」江念祖諷刺地說。

「逼急了我，我一定去！」秋菊賭氣地背過臉去。她的寬闊而柔美的肩膀，發出輕微的顫抖，我想秋菊可能默聲啜泣了。

「讓他走吧！也許會安全到達福建，您勸勸阿貴，他一定聽您的話。」我忍耐了半天，終於表達了意見。這也是秋菊打電話邀我來此的關鍵問題。

江念祖站起來，氣咻咻地走近門口，冷笑著說：「你們糊塗啊！哈哈！把一個犯了罪的孩子朝外推，這是什麼心理嘛？難道海峽對岸歡迎張增貴這種偷雞摸狗、胡作非為的壞人？」

「江大叔！他們不是會勞動改造麼？把阿貴送過去讓他們改造一下也不錯啊。」我在說風涼話。但是我還是站在秋菊一邊，贊成阿貴偷渡出境。

屋內頓時沉默下來。驀地，我聽見秋菊發出悲哀的哭聲！

「阿貴是……你的骨肉……你卻一點……也不疼他……你忍心讓警察把他抓走……關上幾年……叫他一輩子不能抬頭做人……」

這時，一個陌生的青年從後門走出來，走到秋菊身前，用雙臂抱住她，低聲呼喚：「媽！我聽您的話，我想辦法到福建去。」

秋菊擦乾眼淚，凝望著站在面前的兒子，默默無語。連我也屏住了呼吸，凝視這一幅令人感動的母子會見鏡頭。張增貴身高一米七，濃眉大眼，長著稍厚的嘴唇，輪廓、相貌和江大叔非常相似。這麼一個聰明白淨的小青年，讓任何人也不會想到他竟是一名搶劫犯。

「這是于老師。」秋菊對兒子介紹我。

「阿貴，你還是想辦法去福建吧。到了廈門，找個地方先住下來，等俺江大叔從香港到了廈門，你們爺兒倆在廈門火車站碰面，一塊坐火車回山東老家。」我向這個小青年說：「你父親從空中飛到廈門，你從海上偷渡廈門，條條道路通羅馬，你到了山東，給我來個電話，我馬上給你發布新聞，讓台灣兩千萬同胞都知道你回了孔子的故鄉！」

她母子二人終於破涕為笑。

江念祖噘著嘴說：「小光，你這個小懶蛋兒！不是俺罵你，你咋永遠長不大呢？快六十了吧，你咋還出這個餿主意？」

我聽了捧腹大笑。

秋菊搶先說：「我認為這是好辦法。讓兒子重新做人，有什麼不好？難道你非要眼看著阿貴坐幾年牢？」

商量很久，才作了決定：一周之內，他們父子倆分別離開台灣，到海峽對岸廈門碰面，然後再一起回山東。當我騎著摩托車折返台北時，已是凌晨二時，遠眺眼前的燈火閃爍的都市，一派紙醉金迷的繁華景象。

翌晨〈台灣晨報〉發表我的福建廈門專訪稿，報導「智多星」張增貴身在大陸，但他思念母親，思念萬巒豬腳，思念那哺育他成長的故鄉。他向記者透露過去八年來，他走上犯罪的道路，這是由於經濟繁榮，人民奢侈浪費給他帶來的社會負面影響，誘導他賭博、酗酒，最後成為警方追捕的搶劫犯。

連續一周，我躲在報館的一間小屋裡，胡謅海嗙，寫出阿貴的心路歷程。報紙的銷路直線上升。每天，詢問有關「智多星」張增貴的生活情況的電話，從台灣、澎湖甚至金門、馬祖打進來；有一個電影公司準備拍攝以阿貴作題材的影片，片名暫定〈海是來時路〉，並且想聘請張增貴作男主角，我作編劇。還有很多熱情的讀者向「智多星」送禮品，計有暖水壺、餅乾、維他命丸、大悲咒、聖經、畫報、手電筒、皮帶、手錶、戒指、太陽眼鏡、球鞋、流行歌曲錄音帶、指甲刀、洗髮精、襯衫、領帶、T恤，還有一些青年學生寫信向阿貴索取簽名照片……總的來說，通過我的新聞稿，把這個尚未逮捕歸案的搶劫犯「智多星」張增貴捧成了英雄，青年的崇拜偶像。

俺江大叔氣得當著我的面把報紙撕成碎片，狠命扔進拉圾桶，嘴裡不乾不淨地說：「你是屌的記者，依俺看，你是造謠專家！文化流氓！」

我紅著臉，送他去桃園機場。他一路都不理我，我只得偷偷在笑。

11.

氣候逐漸轉涼，台北的食品公司早已陳列出各色月餅，人們已知道秋天到了。想到秋天，眼前便浮現出一片艷麗奪目的野菊。那個勤勞樸素的來自黃河下游的江念祖，他年輕時為了醫療眼疾，喝了數年菊花湯，到頭來依舊瞎了一隻眼睛，懷著惆悵的心情返回了故鄉。他走了快兩個月，卻連一封信也沒有寄來，潛逃出境的張增貴也音訊渺然，莫非他們二人發生了意外？我茫然了。

如今，我有些懊悔，我不應該自作主張，勸俺江大叔返鄉探親，更不該安排阿貴和他在廈門會面，再一起回江家峪。若是江念祖真的不回台灣，那個痴情的秋菊豈不重蹈九十年前野菊姑娘的悲劇道路？

秋菊從屏東打電話向我訴苦，埋怨他倆走了兩個月，既不打電話，也不寫信。她在長途電話中啜泣，後悔當初放他們走。她說：「早知如此，即使讓阿貴闖一輩子，也心甘情願。」

關於秋菊和江念祖的愛情，局外人是難以理解的。一位健美的女人，她毫不保留地委身一位清苦的、兩袖清風的退伍老兵；而那位老兵還躲避她十幾年，她從南到北，到處尋找。皇天不負苦心人，最後他倆終於團聚在一起了。秋菊曾經一再勸他搬到屏東去住，但是江念祖堅持不去，寧肯廝守在那個破舊的房裡，靠收破爛兒維持生活。

貝莉颱風迫近台灣，氣候突然轉涼，天上不時飄起一陣驟雨。那晚，我在報館寫稿，接到來自宜蘭澳底村警察派出所的電話。他說一名從福建偷渡來台的青年，自稱山東省人，卻講著一口台灣話。他想和〈台灣晨報〉的于光會面。

「他叫什麼名字？」我緊張地問。

「江增貴。」對方在電話中說：「但是我們檢查他的身份證，他叫張增貴。他跟我們正追捕的搶劫犯名字，一模一樣。」

「明天早晨九點以前，我一定到派出所。」

掛斷電話，我又把這件事告訴了屏東萬巒的秋菊。她當機立斷，作出決定：「明天清晨九時前，我們在宜蘭縣澳底村派出所見面。」

儘管秋菊在長途電話中的聲音是冷靜的、嚴肅的，但我也隱約地聽出她心底的悲哀與失望。秋菊在人世間最親近的兩個男人，不該走的沒有訊息，該走的卻又折返回來，這怎不使她難過呢！

那是一個風雨交加的夜晚。雖然氣象台報告貝莉颱風轉向北北西進行，已不會在台灣北部登陸，但是颱風外圍帶來了充沛雨量。若是豪雨一直下個不停，凌晨我怎能去宜蘭呢？………

睡意朦朧中，我聽得門外有人喊我，是個女人！我急忙披衣下床，捻亮了電燈，心想：「莫非是秋菊麼？」開門看時，果然發現秋菊散著頭髮，兩隻失神的眼睛向我發怔。我趕緊請她進來，她卻搖頭，淡淡地説：「你不是説老江回來了？那趕快帶我去見他。」

我什麼時候説江念祖回來了？我彷彿記得有人通知，張增貴從福建返回台灣，讓我們會見他。正尋思時，秋菊已走出了大門。

東方現出了魚肚白。雨後的晨空顯得格外晴朗，幾片薄雲，趁風飄曳，從濃郁的鳳凰木枝梢間，傳來一陣唧唧吱吱雀鳥的啼鳴。走出村外是一座開滿了野菊的山坡，我隱約地聽見一陣陣渾圓悦耳的女孩的歌聲，隨風飄揚而來。

「是誰唱歌，這麼美妙？」我驚訝地問。

「野菊姑娘。她不是凡人，她是仙家。」秋菊的兩隻美麗的眸子，痴望著山坡説。

沿著嘮咕石的圍牆小路，向那寬闊的山腰步行。路上，秋菊突然變得年輕了，凝聽從山坡傳來的歌聲，她也引吭高歌：

野菊含笑在遠山，
美麗且嬌艷，
小白馬似的少年，
歡笑滿內垵……

「你去過漁翁島？」我大吃一驚，追上前去問她。

她回頭向我一笑，指著遠處的山坡嚷著：「你看野菊花，古堡……四十年前，老江剛到澎湖，他就住在那古堡裡。」

朝霞在東方海面逐漸絢爛而明亮起來。我在秋菊的身後走，凝聽她講著那詩一般的往事。他說老江第一次去她家作客，呆頭呆腦，講話還臉紅。她讓他「吃飯」，那只是一句應酬話，誰知道老江從她手中接過飯碗，也不夾菜，不一會工夫吃光了半碗剩飯。「像這種樸素的男人，上哪兒去找？」秋菊說著笑出了眼淚。掏出手絹，擦去淚水，她竟然發出嗚咽的聲音：「我真不懂，他為什麼離開屏東，害得我找了他十幾年……他睡火車站、公園、大橋底下，像個喪家犬，沒有人疼他……」她停頓了一下，繼續揩熱淚。「于老師，你是老江的部屬、老鄉，你知道他是多麼愛國啊。他常說，他從中學時代唸了近代史，鴉片戰爭，列強打開了中國沿海城市，逼迫大清國賠款、割讓土地……老江親眼看見一個日本兵，強迫一位濟南清道夫把路旁一灘屎，當眾吃下去。因為日本人講究衛生。老江給我談起這件事，他的眼珠紅了，滿是熱淚，像喝醉酒一樣，真讓我害怕……老江一輩子忠心耿耿愛咱們中國……

……可是沒有人照顧他……我說的是公道話吧？」

我的喉管如同塞了一顆橄欖，沉悶而窒息。丟下秋菊，我朝向野菊鋪滿的山坡跑去，一頭栽進野菊之間，我忍不住嚎啕大哭起來……

我是從夢中哭醒的。睜開眼，窗户還朦朦亮，為了趕往宜蘭，我得搭頭班公路局汽車，才能來得及到達澳底村。幸而雨已停止，偶而吹起一陣大風，這是颱風遠離台灣的現象。馬路上的樹木、招牌，有些被風吹得傾倒、破碎。汽車越過郊野，遠山近樹經過風雨的沖洗，卻顯得格外嫵媚可愛，宛如一幅美麗的水墨畫。我到達宜蘭以後，轉搭計程車去澳底村。那是一條比較彎曲的濱海公路。隔著車窗眺望蒼茫的大海，隱約地浮現出數點船影，一群不知名的海鳥，沿著海灘追逐飛翔，看起來它們比二十世紀九十年代的人類還幸福些。

到了澳底村警察派出所，我卻撲了空。秋菊在昨晚從萬巒坐汽車趕往高雄小港機場途中，發生連環車禍。她雖僅受了輕傷，進了醫院，但已決定不能來澳底村和我會面。她在電話中嗚咽著說：「兒子是她的，但也是社會的，還是交給社會處理吧。」至於那個偷渡入境的「智多星」阿貴，今天凌晨已被解往台北進行偵訊，因為他的相貌、年齡，以及指紋，警方都有紀錄。他是無法狡辯的。那個警員讚美阿貴既爽快而又合作。因為他是自動投案的，將來法院會從輕量刑，關上它三年五載，出獄之後也不過三十歲，那時候結婚、創業正是好時機。

過去，我在報上發表的胡扯的「廈門專訪」，說阿貴在福建想家、想母親，他把自己的罪過推到社會經濟的繁榮。但他為何回來？難道真是想念母親、想念萬巒的豬腳，想念台北燈紅酒綠的夜生活？我在返回台北的途上，反覆地思索這個問題，卻始終得不到滿意的結論。更讓我掛念的是江念祖，他平安地返回江家峪了麼？

三天過後，我正在報館寫稿，接到秋菊從外面打進來的電話，約我到福華飯店咖啡座見面。我應約前往。秋菊一見到我，便掏出手絹擦眼淚，把我嚇了一跳。「別緊張，慢慢說。」我故意低頭去撕開砂糖包，撒進剛端來的咖啡杯內，用湯勺攪溶了糖，再加奶粉。果然，秋菊用低沉的聲音說：「老江來信了。他身體還不錯。掛念阿貴，他還提到你。上個月，他帶他老伴去了一趟濟南，還照了一張相片寄給我……老江真不夠意思，氣得我哭了好幾天。」她噗哧一聲笑了，從皮包中取出一幀四吋照片遞給我。一對老夫婦，站立在趵突泉公園門口，身旁是一棵柳樹，在蕭瑟的秋風中搖曳。從念祖嬸的堆滿乾癟皺紋的臉上，我依稀地還能尋找出她年輕時期甜美的笑靨。捏著那張相片，我的眼淚不由得奪眶而出了。

「阿貴從澳底村押解台北的路上，跳車跑了！害得人家兩個警員撤職。昨天我接到法院通知，讓我勸阿貴去自首投案，我怎麼知道這個死孩子藏在什麼地方？」

她的眼圈泛紅，無奈地望著我。

我向四下打量了一眼，客人很少，坐在最近的是一對美國夫婦，兩人正在談話。我向秋菊靠近，低聲說：「你想怎麼辦？是想再幫助他偷渡出境？還是叫他回屏東，找個地方暫時隱藏起來？」

「我要逼他去投案、自首。」秋菊斬釘截鐵地說。

「你捨得麼？」我不相信她的決定。

「我想開了。過去寵他、愛他，那完全是害了他。如果他不徹底覺醒，重新做人，即使警察不抓他，他還是會為非作歹，當搶劫犯。」

趁著這涼爽的夜晚，我還是趕快帶她去見阿貴吧。恐怕世界上只有我一個人才知道阿貴隱匿的地方。那是我在一個夜晚無意之間發現的。我加足摩托車油門，帶著秋菊穿過車水馬龍的台北市區，直向郊區石碇飛馳。最後，我們終於來到江念祖的那棟低矮的房屋前，熄火停車。

山村靜寂無聲，沿著羊腸山徑，我終於摸索上了山。在山上轉悠了很久，我才找到那塊巨大的花崗石，把石頭移開，抱起石旁的一堆雜草，那個神秘的地窖呈現眼前。我扶著秋菊，沿著梯形道摸索前進。

「你來過？」她低聲問。

我搖搖手，禁止她出聲音。

地窖陰森森，散發出濃重的泥土氣息。這是俺江大叔用鐵銑、十字鎬挖掘而成的，每一寸洞穴都淌下了他的汗水。他曾告訴過我：當他有一天活到不想活的時候，他會喝一瓶白酒，把老鼠藥吞進肚裡，從此他就長眠在這個親手挖掘的地窖裡。

正摸索走著，看到下面有燈光，而且揚起了一個男人酒後的吟唱：

心事要不講出來，

有誰人會知……

走在我身後的秋菊，聽到這熟悉的親切的歌聲，不覺放聲呼喚起來：「阿貴……我是你媽……」

燈光驟然滅了。眼前是一片黑暗的世界。我和秋菊既不能前進，又不能退回去，只得僵立在土牆上。

「阿貴，你不敢見我嗎？我是你親媽呀。」秋菊呼喚著他。

「您旁邊是什麼人？若是警察，我開槍！」阿貴厲聲說。

「是我，阿貴。我是于光。是我把你母親帶來的。」我急忙向他解釋。

「您怎麼知道這個地窖？」

「江大叔帶我來過。」

停了一會兒，阿貴才說：「你們慢慢向前走，我在地窖裡等你們。」

我拉著秋菊的胳臂，扶著土牆向前走。走了約莫十幾米，忽然一道手電筒的光芒，從黑暗處照射過來，刺得我眼睛好疼。接著，阿貴擦著火柴，點亮了一對蠟燭。那是一個舒服的地鋪，前面擺著黑漆茶几，几上有茶杯、暖壺、餅乾、香煙和一份晚報。秋菊忍不住熱淚盈眶。阿貴不停地埋怨她：「您別難過？我並沒受苦啊。一人做事一人當，您以後別再來找我，就像我父親當年在台北一樣吧。」

「你父親？」秋菊傷心地問。

「您不知道，這個地窖就是我爸挖的。他準備將來死在這裡。」阿貴有些激動，從桌上拿起煙盒，點上一支在吸，像個飽經世故的人。

「你打算永遠過這種日子？」秋菊有些氣憤了。

「您說我該怎麼辦？」

「趕快去自首吧。關上三五年，你再出來做事。」

阿貴熄滅了煙蒂，無力地坐下去。他凝視著跳躍的蠟燭火舌，激動地說：「我憑什麼出去自首？我搶了銀樓的首飾，警察就來抓我、管我；但是我父親白天打零工，夜晚睡火車站、地下道、天橋底下，像個喪家之犬，為什麼警察不聞不問？也不找個地方給他睡覺？這算什麼政府？我回來是準備去投案的，可是我一想起我爸過去受的罪，我心裡就冒火！……」

秋菊默默從地鋪上站起來，拿出皮包中那幀照片，遞給阿貴：「你爸前幾天寫信來了，這是他和你大媽的照片，他可能不回來了。你看他兩個笑迷迷的，像喝了蜂蜜一樣，他怎麼還想念台灣，想念我們呢？……」

阿貴走近燭光前，愛惜地凝視照片，臉上浮起一片敬畏的笑容。他抬起頭，對母親說：「媽，您看他胖了一些。」

「哼，吃了四十年台灣蓬萊米，他怎麼不胖？早知如此，當初不准他走，先宰掉這個老傢伙再說！」

我和阿貴哈哈笑成一團。

秋菊如今卻低聲啜泣起來……

我擦乾了熱淚，凝聽秋菊的啜泣……那不是啜泣，那是她在唱歌，唱出她心靈深處的歡情：

野菊含笑在遠山，

美麗且嬌艷，

小白馬似的少年，

歡笑滿人間。

……………

情繫江家峪

三月天，太陽是一條貪睡的蠶，躲在白濛濛的蠶蛹裡打盹兒。小南風吹得黃河水嘩啦嘩啦的，它從上游捲走了一些陳年的枯木雜草，顫顫悠悠地隨波逐流。冬天的黃河水，越流越少，有時只有五十米寬，村裡孩子在河沿玩耍，肚子餓了時，蹚過黃河去對岸桃樹林中燜地瓜吃。開河風一吹，黃河這隻沉睡了三個多月的泥龍，正是「龍王爺放屁」，神氣了！它驕傲而惡作劇似地撥動泥浪，河水眼看著大聳大跳膨脹起來。

這水是從哪兒來的呢？

對岸的那一片桃樹林，桃樹正在吐蕾，放眼望去，宛如千萬隻彩色的蝴蝶在半空飛舞，讓他眼花繚亂。「啊，蘭子！」他昂起了頭，朝著對岸吼叫起來。他的吼聲是嘶啞的、悲切的，就如一匹經歷了千百次戰爭歸來的老馬，發出蒼涼的啼聲，是多麼懾人心弦啊！

「啊……蘭子……」

他的吼聲穿過黃河，穿過桃樹林，最後撞擊到林後的群山之間，造成一陣陣蒼老而深沉的回響。

他揉了揉眼睛，朝向黃河對岸的桃樹林眺望。是嘛，尋找了半天，始終不見窩棚，想是早已拆掉。再說現今尚是桃樹吐蕾時節，離桃子成熟還早著哩。過去，這可是「小孩沒娘，說來話長」，四十年前，他要要站在黃河沿吼叫一聲，不一會工夫，那個山鹿般的健壯的女孩，便從看守桃林的窩棚中鑽出來，手中還不停地縫襪底哩。

「蘭子！」他用一隻手指了一下腳下急湍的河水，示意他將縱身浪花之間，游過對岸去和她約會。

「小龍，留點神！」她皺著眉尖嚷著：「粘皮糖，不要臉……小心！」

但他聽不見蘭子的罵聲，他聽到的只有浪花的撞擊聲、河床下的流水聲……眼底下這一千六百米的寬度，他一口氣竟能潛到河中央地帶，然後從湧冒的浪尖上露出了頭。

「……你找死呀？……嚇了俺一跳……」

男人在女孩面前，十個有八個變成軟腳蝦。雖然蘭子罵得那麼凶，但是他卻笑得合不攏嘴，好似他心甘情願挨她的罵。他伸出雙臂，兩只蛙腿狠蹬著浪波，向前划行；游了約莫五百米蛙式，他伸開牛腱肉似的雙臂，用最美妙的自由式，不到兩分鐘便躍上了岸。渾身濕淋淋的，他不管三七二十一，摟住蘭子就親吻起來。

「小龍，」她的兩隻胳臂向外掙扎，警告著說：「你又來這一套……讓人家看見了多害臊！」

他從蘭子手中接過來一條羊肚子毛巾，擦乾了頭上的水，抬頭向霧氣茫茫的江家峪瞄了一眼，村莊靜悄無聲，連個人影都沒有。「怕啥？……戀愛，這是光明正大的事情。過幾天，俺還托媒人上你家提親呢。」

「算了，別提這一壺了。」她的臉上立刻罩上一層憂鬱的神色。耷拉著頭，她繞過一株桃樹，朝向那窩棚走去。

在偏僻的江家峪農村，這些終年在貧瘠的山野間勞動的人民，他們的婚姻依舊沿守著傳統的習慣：當男女到了適婚的年齡，雙方便通過媒婆前往說媒，首先應當把男女兩人的屬相、生辰，寫在一張紅紙上，作為父母長輩研商的參考。屬相，在這黃河兩岸的農民觀念裡，非常重要，它可以決定一對夫婦的終身的命運。

白馬怕青牛，羊鼠一旦休。

蛇虎如刀錯，龍虎淚交流。

金雞怕玉犬，豬狗不到頭。

這首流傳在魯西民間的順口溜，不知道葬送了多少青年男女的愛情幸福。小龍那年十九，屬馬；蘭子十八，比他小一歲，屬羊的，按說馬羊相配倒挺合適，況且他兩人的「八字」沒有相克犯沖，應該説是一對美滿的結合。但是江家峪愛管閑事的人散布輿論，他們説屬羊的女人應嫁到外鄉去，不然三年之內，她丈夫得上吐下瀉兩頭拉，不治而亡；還説屬羊的女人最不吉祥，當年西太后——就是那個垂簾聽政的慈禧太后，也是屬羊的。

小南風吹得窩棚外的玉米葉子刷刷作響，黃河的水發出嘩啦嘩啦的湍流聲……窩棚內的一對男女啥也聽不見，他們忘記那惱人的屬相，忘記了西太后……緊緊地擁抱在一起了……

「不要鼻子，還笑呢。」蘭子俏皮地說。

「説正經話，蘭子，跟我走吧！」他央求著説。

驀地，從遠方傳來一陣爆豆般的槍聲，撼動了這寧靜的黃河兩岸。他抱緊了她的腰肢，長嘆了一口氣：「恐怕等不到桃子成熟，咱這裡就變了——」

「小龍，」她清澈明亮的眸子在閃動：「想這麼遠幹啥？天塌下來，有大個子頂著呢。」蘭子説著坐了起來，摘下掛在秫秸壁上的小短褂，披在身上，兩隻手摸了一下胸前的一對剛要成熟的桃子，歪頭向小龍罵了一句：「咱們可沒下一回了啊。……不要臉，貪色鬼！……別腰疼了再賴我！」

這甜蜜的讓他每逢回憶起來總要流淚的往事，已隨著泛濫的春水沖遠了……

「轟……隆……」

驀地一聲巨大的炮響，從四面的山壁震起了回音。于成龍突然明白過來，這不是炮聲，這是故鄉一帶的農民用土藥炸開山壁，開採石材用來建築房屋。這種傳統的炸山方法已經使用了數百年。在他的記憶裡，他的祖父就是一個炸山的能手。這巨大的爆炸聲，震醒了他。他這才恍覺往事已過去四十年……如今，他已是滿鬢霜白的老人了……

坐在黃河岸上的于成龍，瞅著眼前一顫一悠的春水，悲喜交集，禁不住雙手捂住面孔，嗚嗚地啜泣起來。

「回來了，這不是做夢吧？」他默聲地想：「這不是夢，俺今天可真回來了。……龍王爺跳進大海——回老家啦。」

三級的小南風，順著漲滿的河水吹，吹久了也會感到涼意。他的呼吸器官原來就不甚健康，二十年前，住在潮濕多雨的基隆，患了一場嚴重的感冒；感冒原是小病，但是那次由於咳嗽過於厲害，咳出了一堆血絲，宛如千百條紅色蠕動的蚯蚓。於是，于成龍這才跑去醫院診治。他吃了不少使他暈眩的藥片，白的、灰的，還有咖啡色的。咳嗽了將近半年，最後落下了慢性支氣管炎的毛病。這次臨出門，于成龍的老鄉還勸他帶點成藥上路。他起初堅決反對。他說回到故鄉，只要親眼看見黃河，親眼見到親哥哥（他在台灣從來沒向朋友提過江蘭的事），便會「百病痊癒」，煥發青春，又將會恢復到四十年前的健康情況。他說到此處，不由得老淚縱橫，從衣袋內掏出他胞兄從山東寄來的「全家福」照片，嚎啕大哭。

「老于，你甭哭了。四十年的寒窯，你熬出頭了！」和他住在一起的老鄉，綽號「地瓜乾」的丁老海，從于成龍手中把照片拿過去，戴上老花眼鏡仔細端詳，嘴裡嘟嚷著說：「老于，你哥哥長得跟你一模一樣，鼻子、眉毛，……尤其那張厚嘴唇，真像一個模子裡鑄出來的……你哥哥今年多大了？」

「剛滿六十，屬大龍的。」于成龍用衛生紙擦眼淚，接著擤了一把鼻涕，把紙扔在地上。

「說正格的，你嫂子長得還真不錯，要是倒退四十年，她還真是大美人兒哩。」丁老海轉過頭來問道：「老于，怎麼那邊的人穿得都這麼土呢？」

「人家講究樸素。不像咱們台灣，五六十歲的娘們還割雙眼皮、穿迷你裙，在街上賣騷。」

那天，丁老海再度催促他去榮民醫院要些藥帶走，免得旅途上犯了支氣管炎。于成龍還是推諉不去。他心底的秘密誰也不知道。經不住老丁的囉嗦，直到臨走的頭一天，于成龍才去醫院拿回來一包成藥。他心裡暗想：「回老家以後，我吃煎餅捲大葱、韮菜餡餃子、黃河的大鯉魚……我吃這些又苦又鹹的藥丸幹啥？……他娘的！」

離別故鄉四十年，于成龍想起往事就如同一場春夢。少年時候，聽說書唱戲，一個人離鄉背井，十年無音訊，家中長輩便在絕望中立下牌位，逢年過節，香火供奉起來；楊四郎被番邦俘虜之後，招為駙馬，也不過十五年光景，結束了骨肉分離的悲劇；京劇中的薛平貴，把他的妻子拋在武家坡，讓王寶釧吃糠咽菜，受盡了飢寒，最後度過十八個寒暑，也完成了大團圓的喜劇……可是于成龍離開故鄉江家峪，一晃眼過去了四十年啊！四十年的歲月，在人類歷史的長河中微不足道，可是在一個人的生命史上，卻是何等漫長哪！

現在，于成龍站在黃河岸上，凝視著嘩啦嘩啦的春水流淌過去。這不是夢境，這是現實的人生。他抬頭向那三月的灰茫茫的天空張望，陽光從蠶蛹般的白雲中鑽出來，照得他的眼睛有點刺痛。他想起了那副太陽眼鏡，一直放在旅行袋內，從進了廣州之後，一直沒敢戴它。他膽小心細，雖是退伍老兵，可他見了穿了二尺半的，就有點怕。如果為了戴太陽眼鏡惹出麻煩，那才真是他媽的倒了八輩子的楣哩。他越想越遠，思緒宛如樹葉的脈絡，伸展到千千萬萬的微細的角落裡，這就是于成龍作繭自縛的苦惱原因。他從旅行袋內摸出了太陽眼鏡，心想如今快到家門，還戴這玩意兒幹什麼？便順手塞進衣袋中。回頭朝那寂靜而古老的江家峪瞄了一眼，煙蒸霧鎖中，一個中年人駕駛著拖拉機，噗突噗突地開進村莊，剎那間隱沒在村前那一片楊樹林裡。于成龍的心，也隨同拖拉機的響聲，噗突噗突跳個不停。

「俺是正大光明來的。怕啥？」

他摸了一下裌克的右口袋，心中才踏實下來。那是他的「旅行證」。路過香港時，那個旅行社職員叮囑過他，千萬別遺失這個東西，它是護命符，沒有了它會有麻煩。

1.

江家峪依山傍河，風景還算不錯，但是遇到黃河泛濫成災的年景，村裡的農民只得挑起擔子，攜兒帶女，向遠方去逃荒。因此，江家峪是一個窮村。江家峪當年最殷實的地主江守禮，也不過只有七十畝地，比起方圓百里的其他村莊，那是微不足道的財主。

當年，于成龍離開故鄉的年代，江家峪有五十多户人家，姓江的占去大半數，其他姓于的、姓嚴的、姓吳的都是散户。四十年的歲月，村中有的青年去邊疆插隊落户，有的在外面當了幹部，把家眷陸續接了出去，直到現在江家峪只剩下三十二户，這還包括了五户吃「國庫糧」的。如果不是聽見牲口的哞叫聲，或是偶爾碰見農民挑水而過，你真會以為走入了深山古剎一樣。

為了阻擋黃河泛濫，沿著河堤修築了一道壩牆，這是五十年代末期完成的工程。當年修壩牆的農民，宛如一堆堆的黑色的螞蟻，白日戰天門地，晚上挑燈夜戰。壩牆修成舉行落成典禮，省、縣的轎車開來了七八輛，會場設在江守禮四合院裡，人擠得水洩不通。這在江家峪的農民而言，真是千年來空前的盛事。但是壩牆修建之後，從第二年起就發生嚴重的饑荒，村裡的老弱婦女，隔上十天半月總有餓死的人：有的吃了觀音土，肚子脹得如同即將臨盆的婦女，有的吃了不名的野菜中了毒，臉孔發腫，鼻子淌血，蘭子的爹——江守禮在土改運動中，全家掃地出門，倖免一死，但是他卻在這場饑荒中，懷著無奈的悲哀，悄悄離開了人間。

謠言，宛如瘟疫一般迅速地傳布開來：說是修建阻擋河水的壩牆，得罪了黃河水底的龍王爺，它一生氣，便發生天旱的災難。村裡的幹部站出來闢謠：「這是什麼時代，還會有這等落伍的鬼話？」儘管人家講的頭頭是道，合乎科學原則，但是江家峪的百姓還是執迷不悟：是啊，為啥偏偏等壩牆建成之後，災禍頻連呢？

于成聖是不信鬼神的。他小時候在村裡上學，書包裡藏著一個石質的二郎神，閑來沒事，他就用鉛筆桿敲擊它的頭，惹得同學們發笑。在這群孩子中間，只有蘭子最討厭他，他們兩人見面，彼此把頭一轉，各奔前程。後來，于成聖去縣城升了中學，他的反對迷信態度更為堅決，對於任何宗教，他都無理的攻訐。有人談起耶穌教，他立刻哼起了順口溜：

耶穌教，瞎胡鬧，

拿著八分當一吊。

于成聖在中學時很調皮。他上課時，老師在講台上舌乾唇焦，他卻坐在下面看巴金的《家》，而且裝作一副努力深思的神情。有一次，教務主任氣得面色蒼白，渾身顫抖，把他拉到台子上亮相，當眾責罵他道：「于成聖，你將來成聖也好，成仙也好，都不重要；重要的是你別再給咱們縣中丟人現眼！」在那沉靜的、甚至掉下一根針也會聽見聲音的時刻，于成聖昂起了頭，面不變色心不跳，用著激揚而幽默的聲音回答說：「Sure！」

對於這個胞兄，于成龍從小就崇拜他，聽他的話。當初蘭子和他相戀，偶爾說出對成聖討厭的話語時，于成龍立刻把臉一翻：「你既然看不起俺哥哥，那為啥還跟俺在一起？」

「他是他，你是你呀！」蘭子膽怯地向他解釋著。

那時于成龍剛滿十八歲，還是一個稚氣未鑿的小青年，在他的心目中，他和哥哥是一根藤上結的瓜，誰也不比誰苦，誰也不比誰甜，永遠是一體的。

也許是由於他們早年喪母，兄弟兩人感情格外和睦，成聖將在中學看過的張恨水、巴金、魯迅的作品，介紹給成龍。他生吞活剝、囫圇吞棗去讀，雖然他看不出名堂，而且絲毫不感覺興趣，但是他確實從頭到尾翻了一遍。于成龍對於哥哥的生活習慣，甚至對於鄰居朋友的愛憎，他是了若指掌的。他知道哥哥愛睡懶覺，睡覺愛蒙著頭，清早起床，他是先用蝴蝶牌牙粉刷牙，刷了牙再去茅房解手，從茅房回來才洗臉……于成龍清晨起床，四十年如一日，他也是先刷牙，再上廁所，回來洗臉；到了六十年代，買不到牙粉，他只得換用黑人牙膏，這是唯一的變化。

前年春天，于成龍通過海外轉來了胞兄的信，聽到父親過世，聽到蘭子於一九四九年秋和成聖結婚，他內心覺得非常納悶，這怎麼可能呢？兩個人像「針尖對麥芒」，見了面就扭頭的仇家，怎麼會結婚呢？每逢想起這件事，他總懷疑這封信是「假」的。也許有人故意作了手腳，讓他為了思念蘭子，即使赴湯蹈火也得回鄉探親。可是，他只要稍微清醒一下，便知道自己的想法幼稚可笑。于成龍接到了信，哭了十幾回，像得了一場大病，眼圈泛黑，眼看瘦成了老猴子。清晨騎自行車出去送報，頭暈暈的，一連摔了兩次交。丁老海勸他休息半月，順便去榮民醫院檢查一下身體。他不聽這個勸告，依舊按時早晚送報。從于成龍和家裡聯絡上以後，兩年之間，他先後給哥哥于成聖寄了二十萬台幣。丁老海問他寄了多少？他扯謊說寄了不到十萬，打了個五折。雖然「地瓜乾」的聲音難聽，講話囉嗦，像唸一篇沒有標點符號的長篇小說：「你照照鏡子，瞧你瘦成一隻老猴子了。你省吃節用積蓄了一點錢，可不能都寄給大陸啊！若是你有個頭疼腦熱，哪個管你？……再說，接到你哥的信，你為啥老是哭呢？……」

「我為啥不哭？」于成龍激動地說：「我是罪人，我對不住父親，對不住兄長，對不住嫂子……不瞞你說，老丁，俺哭了四十年啦。眼都……快哭瞎了！」

「你這算男子漢麼？」丁老海找了兩張衛生紙，幫他擦去眼淚：「老團長真是有眼光，團裡出了副連長的缺，就是不准你占缺，一直到退伍你還是中尉排長。活該，誰叫你老是彈琵琶掉淚——替古人擔憂呢？」

「你是說我是武俠小說迷？」于成龍像孩子似的，破涕為笑了。

「怎麼，誰還冤枉了你？」丁老海給他翻舊帳：「哪一回參加軍事演習，你背包裡不帶著武俠小說？要不是這個缺點，連長也幹上啦。」

于成龍不愛聽這種陳年爛穀的話，他只是充耳不聞，嘿嘿地笑著。雖然他愛看武俠小說，可是他對現實社會是關懷的。那年中、美斷交，街頭的青年搖著旗子，號召路人「自強捐獻」。有的捐十元，有的捐五十元，有的捐一百元；這位退伍老兵走過去，從衣袋裡掏出一把鈔票，放進獻金箱裡。

「您捐了多少？先生。」

「沒多少，心到神知唄。」

那個青年伸手把他投進去的一卷鈔票拿出來，當眾數了一下，一共七千二百元。他們正找這位捐錢的老兵，他已經走遠了。

于成龍給胞兄從海外匯錢，也是懷著這種「心到神知」的迷信哲學。只要有適當的機會，或是出較可靠的朋友出國，他總是東湊西挪地弄一筆錢，去首飾店買成美鈔，托人去海外轉寄給胞兄于成聖。

「老于，你一下子寄五百元，太多了吧？」

「不多。」他的眼眶含著黃豆般的淚珠，不停地打轉。

「聽説人家那邊物價低，一個人賺三四十塊錢，足夠養一家人哩。你這些錢，折合人民幣一千多塊啊。」

「不多。」他的淚珠終於滾落下來，聲音也變得淒愴起來：「俺對不起哥哥、嫂子……寄這點錢，算了啥？……心到神知唄。」

儘管他每次提起大陸上的哥哥，哭得跟劉備似的，但是他的內心卻是暢快、踏實而幸福。有一個落雨的晚上，他和丁老海嚼著花生米、喝酒。他向丁老海掏出心坎裡的話：「俺要把身體養好，多活幾年，俺這一輩子一定得跟俺哥見面呀。」

「你放心吧，一定的。」丁老海端起酒杯，懇摯地説。

這不會是做夢吧？相別了四十年的江家峪，如今終於展現在眼前。

于成龍的家在後山腰上。一進院門，一隻四眼黑狗唬地從堂屋竄出來，連吼帶叫，嚇得于成龍縮立門框，不敢動彈。這時，一個老頭兒披著破袂襖，追了出來，嘴中不停地嚷著：「回去！老虎，回去！……你甭怕，小龍，你先進屋。」他邊走邊向那個老頭兒打量：「天啊！哥哥怎麼老成這個樣子？他比當年爸爸還老呢。」

他哭了。看著成聖用那熟練的動作，將一根皮帶環套住狗的脖頸，然後把它拴在廚房門前的石榴樹上。

「進屋裡去。」成聖苦笑著說：「哭啥？咱們應該笑一場才對。」

屋裡昏暗無光。八坪大的房間，兩鋪土炕占去一多半。中間擺著一張破舊的八仙桌，那是四十年前的家具，兩旁擺有椅子。靠牆的一排供案上，堆著吃的用的，罈罈罐罐，一只破舊的收音機，還有一筐剛剝殼的花生米。他把旅行袋放在供案上，坐下。靠那鋪大炕的頭上有一個煤爐，爐火熊熊，正在燒水。他哭了一陣，從哥哥手中接過一碗白開水。

「別再哭了。小龍，你也快六十的人啦。平平安安地來，平平安安地走；若是鬧了病，可不得了呀！」

于成龍擦乾眼淚，果然不再哭了。他喝了一口白開水，腦筋清醒了些。剛才聽了哥哥的話，心裡有些失望。兄弟相別四十年，剛踏進了家門，你就想攆我走嗎？這句話對方說來無心，但是讓這個敏感的退伍老兵聽了卻有點不是滋味。「俺在台灣沒房子沒地，只靠支領退休俸維持生活。俺這幾十年白天盼、夜裡想，還不是巴望著跟親人團聚麼？為啥剛進家門，你就惦掛著俺走？」于成龍一面喝白開水，心裡揣摩著哥哥的話。這時成聖低頭在吸香煙。他想起在香港過境時，帶來了三條Winston牌香煙，便起身去拿旅行袋。

「你幹啥？」成聖驚疑地問。

「俺給你帶來三條洋煙。」他說。

「先擱那裡。將來還用得著呢。」成聖站了起來，走近門前，瞅望那黃昏暮春的天空。他貪婪地一口氣把煙蒂吸完，扔在地上，吐了一口唾沫，轉頭對成龍說：「前天，接到你從廣州拍來電報，俺嚇了一跳！」

「為啥呢？」他不解地問。

「你聽俺說……」成聖幽秘地笑了笑，眨眼間笑容便在蒼老的臉上消失了。他皺起眉頭，那種神情宛如他們的父親生前一模一樣。

于成龍覺得有點不耐煩，轉過頭，趁著等待哥哥講話的機會，向四周的牆壁掃了一眼，原來牆壁上貼的都是報紙，有〈人民日報〉、〈大眾日報〉，還有一種使他感到奇怪的報叫〈參考消息〉；房子中央，吊著一盞四十燭光的電燈泡。

「兩年前，你從日本橫濱寄來第一封信，咱村上的鄰居，縣裡的幹部，都知道你在日本。」

「不錯。你應該明白，台灣和這邊不能通信呀。」于成龍急忙插嘴向他辯解。

「你聽著。你的情況俺懂。當年你是跟著九十一師走的；九十一師不去台灣，難道它還會去日本？」成聖的聲音，不慍不火，不急不緩，有些老氣橫秋的味道。他得意地笑了兩聲，繼續皺起眉頭：「可是這件事怎麼向鄰居解釋？怎麼向晚輩們解釋？怎麼向蘭子解釋？……」

「俺拍來的電報，蘭子沒看到？」于成龍搶先問他。

「俺沒有給她看。」半晌，成聖慢吞吞地說。他從那折皺的香煙盒內，掏出一支濾嘴煙，叼在嘴角，然後擦著火柴點火。

于成龍的心，被那根火柴點燃了，他想發火！但是理智迅捷地撲滅了心頭的火焰。他壓制著自己的情緒，微笑地說：「蘭子受過教育，頭腦好，她會理解上邊政策的；你告訴了她，有啥關係呢？俺光明正大，是按照手續申請入境的。」

「哈哈！」他笑了起來：「你的話太天真了。真不像是一個快六十歲的老人講的。」他習慣地站起身來，走近房門，向大門瞭望了一眼，然後機警地掉過頭來，對成龍斬釘截鐵地說：「回頭你見了蘭子和孩子們，就說你是從日本回來的。孩子們都傳出去了，你在日本開餐館，生意挺不錯。見了鄰居，人家問你，你也這麼說，不問，也就稀里糊塗敷衍了事。兄弟，你可千萬別說漏了嘴呀！」

于成龍愣了一會兒，傻笑起來。他問成聖：「哥哥，如果我說了從台灣來的，有什麼害處呢？」

「小龍，你聽我的話沒錯。咱們是親兄弟呀！作哥哥的還會害你嗎？你說你是從台灣來的，你想一想，人家受得了嗎？從接到你在日本寄來的信，蘭子他們高興得幾乎跳起來——」成聖停頓下來，用衣袖擦去眼淚，「在他們的腦筋裡，你一直住在日本橫濱；假使驟然一改口，你是從台灣來的，你想，他們心裡是多麼——」

「害怕？」成龍插嘴問道。

「你想一想吧。」成聖轉過頭去，補充著說：「這邊的人，對台灣的印象，你心裡應該明白。再說，你過去說住在日本，如今突然說來自台灣，這不證明你是扯謊嗎？這怎麼能自圓其說？」

「這怎麼不能夠解釋呢？過去四十年，海峽兩岸根本不能通郵嘛。俺不從日本轉信怎麼行？還有從加拿大、巴西、南洋和歐洲轉信回來的呢。」成龍耐不住內心的激動情緒，向哥哥辯白說。

「你這些話，上面知道，可是江家峪的老百姓怎麼懂呢？」成聖苦笑著走近門前，停住腳步，便轉頭向成龍說：「不是俺批評你，你講話確實過分天真。這不怪你，你沒有經過大風大浪的鍛煉啊！哈哈……你坐著歇一下，俺去廚房作飯，晚上，咱們喝稀飯、吃饅頭，煮半鍋肥肉、粉條炖白菜，行不行？」

「行。」

凝視著哥哥那微帶佝僂的衰老的背影，于成龍覺得心酸，熱淚禁不住奪眶而出了。

2.

太陽剛落下西山，薄薄的暮靄從遠方向著黃河聚攏而來。風悠悠的吹著，落日餘暉將黃河映出一片抖動的彩緞。于成龍扭頭向上游一看，一團團的蘆根隨著混濁的一河春水，緩緩地沖淌著。浪濤呼拉呼拉地撞擊著壩堤，一面淘刷著沖積下來的泥塊與碎草，發出使他沉醉悅耳的澎湃聲。

這悅耳的黃河的澎湃聲，淘盡了他四十年的夢境與淚影啊！

于成龍這次返鄉，是準備回來定居的。臨離開台灣以前，他曾四下打聽大陸上的生活情況，有人説：如果一個人住在鄉間，一個月的開支，五十元綽綽有餘。他思前想後，最後把自己所有的積蓄，約莫新台幣十七萬塊錢，悄悄換成美鈔和旅行支票，帶進了大陸。這件秘密連他最知己的老鄉丁老海都不知道。

「老于，你打算這趟回家探親待多久？」丁老海問過他。

「政府規定三個月，咱就住三個月唄。」

「我看你還是早去早回吧。報上説，那邊鄉下生活不怎麼好，連個抽水馬桶也沒有，洗澡也不方便。」丁老海吸著香煙，慢慢地這樣勸道他。

「俺看實際情況再説吧。也許，多住幾個月，回去一趟也不容易；也許住不了幾天，俺會急著回台灣哩。」當時，于成龍還在竊笑。是啊，思念故鄉四十年，驟然回去和親人團聚，怎麼能住幾天就回台灣？這件事若傳出去豈不成了笑話？

「小龍！」

從黃河壩堤上，傳來一個女人的喚聲。

蘭子，像經歷了風雪與嚴寒的一隻鹿，昂著頭，一步一步走近他。四十年不見，昨天晚上于成龍在燈下見到她，簡直認不得了。他握住她那粗糙的乾裂的手，低著頭泣不成聲了。他盡量地把頭扭過去，不願正面去端望她，為的是保留那記憶中的俏麗而潑野的影子：當年的蘭子，多麼讓男孩矚目而著迷啊！爽快、熱情，充滿了野性的女孩，她像終日徜徉、奔馳在山野中的鹿，如今，這隻美麗的鹿已經……

「小龍，你一個人躲在這兒幹嘛？」蘭子選了一塊潔淨的石頭坐下，偏過頭去問他。

「看黃河哪。」成龍望著那翻湧的水波，輕輕地說。

「你在外邊，想不想黃河？」她撿起一塊小石子，扔進旋轉的河水中。

「想。怎麼不想？幾乎……想瘋了。」

他的話如同閃電似的，擊中了蘭子的心。她木然地坐在那兒，沉默起來。兩隻水鳥從他們頭頂飛過去，逆著黃河，像兩支箭似的穿向那濛濛的水天一色的遠方。

「俺早料到你會回來。想不到你在外面待這麼久。俺還以為你……在外邊死了呢！」驀地，蘭子說出一句過分激情的話。

「為了見哥哥，為了見你，俺也不能死啊。」于成龍忍不住熱淚盈眶，聲音逐漸低下去：「早在十年前，俺在台灣得了一場大病，病好了以後，夜裡一做夢就夢見爸，一連夢見他七八次……俺知道老人家恐怕不行了。可不真的應驗了麼？成聖昨天夜間說，爸就是一九七六年八月過世的。……」

正當他抱頭痛哭的剎那，一隻胳臂伸向了他。接著，他的耳朵感到一陣暖意，同時傳出燕子般的呢喃：

「別傷心。小龍，即使你的眼淚流成了黃河，咱爸也聽不到、看不見了。咱爸活到八十歲，高壽了，他老人家挺有福氣哩。唯一的遺憾……臨走沒見你一面……不能哭，小龍，在咱們家鄉，八十歲以上的老年人過世，那是喜喪……」

剛才蘭子的話，把他勸醒。這時從濛濛的黃河上游，一條木筏順著湍流漸漸駛近渡口，暮色茫茫，木筏上的工人背向他們，正嘩嘩地朝河中撒尿。于成龍看到這個鏡頭，忍不住破涕為笑了。

「小龍，」蘭子一頭扎進他的懷裡，哧哧笑道：「你過去比這小子還缺德！」

于成龍抱緊了她，一動也不動，心噗噗地直跳。眼望那條木筏已流向暮靄深垂的天際。他覺得脖子發酸，將頭歪過去，他的臉頰正巧貼在蘭子的耳鬢上，輕輕地吻了兩下，低聲地說：「想不到你作了俺的嫂子。」

「俺要不當你的嫂子，這一輩子怎麼還能和你團圓？對不對？」

成龍掙脫開她的胳臂，卻握緊她的雙手。趁著暮色的餘暉，仔細端量她的俏麗的面孔，雖然年逾半百，依舊風韻猶存，那兩隻深邃烏黑的眸子，被黃河的漩渦，捲走了多少個讓他終身難忘的夏日戀情啊。

三伏六月天，學校放暑假，于成龍脫得僅剩一條短褲，一個鷂子翻身，跳進水中，掄起結實的雙臂，一陣漂亮的自由式就衝出了五百米。黃澄澄的河水把他托起壓下，他心中綻開了青春的花朵。等他游上了對面的沙灘，一口氣跑進了那只窩棚前，發現蘭子正在樹下看書呢。

「你看的什麼書？」

「快把衣服穿上。」她望著站在面前的赤裸的男孩，臉上泛起了桃紅，嘴巴也立刻厲害起來。

「俺哪有衣服？傻丫頭，你又不是不知道，俺是浮水從河對岸過來的。」于成龍說著用右手挖弄右耳，歪著頭，狠命地跳了兩下，灌進耳眼兒的河水終於淌了出來。

蘭子偏過頭去，故意不理他，只是低頭在看書。陽光穿過濃密的樹葉，洒下來密密麻麻的旋動的光圈，照射在她的烏黑絹亮的頭髮上，宛如插滿了金光閃耀的寶石，讓這個發育十分成熟的男孩，湧出了意亂情迷的思緒。

「啥書？哼，裝得跟聖人一樣。」于成龍有點妒忌地說。

「不要你管。」她故意噘嘴氣他。

成龍猛地把書搶在手上。那是巴金的〈家〉。他還發現書的扉頁上，寫著兩行鋼筆字：

江蘭同學留念

于成聖贈

成龍的眼前，猶如旋轉起千千萬萬的破碎的光芒。他的頭有些暈眩，眼睛也覺得乾澀、腫脹；他默默向著沙灘走去。後面，蘭子喚他，他充耳不聞地繼續走。走到河沿，他一頭扎進黃河，一個潛泳出去了兩百米，他怒氣沖沖揮動雙臂，用蝶式游上了對岸，穿上衣服，回了家。

從那天起，于成龍和哥哥的情感有了隔膜。有時，他曾暗自剖析這個問題，他了解從小學時期起，江蘭和成聖兩人就不甚和睦，誰也看不起誰，這件事連江家峪的青少年都知道。但是，為什麼現在成聖送給她書？這是否意味著他倆之間有了感情？……于成龍愈想愈加茫然不解，一連幾天，他總是躲在家裡不出門，有意躲避不見江蘭。

戰爭的炮火，在那遙遠的北方響起來；它像打雷似的，轟隆隆的，愈來愈近，黃河岸上的農民開始緊張起來，若是在秋收季節爆發了戰爭，今年莊稼將遭受多麼嚴重的損失啊！

也是這樣的朦朧月色的晚上，河面上沒有風，空氣如同凝固了一樣，熱、熱……

……于成龍赤裸著身子，光著腳，渾身只剩下一條黑色三角褲，他先從渡口下水，游到對岸的沙灘，便躺下來乘涼。

驀地，從桃樹林方向傳來一個女孩的歌聲，這是誰這麼閑情雅興？在荒亂的年月，竟然還有心情歌唱！

啊，給我講那甜蜜的老故事，
往事難忘，往事難忘。
啊，給我唱那好聽的老歌曲。
往事難忘，不能忘。
你已歸來，我已不再悲傷，
讓我不信你背我久流浪，
我相信你愛我仍是一樣，
往事難忘，不能忘……

歌聲愈來愈近，那歌兒彷彿是為了他而唱的，讓他意亂情迷，遐思無限；抬頭看時，江蘭已站立在眼前，她穿著一件短褂，下面是短褲衩，好像剛從球場打球回來。于成龍伸出雙臂去迎她，她趁勢倒在柔軟的河灘上。

「你生我的氣了？」

成龍抱緊了她，不回答她的話。

「你聽俺的解釋——」

沒等她的話説完，她的嘴唇已被兩片發燙的嘴堵住；她想笑、想起來，但最後兩人還是擁吻在一起了……

上弦月鑽進濃密的雲層中去。江蘭敞開了懷，低聲告訴他：「摸摸我的奶頭，親親它。」

成龍的心噗噗直跳，膽怯地湊過嘴去，含住了乳頭，滑滑的、柔柔的，有點怪怪的感覺。他吐出了乳頭，抬頭對江蘭説：「蘭子，你叫俺親這個幹啥？」

「你真笨，連這個也不懂，你是裝蒜吧？」她哧哧笑了。

「俺要懂，俺是龜孫！」成龍帶著妒意，問道：「你是不是在巴金的小説裡學的？」

「胡扯。人家是作家，怎麼會寫這些見不得人的話。小虎，你親了俺的奶頭，你一輩子也不會忘掉我啦。」她壓低了聲音：「這是俺表嫂偷偷告訴俺的。小虎，你要是傳揚出去，小心俺剝了你的皮！」

那個炎熱的夏夜，于成龍初次嘗到了愛情的甘果，同時也咀嚼到了愛情的苦汁；往事如煙，回憶起來是那般遙遠，但又像昨晚發生的事。于成龍兩手托腮，凝望那一河春水，在朦朧的月色下滾蕩奔流，他的熱淚，清滋滋地從眼眶流在手指間，最後滴落在滔滔的河中，隨同湍急的河水沖走了……

「你在外邊真的沒成家？」忽然，江蘭打破了沉悶，帶著淒涼的笑聲問他。

「沒有。」他凝望對岸的朦朧的桃樹林，似夢似真，令人迷惘。

「是不是性情不合，……離婚了？」江蘭試探地問。

「哈哈！」他淒然一笑：「沒結婚，怎麼會有離婚呢？」

「為什麼會這樣呢？」江蘭激動起來。從聲音中可以知道現在她的眼睛已飽噙著熱淚。

「為什麼？」成龍抬起了頭，向那閃爍的星空瞭望，講起一個遙遠的故事：「當年，一個女人坐在黃河沙灘上，她一時衝動，把她的奶子掏出來，讓我摸它、讓我親它；她說男人親了奶頭，就一輩子也不會忘掉她！唉，誰想到這已是四十年前的話了……」

「轟……隆……」

遠方，驟然傳來炸石頭的巨響，震撼著這寧靜的三月的夜晚。這兩個滿鬢霜白、已過中年的男女，卻充耳不聞地坐在石頭上，心如同壓了鉛塊一樣沉重。

「小龍，你太傻了！也太蠢了！那個女人值得你那麼痴情？值得你為了她打一輩子光棍？……」江蘭的聲音愈來愈高，最後竟然泣不成聲。成龍搖動她的胳臂，一面低聲警告她：「小聲點！若是被人家聽見，咱們怎麼見人？」

黃河傲然地敞開胸襟，捲起碎草和泥漿，浩浩蕩蕩在黑暗的夜晚流淌著。兩隻不知名的野雀，唧唧地啼叫，向黃河對岸飛去。

「咱們回去吧。」江蘭擦著眼淚，慢慢站起來說：「剛才村裡來人說，縣委幹部想約你明天上午見面，談談那邊情形。他們會派麵包車來村接你。俺真想不到他們的消息這麼快，你剛回來一天，縣裡就知道了……」

于成龍沒有吭聲，不過心裡有些緊張。

3.

天麻麻亮，于成龍被一泡尿憋醒。聽聽院子裡沒人走動，只有雞棚中的幾隻雞在喔喔啼叫。他不願意出門到茅房解手，因為只要打開大門，那隻黑狗就會跑出去，聽說外面有壞人專門捕獲狗，賣給縣裡。他俯下身去，從床下拿起那個塑料痰盂桶，對著桶子撒起尿來。停了一會兒，他又迷迷糊糊昏然睡了。

昨天晚上，為了去縣城的事和成聖發生爭執，因此他半夜沒睡著，直到快天亮時，才矇矓入夢。縣裡的幹部約見成龍。他在台灣生活四十年，驟然回來，對於這邊的任何事物都很陌生。他希望哥哥陪他一道去，心裡才踏實些。可是成聖卻一再推諉，不肯同去。他說他去了之後，影響成龍和幹部之間的談話，而且他是離休幹部，現在下了台，不願意和在位的人會面。儘管成聖的理由一籮筐，但是成龍卻聽不進去，他窩了一肚子火……

于成龍醒來時，陽光已經照射在紙糊的窗户上。他披衣下床，走了出去，看見江蘭正蹲在灶前拉風箱，一面抓撓枯葉乾枝向灶門中填，廚房裡煙熏火燎的嗆人。江蘭急忙催促地說：「小龍，你快出去，這裡煙多，別嗆著。洗臉水在堂屋裡呢。」他低頭走出廚房，發現石榴樹下拴著小黑狗，原來成聖出去，大門開敞著。他進屋好容易找到兩三張粗紙，攢在手中，出了大門。走不多遠，便是用石頭壘起的茅坑。成龍怕裡面有人，故意咳嗽兩聲，不見動靜，便走了進去。解下褲帶，他便在兩塊石頭之間的縫裡解大便。

仰起了頭，晴空萬里，幾隻麻雀從頭頂上飛過去，不知落在誰家的樹枝上了。隔牆傳來幾個小女孩的喊聲，大概是跳繩，有小女孩在數著跳過的數目：

「一個，兩個，三個，四個……」

濃重而熟悉的鄉音，是何等讓遠方流浪的人沉醉啊。他貪婪地凝聽著這可親可愛的鄉音，恨不得翻過石頭牆，把這些七、八歲的女孩抱在懷裡，親它個夠。

成龍無意的低下頭，發現坑中的糞便已經快漲滿了……幾乎有四十年沒有蹲過這種傳統的鄉下茅坑了，如今蹲在石板上，他覺得新奇有趣，他咀嚼著逝去的童年的夢……

正凝神時，聽得成聖的輕微咳嗽聲，挑著一擔井水顫巍巍走過去了。他覺得有些鼻酸、心疼，同時也懊悔不應該去頂撞他。不管如何，他總是自己的哥哥啊！……成龍想回去同他和言悅色談話，縣裡馬上派車子接他去見幹部，他真不知道如何應付那個場面。

但是等到成龍向哥哥請教時，成聖卻耷拉著頭，唯唯諾諾地說：「人家問你啥，你就說啥。這個，也沒啥。你說是不是？你問我，我怎麼知道該怎麼說？你在外邊混了這麼多年，經驗多、見識廣，你還用得著我指教你，這不是笑話麼？」成聖端起飯碗喝粥，伸手用筷子挾了一粒鹹花生米，慢慢嚼起來。

成龍嘴上沒說，心中當然不甚愉快。

「你哥講的沒錯，想說啥就說啥，說對了當然好，說不對也沒啥關係。實事求是嘛！」江蘭補充著說。

剛擱下飯碗，成聖劃著火柴點上香煙，聽小虎汪汪地吼叫起來。成聖趕緊站起來，叮囑成龍：「走吧，來接你了。你不是帶了洋煙了麼？帶一條香煙，見了人家，每人分一盒，意思意思。」成龍立刻從旅行袋內掏出一條煙，裝在一個塑料袋中，匆匆地走了出去。

從江家峪到縣城約莫六華里，村裡的農民進城，大半都是騎自行車，少數的是步行。這輛半新的麵包車可坐八個人，繞過江家峪的村子，便駛向鋪著柏油的公路。來接他的是一位三十開外的幹部，穿著呢料中山裝，沒繫上面第一個扣子，操著濃重的鄉音。他從上了車就不停地吸煙，好像在思考怎樣和身旁這位台灣來的同胞進行談話。

「你對咱們縣城還有印象吧？」

「年月久了，模糊了。」成龍誠懇地說。

「咦，你出去幾十年，口音還沒怎麼變哩。」那人爽朗地笑起來：「俺還以為台灣來的人，撇腔拉調的呢。」

開車的駕駛，四十年歲的胖子插嘴說：「前天晚上一個台灣同胞在電視上講話，標準的北京味兒，嚇了俺一跳呢。」

汽車上的三個人都笑了！

彎過一段山路，于成龍發現山麓上的一群農民，正在採掘山石，有的正在挑石頭，有的坐在塵土彌漫的路旁吸煙聊天。當汽車經過時，不少的人都以好奇的眼神，瞅望坐在車上的人。繞過山腰，汽車加快了速度，那座黃河岸上古老的山城，如今已展現在于成龍的眼前。四十年不見它，他已經尋不出往昔的風貌了。

那個幹部先帶于成龍去縣公安局報「臨時戶口」。他被帶進一間辦公室，屋裡的人都穿著草黃色軍服。一位中年幹部給了他一張表，讓他去填。他填過以後，那位幹部又把他的「旅行證」查驗一下，問了一些有關入境後的情形以及目前台灣的近況，便結束了談話。

走出公安局，汽車把他送到縣人民政府，見了「僑務辦公室」辛主任。辛主任五十開外，體格很硬朗，頭髮有些花白，一見面就握住于成龍的雙手，親蜜地說：「于學長，你還是這麼英俊挺拔，當年在縣中運動會上，你是游泳冠軍，羨煞了不少女同學呢！哈哈！」

屋裡的人都笑起來。剎那時圍了十幾個人，大概是看稀客的。煙霧彌漫，每個人幾乎都是老煙槍。

剛才陪同他來的青年幹部，從內屋拿出兩封信，遞給了辛主任，辛主任又遞給于成龍，笑嘻嘻地說：「這兩封信寄到日本橫濱，都退回來了。現在當面交給你吧。哈哈！這裡面一張是賀年卡，一個是咱山東省政協發的月曆。」于成龍接過來，禮貌地向胸口一按，連忙說：「俺謝謝了。」

「聽說台灣很富裕，這是令人興奮的喜事。若是台灣當局看清時勢，接受咱們的三通建議，那有多好！至少您于先生用不著拐彎抹角、從日本向山東轉信了，對不？」

屋內又騰起了一陣歡樂的笑聲。

辛主任低頭看了一下手錶，向四周的人說：「于先生回來，有的是時間和咱們拉家常。剛才縣委統戰部打來電話，他們都在等于先生哩。李秘書，咱倆陪于先生走吧。」

縣委大院距離縣政府僅隔一條街，只有兩百米遠。但還是坐那輛麵包車去。于成龍有老同學辛主任作伴，感到輕鬆自在，尤其聽見那濃重的鄉音，他幾乎絲毫不覺得緊張了，簡直如同回到少年時代的母校一樣。

走進縣委大樓，向右拐不遠，于成龍看見四、五位幹部站在門口等他。通過李秘書的介紹，他和統戰部幾個負責幹部握了手，便進屋談話。

首先，統戰部王部長代表縣委對于成龍回鄉探親，表示了歡迎。他的講話簡捷扼要，他將中共中央的「和平統一」政策，作了通俗化的闡述。他勸于成龍安心在故鄉多住幾天，看看縣裡的建設情況，將來回台灣之後，轉告給鄉親們。

于成龍聽了很受感動：「俺離開故鄉四十年，如今回來探親，真是做夢也想不到的事……」他熱淚盈眶，鼻子發酸，喉頭也像被東西堵住，因而講不出話來。坐在旁邊的王部長安慰他：「你的心情，我們可以理解。過去的是歷史問題，咱們不必再去想它了……」于成龍接著說出懇摯而爽朗的話：「俺當年出去奔波，為的是中國富強。凡是中國人，凡是炎黃子孫，不管在大陸的、在台灣的，誰不巴望咱們中國同胞幸福呢？……俺今天受到你們的歡迎，不敢當。俺是退伍老兵，現在在台灣送報紙維持生活。」

「送報紙，知識分子啊！」王部長大聲說。

「道地的知識分子！」有人應和著。

等屋內的熱烈的空氣緩和下來，王部長對成龍說：「咱們的經濟生活，比起台灣來，還是落後。不過，解決十一億人民的溫飽問題，也不是一件容易的事。于先生常看報紙，一定明白，當前咱們是社會主義初級階段，總的來說，將來咱們是有希望的。……你回來以後，生活也許不太習慣。如果家裡缺少大米、白麵的話，縣人民政府會支援的……」

「不，家裡啥也不缺！」于成龍忙不迭地說。

這時，陪同來的「僑辦」辛主任插嘴說：「于成龍先生是一位愛國主義者。他的哥哥于成聖同志是共產黨員，目前已經離休，他還是縣政協常委。于先生是前天下午才到江家峪的，他一定很累，咱們還是請他回去休息吧！」

于成龍懷著愉快的心情，坐原車回了江家峪。老遠，他發現大門敞著，也沒見小虎的蹤影，想必是家裡來了客人。當他剛邁進門檻，隨著拴在石榴樹下小虎的吠聲，走出來了一對青年夫婦，男的咧著厚嘴唇笑道：「回來了！俺叔，叔還這麼壯實！」他指著身後的女人說：「小青，你看俺叔長得和俺爸多像呀！」

過去，于成龍從成聖的信中，知道他的侄兒長源。這小伙子長得虎背熊腰，十分壯實。眼珠圓溜溜的，肥厚的嘴唇常常傻笑。一看就是個沒什麼心眼的人。

「你做什麼工作？」于成龍問他。

「俺在縣酒廠當工人。」長源咧開了嘴，有些膽怯的樣子。

于成龍想起過去哥哥的信上，提過他在酒廠工作的事。

「叔，今天是俺過生日。」長源又向他說。

站在旁邊的小青，漲紅了臉說：「叔剛回來，你就提你的生日，你不怕叔笑話嗎？」

「俺聽了高興。說了有啥關係？」成龍打著哈哈，逗得小兩口笑了。

小青比長源矮半個頭，約莫一六七公分，身材苗條，而且健壯硬朗。她的頭髮修得短，清湯掛麵。她的烏黑的眸子，紅通通的臉孔，卻有一番樸素的健美風采。

他們進了堂屋，于成龍解開旅行袋，拿出一件毛衣、兩雙男襪、一副太陽眼鏡，遞給了長源；又找出一件紅色女毛衣、一根項鍊，送給小青；接著拿出一件T恤衫，甩給長源：「這是給你兒子大栓的，不知道合適不？」

小青驚喜地把那條金項鍊掛在脖項上，跑到供案前拿起邊框長鏽的橢圓形的鏡子，看了很久，被陽光晒紅的面孔泛出幸福的笑容。她轉頭對丈夫說：

「長源，你看這條項鍊多漂亮！」

「嗯。你戴著它，像個新娘子似的！」長源誇獎著說。

「誰當新娘子？」這時，江蘭快活地從門外闖進來，把半筐白菜放在桌上：「

你叔可真偏心，一進門就送給你們東西。」

不知什麼時候，他們不約而同地掉過頭去，發現那個樸素而健美的媳婦，正用右手摸弄著頸前的項鍊，淚眼模糊，而且吸起鼻子來。

「你哭啥？咱叔剛進家門，你這不是出洋相麼？」長源埋怨著說。

「俺從小活到現在，從來沒戴過這玩意兒……俺不配戴它……真的！……」小青像受了天大的委屈似的，竟然嚎啕大哭起來。

「小青，你別傷心。千不是，萬不是，都是叔的不是！」于成龍輕輕地撫著她的肩膀，如同對待親生的女兒一樣，道出他內心一片慈祥的感情：「叔打了一輩子光棍，從來不懂得給女人買東西。俺這是經過千挑萬選，在中壢一家金店買的，一共兩條……」

「中壢離東京多遠？」長源插嘴問他。

「不遠。」于成龍愣了一下，又從旅行袋掏出一個精緻的小黑盒，遞給長源：「這是送給你媽的。」

江蘭的身子背向著他，根本沒聽見他說的話。從她的聳動的肩膀來判斷，她現在已是泣不成聲了……

4.

為了給長源過生日，江蘭在雞窩裡摸了幾個雞蛋，炒了兩樣小菜，讓成聖哥倆和長源先喝著酒，她和兒媳小青在廚房下麵條。

過去，成龍曾見過長源的照片，那還是從日本轉到台灣的。看到長源，宛如看到自己的影子。他還把哥哥寄來的信件、照片，拿給丁老海看。老丁看罷長源的照片，喜不自禁地說：「老于，你這個侄子長得跟你一個樣。哈哈，真像一個模子裡翻出來的。你瞧，眉毛、眼睛、鼻子、嘴唇。老于，我說這話你可別難過呀，你這個侄子若是在台灣，稍微裝扮一下，要是進電視台演戲，絕不會輸給秦漢。」

「你吹得太離譜了吧。」于成龍故意謙虛地說：「俺侄子才高中畢業呀！」

雖然長源的學歷不高，而且根本不懂演戲，但是他在大風大浪中卻鍛煉成一個勇敢能幹的人。文革時期，這個剛滿十八歲的小伙子，背起行李捲，帶著簡單的炊具，靠著一雙草鞋，跋山涉水跑遍了沂蒙山區。長源會犁田、會割麥，刨煤炭、拉大筐，他比一個三十出頭的漢子還有勁頭。他一連幹了三年，累死累活為的是爭取入團，可是團裡始終不通過。

下鄉知識青年群中，一個綽號「虎妞」的潑辣姑娘，萊蕪女師三年級生，是個有正義感的「共青團副書記」，她叫劉青，她曾在會議上提出多次有關長源入團的意見，上面都沒同意。直到回來之後，她才知道小于有一個叔父，「解放前下落不明，可能逃往台灣」，這個污點使于長源即使流血流汗、拚死拚活也難以熬出頭。

東方不亮西方亮，于長源沒有加入共青團，卻贏得了劉青的純潔的愛情。劉青畢業之後，在萊蕪縣作小學教師，她和長源靠寫信互通訊息，維持感情。一九七三年五月四日青年節，這兩個共過患難的情侶，終於在縣酒廠工人俱樂部結婚。劉青比長源小一歲，屬虎的，比「牛」厲害；江蘭卻覺得十分滿意：「厲害一點也好，只要小兩口團結就行。」

于成龍對這個剛會面的侄兒，非常疼愛。長源雖然年近四十，若在舊社會的農家，這般年紀早已當了爺爺，可是長源在長輩面前仍像舊像個小孩一樣。他的酒量不行，跟成龍差不多，兩盅白酒下肚，臉上泛出關公模樣。他只是坐在矮桌的小板凳上，仰著頭，聆聽坐在八仙桌兩邊的長輩說話。

「房子太窄，家具也不夠用。等回頭俺拿出錢來換成人民幣，把房子整修一下吧。」成龍積了兩天的話，如今終於吐露出來。這八坪大的屋子，顯得比較陳舊。

「這年頭得過且過，不必講究排場了。」成聖仰起頭，喝盡了盅裡的酒，低頭夾了一塊雞蛋填進嘴去，「咱們這邊跟你那邊社會制度不同，意識型態不同。其實修修房子、換點新家具，化不了多少錢，你這兩年匯來的錢，俺一點也沒用，都存進人民銀行了。」他哧哧笑起來，彷彿他做了一件得意的事，當眾炫耀一番。

成龍忍不住頂撞哥哥一句：「你這種守財奴哲學，落伍了。哈哈！」

「你不懂。」成聖嘴角發出苦笑，低頭斟酒：「小龍，你雖然快六十歲了，但是你的想法、講話，還是非常天真。來，乾一杯！」

成龍一飲而盡。放下酒盅，他開始沉默起來。

「你不懂。這不是一個擺闊氣、講排場的地方。這是農村。農村有農村的生活習慣，農村有農村的生活水平。俺只覺得只要吃得飽、吃得熱乎，餓不著肚子就行。其他的物質條件，無所謂……」成聖繼續說。

「買一張新桌子，翻蓋一下廚房，這有啥麻煩？你是怕化錢？還是覺得這是浪費？」成龍放下筷子，激動地反駁他說。

江蘭、小青每人端著一大碗麵條，分別放在成龍和成聖的面前。麵條熱氣騰騰，麵碗上浮現出幾片菜葉、蛋花。江蘭催促著說：「趁熱吃吧！他叔，你在外邊能吃到熱湯熱麵嗎？」

「嗯。」成龍偷偷瞟了江蘭一眼，笑了。

「叔，日本人怎麼叫麵條叫掃把？哈哈！」坐在下面的長源，忽然提出這個問題。

「對。」成龍根本沒去過日本，連日本字母也不會念，他只是順水推舟地應付著。

「叔，日本話太陽眼鏡怎麼說？」長源停住筷子，好奇地問他。

「太陽眼鏡——」成龍眨巴眼睛，作思索狀。其實他心裡在發牢騷：「這算是啥呀？俺光明正大申請了旅行證，從台灣回家鄉探親，為啥不能在親人面前說是台灣來的，而偏要說是從日本來的，這是他媽的什麼忌諱、規矩！」他抬起了頭，發現成聖正瞪起兩隻眼珠，監督著他，似乎怕他說漏了嘴，或是說出答非所問的話。成龍轉過頭，發現坐在下面小圓桌上吃麵條的江蘭、長源、小青，正在向他凝視，期待著他的回答。

「日本話有不少外來語。」成龍的心情逐漸平靜下來，和風細雨地說：「太陽眼鏡，英語是Sunglass，我想日本話的發音也差不多。嘻嘻！」他笑起來，誠懇地說：「俺在外面待這麼些年，從來沒戴過太陽眼鏡，這是年輕人的玩意兒，哈哈！」

「挺貴吧？叔。」長源像孩子一樣，從袋內摸出那只眼鏡盒，輕輕扳開它，把眼鏡戴上。晃了晃腦袋，高興地說：「戴上它還真涼快哪。像搽了薄荷油一樣。」

「長源，回頭把鏡子上那個商標撕掉它。」成龍囑咐他說。

「不，帶著商標才好。」長源搖頭說：「咱們這邊都作興戴有貼商標的眼鏡，這表示是洋貨，值錢。不信您去濟南、青島、徐州、南京大都市看看，連商標一起戴在臉上的不少。」

吃罷晚飯，成龍悄悄把長源帶到隔壁屋裡，背著兄嫂給了侄兒五百塊美鈔。長源硬是不要，成龍連哄帶勸，叮囑他買一輛電動摩托車，最後長源才接受下來。

「叔，您啥時候走？」侄兒問道。

「俺想住兩個月再說吧。」成龍說的是假話。昨天晚上他已下定決心，最多在江家峪住上十天，他就搭火車去廣州。

「叔，您甭回去了。您又沒成家，回去幹啥？去年，俺媽還四處給您搞對象呢。這件事她沒向您提過？」長源說著從袋內掏出那五張百元美鈔，塞給成龍：「叔，結婚得花不少錢呢。這幾年農村風氣不正，結婚講究鋪張浪費，沒有錢不行哪。」

「傻小子！」成龍把鈔票硬塞進長源衣袋，苦笑地說：「你真糊塗。你叔快六十了，還結什麼婚？回頭俺罵她去。」

長源不曉得這是叔父的玩笑話，他有些緊張，急忙制止著說：「叔，您可千萬別在俺爸面前提這件事，俺爸跟俺媽鬧矛盾，兩個人性情不合，這是歷史問題了。唉！」

「你媽，唉，她也夠可憐的。你看她穿的那身衣服，在那邊，當佣人的也比她穿的強十倍……」成龍說了這話，禁不住熱淚盈眶。他機警地來個緊急煞車，不再胡扯下去；臨離開台灣，丁老海再三囑咐他：「回到家鄉少批評。言多必失，倒楣的還是自己。」

「黨號召咱們破除迷信，解放思想。可是舊社會的迷信思想，有時候還是很準確的。爸屬耗子，媽屬羊的——羊鼠一旦休，哈哈，您能說這種說法不科學？不靈驗？哈哈！」

「有啥好笑的？」小青聞聲而來，微笑著說：「叔，您跟咱家裡連絡上以後，長源可樂壞了。白日想，夜裡盼，叔可真回家啦。叔，俺大栓才十三歲，長得比我還高呢。過了今年暑假，大栓就上中學了……」

「好。」成龍咧開嘴直笑。

長源挨近小青身旁，在她耳邊嘀咕兩句。小青立刻現出感動而歉疚的表情，輕聲對叔父說：「俺叔在外邊掙點錢不容易。俺家裡啥也不缺，給了我們那麼多東西，您還再給錢幹啥？俺叔真是……」

「甭說了。」長源岔開了小青的話：「趁著天還亮，我們早一點回城吧。」

于成龍唯恐再也見不著他們，所以堅持送他們一程。他們每人推著一輛半新的自行車，慢慢走出江家峪村。由於于成龍出外年月過久，年輕人都不認識他，年紀大的也都忘記了他的模樣，只有從長相可以猜出他是長源的叔叔；因而成龍碰見年長的鄰居，不管男女，他都點頭微笑，對方也向他點頭微笑，江家峪全村總共三十二戶人家，于成龍剛回到家第二天，這個消息已傳遍全村了。

他們走到村外的楊樹林旁，停住腳步。于成龍凝眸遙望，但見一輪紅日即將落向千山萬嶺之間，兩隻烏鴉嘎嘎啼叫兩聲，掠過頭頂。小南風吹在身上，似有涼意。長源摸著車把，凝望著叔叔的滿鬢白髮，無限憐惜地說：「叔，您回去吧。過兩天俺倆帶栓來看您。您喜歡什麼，俺給您準備一下……給您買幾卷呂劇磁帶，行不？」

「呂劇？沒聽過。」成龍不解地說。

長源齜牙樂了。小青搶先說：「這是咱們山東的傳統劇種。八十年代發展出來的喜盈門那一部故事片的音樂，就是採用咱山東呂劇的音樂，很好聽哩。」

「你爸喜歡聽呂劇？」成龍想起坐在老屋裡的哥哥，順便問了一句。

「甭提俺爸了，叔！」長源皺起眉頭，不滿地說：「俺爸啥也不聽、啥也不看，你問他劉曉慶是誰？馬季是誰？他一定搖頭不知道。他不聽廣播，這兩年連報紙也很少看，俺爸跟一個睜眼瞎子沒啥兩樣，他跟不上時代嘛！」

一個農民挑著一擔枯樹枝過去，他們停止了談話。

「你爸受過精神刺激？」成龍低聲問他。

「沒什麼。」長源沉緩地說：「文革時期，俺爸牽連了一件案子，停職兩年，四人幫垮台以前就平反了。俺爸恢復了黨籍，他啥罪也沒受過。叔，咱算什麼？人家劉少奇、彭德懷……太多了！……咱算個啥？……叔，您老放心，俺爸俺媽根本沒受過什麼罪……」

「我……明白！」于成龍聽了侄兒的話，鼻子發酸，熱淚不由得奪眶而出。

「俺叔別走了。俺還是那句話。叔，俺說句難聽的話，您可別生氣……您千辛萬苦回來，何必再回去？那邊，您是孤家寡人一個，您沒有生活的根呀！您的根是在江家峪……俺這話對不對？您說呢？……」

長源激動地說完，便凝神端望著他，小青也呆望著他，等待他點頭微笑。可是，于成龍既沒有點頭，更沒有微笑。他慢慢地將頭轉向西方，只見那一輪紅日完全沉落下去，蒼涼的原野上籠罩著一片迷茫的霧氣。

長源小兩口騎車上了公路，于成龍一直站在楊樹林旁邊向遠方瞭望，直到他倆的影子消失在山窪中時，他才背著手向村裡走。他的腦海默想著剛才長源說的話，愈想愈不是滋味，眼淚不由自主地湧出來了。

山村的夜晚黑漆漆的。沒有月亮，沒有街燈，任何人走路全靠記憶力。村裡的農民，即使黑燈瞎火、刮風下雨也能閉著眼摸路。但是于成龍卻摸不清路況，深一腳、淺一腳亂了步伐，好容易摸到大門口，發現江蘭正倚在門框等他。

「回來了。怎麼去這麼久？」她輕聲埋怨著。

「長源這孩子不錯，挺厚道的。媳婦，也很懂事。」成龍停下來，有點喘氣地說。

「你哥發脾氣了。」江蘭用手向堂屋指了一下。

「為啥？」

「為了你。」

「俺咋惹著他了？」

「還不是氣你送給長源太陽眼鏡唄。」

「俺送錯了？」

「他說那是資產階級的玩意兒。」

于成龍捂著嘴直笑。

「小聲點！」江蘭輕輕噓了一聲。

他們走進堂屋，成聖正在昏弱的燈光下吸煙。成龍從茶壺裡倒了一杯茶，喝了兩口。坐在爐火旁的江蘭，低頭在摘豆角，屋內顯得非常沉悶。忽然，成聖丟下煙蒂，用腳踩了一下，抬頭問成龍說：「你打算在江家峪住多久？」

成龍沒有答腔，只是痛苦地垂下了頭……

5.

于成龍一覺醒來，已近晌午時分，聽得外面靜悄無聲。他從枕頭旁摸來手錶一看，天哪，快十二點了，怎麼睡得這麼長？他把這幾天的旅途勞頓完全恢復過來了。

成龍從小愛睡懶覺，長大以後，每逢星期假日，別人出去逛街看電影，他總是一個人在宿舍蒙頭睡大覺。套句他的話，這叫「補充營養」。因為一個人從星期一起，便把精力投入到工作中，如果工作了六天，再不利用假日睡個飽，日久天長，人會生病的。這個理論確實是于成龍的創見，雖然別人聽了一笑置之，但是于成龍卻四十年如一日，嚴格遵守這個準則。

「老于，人家保養身體，培養元氣，為的是應付老婆，你是老光棍，你這麼注意營養健康幹嘛？」有一次，丁老海這樣諷刺他。

于成龍苦笑道：「俺絕不是想作老壽星，俺只巴望多活幾年，身子硬硬朗朗的，將來再回到江家峪，哪怕只瞧它一眼，俺這一輩子的心願就了啦！」

儘管離開故鄉四十年，只要一提到故鄉，或是聽見一樁相關的事件，成龍的思緒宛如電波似的迅捷地送到心坎上，他總會熱淚盈眶，思鄉的心情久久不能平靜。現在，他終於如願以償，回到了闊別四十年的故鄉。可是，他並不覺得心情暢快，反而覺得拘束、不自然；打開窗户説句亮話——他好像不是江家峪的人，而是從外國來的陌生人！

農村的飯食，一年到頭沒什麼變化：小米稀粥、炒黃豆芽、一碟吃剩的蘿蔔鹹菜，于成龍從江蘭手中接過一個饅頭咬了一口，睡眼惺忪地問：「俺哥哥呢？」

「進城買菜去了，今天逢集。」江蘭説。

「買菜幹啥？家裡有啥吃啥，俺又不是客人，真是！」他嚼著缺油少鹽的黃豆芽，索然無味。在台灣過單身生活，偶爾也炒這樣的小菜吃。先把黃豆芽泡在塑料盆內，使外殼的薄皮浮上來，倒了。切上點生薑片、蔥條、蒜片和幾個紅辣椒片。再將鍋加熱倒油，趁油火正旺，把佐料放入鍋中，用鐵鏟加快去炒它幾下，再將黃豆芽放進去，等黃豆芽炒得七成熟時，再加上半匙醬油和醋。成龍一面吃飯，一面想念在台灣的生活，嘴角不由得流露出莫名的苦笑。

「你想啥？」江蘭兩手托腮，兩隻烏黑的眸子，閃耀出亮亮的光澤。她在瞅著成龍吃飯。

「沒想啥。」他低頭喝小米粥，敷衍著說。他想起台灣那家餡餅店，小米粥熬得真香。老板是河北薊縣人，他曾向成龍大大咧咧說：「八抬大轎接我，我這一輩子也不回老家啦。你想，我八十六公斤，回到鄉下怎麼生活？洗澡、解手都不方便。再說，我家的人都死光了，我媽在一九六〇年餓死的。」他講這些話輕鬆自然，彷彿講著報紙上看到的消息一樣。

「你到底在日本開餐館，還是在台灣呀？」突然，江蘭提起了這樁讓他頭痛的事。

「你說呢？」成龍的臉上露出不愉快的表情。

江蘭玩弄著那包外國香煙，不自覺的從煙盒中抽出一支，用那稍顯笨拙的動作劃著火柴，剛吸了一口，就咳嗽起來。她笑道：「外國煙太嗆，不見得比咱們大陸香煙好！」

成龍這時吃飽了飯，他站起來從旅行袋內摸出一包香煙，遞給江蘭：「你吸這個試一試。」江蘭慢慢地戴上老花鏡，觀賞香煙盒上的文字和圖案，她不禁笑了起來：「俺猜得準不？從兩年前接到你第一封信，俺就一口咬定你是住在台灣，不是在日本。」她用兩隻手撫摩著那菊黃色的煙盒，輕聲地問：「什麼是煙酒公賣局？」

成龍解釋給她聽。

「這盒台灣出的長壽牌煙，你送給我行麼？俺把它藏起來，等以後逢年過節，俺想你的時候，俺再吸它一支，這夠吸六、七年吧？」江蘭不由得笑起來，笑得好不淒涼。

聽了江蘭的話，彷彿吃錯了不清潔的東西，成龍感到鼻酸、腹脹，眼淚也奪眶而出。他背過臉去，強作笑容，回答江蘭：「照你那麼說，俺只有六、七年的壽限了？」

「呸，呸！」江蘭連呸兩聲，搶著說：「瞧你那兩隻耳朵，比豬耳朵還大，你最少得活到九十五。小龍，你甭走了！真的，俺給你搞了一個對象，人長得不錯，挺富態，模樣有點像電影演員胡蝶。」

「你給俺找了個七十多的媽？」成龍故意打岔說。

「胡扯。人家今年才四十六，沒生育過，看起來也不過三十七、八。」江蘭認真地說：「人家是中學教師，知識分子。還有點積蓄呢。」

「蘭子，咱們別剃頭挑子——一頭熱吧。」成龍說著從旅行袋內又摸出一盒長壽煙：「俺從台灣出來，只帶了一條長壽煙，從進了廣州之後，俺才知道大陸同胞都喜歡吸這個……俺真後悔，俺在火車上還分掉三盒……現在只剩下這一盒，送給你作紀念吧！好讓你逢年過節想著我……」

江蘭似乎對於這種香煙，減低了興趣，她把香煙暫時放在桌子上，先去收拾桌上的剩菜，她的臉上帶著失望的神情，端著碗筷往外走，嘴中囁嚅著說：「為了給你提親事，俺跟成聖吵了好幾天。白吵了。俺這真是武大郎照鏡子——兩面不是人哩。」

這時，于成聖恰巧走進來，小虎跟在他的後面，不停地用舌頭舐他的褲角。他摘下那頂藍色的解放帽，摸了一把腦袋，向成龍微笑道：「她發誰的牢騷？」

「還不是拉家常話唄。」成龍聳了聳肩，坐下來：「她提起幫我介紹對象的事。你想想，俺快六十了，還結婚幹啥？那不是存心給自己惹麻煩！」

成聖埋下頭去，劃著火柴吸煙。嘴角泛出淡漠的微笑。他談起在縣城趕集，碰見了縣府的梁秘書，問起成龍回鄉之後的情況。成聖吸了一口煙，高興地說：「縣裡和你會見的幹部，都對你印象不錯。他們想不到從那邊來的人，謙虛、有禮貌，而且文化水平也高……對了，他們都不相信你在那邊送報紙，他們推斷你在那邊，一定是個有頭有臉的人，哈哈！」

「當然有頭有臉了，要是沒頭沒臉，那不成了鬼啦。」成龍仰頭大笑起來。

江蘭笑著走進來，對丈夫說：「你買的大米還不錯。怎麼沒買牛肉？……韮菜也忘買了。咱兄弟回來四天了，他連一頓餃子都沒吃著……」

「自己親人，還計較啥？」成聖把頭轉向了成龍：「他在那邊，恐怕一年到頭吃不上自家包的餃子吧？俺這話對不對？」

成龍皮笑肉不笑地點頭：「對，對。」

成聖談起集上的物價，顯著上升，他說某種蔬菜，去年冬天一斤幾毛，如今漲了多少；他說牛肉既少且貴，去年一斤多少，現在一斤多少，……成龍對於數字觀念向來模糊，這次他從台灣用台幣換成美鈔，進入大陸之後用美鈔換成外匯券，而且也兑換一些黑市的人民幣，這樣反覆換算下來，把他搞得暈頭轉向，他更不知道物價的情況了。但是不管怎樣，他卻清楚地看出來成聖在用錢上真是吝嗇至極。既然是進城趕集，至少也應該買兩斤肉、帶一條魚回家。成龍離家四十年，手足團聚一起，這是一件值得慶祝的事。無論他生活怎樣困難，也不能吝嗇到這個地步吧！何況過去兩年來成龍通過海外給他匯來那麼多的錢，他變得如此小氣，是不是艱苦日子過得久了，習慣了？

成龍走出門外，想看個明白，他的胞兄進城到底買的什麼菜？在廚房的一張破桌子上，擺著兩棵白菜、四塊洗衣肥皂、一小把粉絲、半斤大米、一根豬尾巴，還有約莫半斤炖湯的豬骨頭。成龍愈看愈生氣，早年離家出外的人，心理上都犯有敏感症，他氣咻咻的想：「這不是存心攆俺走嗎？」

成龍剛邁出廚房門，江蘭走近他笑道：「你想吃什麼，回頭俺再進城去買。你不知道家鄉的情況，現在什麼都有，想吃啥都能買到。」成龍不聽這話還好過，一聽見這種話，竟然激動得熱淚盈眶：「你這話說給誰聽？俺萬里迢迢，受盡了罪跑回江家峪，是為了看望你們。俺是為了饞嘴，想回來大吃大喝嗎？」他轉身走到大門拉開插棍，走了出去。那只黑狗搶先跑遠了……

「小龍，外頭風大，戴帽子走。」

中午時分，村裡靜悄悄的。這樣寧靜的氣氛，迅捷地化解了他內心的憤慨情緒。成龍想起少年時期，每天要在這條路上走出村子。他想起過去唸過一篇〈桃花源記〉。晉朝時代，一位迷失路途的漁夫，在偶然之間走進一個神秘的世外桃源。住在那兒的農民，因為看不到外來客人，驟然遇見這個漁夫，大為驚喜，他們像碰見親人一樣把漁夫圍起來，問長問短，而且「設酒殺雞作食」來款待他……成龍記得當時老師津津有味講著，他也如醉如痴地聽著；詩人陶淵明為中國農民追求自由與和平的理想，勾畫出這座山高林深、如詩如畫的桃源聖地，一直鐫刻在于成龍的心版上。數不清的夜晚，于成龍淌著眼淚，思念故鄉的山山水水，思念故鄉的親屬和鄰居，他幻想將來有一日回到江家峪，見到了哥哥成聖，兄弟倆久別重逢，恍如隔世，一定抱頭大哭一場！他知道成聖的性格，即使生活困難，成聖也會東湊西借，為他「設酒殺雞作食」的。四十年的悠長歲月，隨著眼前的滾滾的黃河水淌走，而今天的于成聖，早已脫胎換骨似的變了。于成龍感到委屈、失望，他這次回鄉探親之後，標了一個「末會」，總共收了十二萬元。他暗自盤算回家之後，在哥哥的屋後蓋一間小房，自食其力，安度晚年……他蹲在河邊，用拳頭狠狠地打在頭上：「于成龍，你做了一輩子白日夢，現在你的夢應該醒了吧？」他捂住胸袋，啜泣起來。

一隻溫暖的手，搭在他的肩後，輕聲地問：「你為啥哭，你有啥委屈？……你說。」

成龍搖了搖頭，擤了一把鼻涕，扔進水花中。他把兩手伸進河水中搓洗起來。江蘭脫下鞋子，把鞋面扣在一起，作為坐墊，坐下來，轉頭問他：「你回來幾天了？」

他伸出四個指頭給她看。

「剛回家住了四天，你就待不下去了。你如果像俺一樣，為了你，苦等四十年，豈不變成瘋子？」

于成龍聽了發愣，轉頭輕問江蘭：「你為了我？」

江蘭垂下了頭，沒有作聲。

于成龍的眼皮直跳，思緒也宛如被急湍的河水沖得隱隱作痛。他像孩子似的，搖動著江蘭的肩膀，逼她說話：「你說，你為了我——」

「幹什麼嘛！」她答非所問，似乎有意把話岔過去。

「剛才你說，」于成龍繼續向她解釋道：「你說，你為了我……你說……」

「什麼你說、我說的？亂七八糟一大套……」江蘭站起來，把那雙鞋穿上，轉頭就走：「回去吧。你哥哥在家等你呢。」

于成龍只得跟在身後，邁著沉重的步伐，走回江家峪。

6.

傍晚時分，于成龍在睡夢中被狗吵醒。聽得成聖先將小虎的鎖鍊拴在石榴樹幹上，再去打開門栓。接著外面有人笑道：「明天一大早去縣裡開會，你可別睡過頭了啊。老于，你餵這隻狗幹啥？俺一上你家門，心裡就惦念著你這隻狗。」

「啥會呀？」成聖的聲音。

「縣政協代表大會。開兩天呢。聽說討論李總理的報告。」陌生人回答。

接著，他聽見「嘩」的一聲，原來成聖插上門栓，走回廚房，他向正在做飯的江蘭發牢騷說：「這傢伙管得還滿多呢。俺養隻狗，他提意見了。咱的狗又沒咬著他，這條老不死的狗！」

江蘭囁嚅著說：「行了，別逞強了。別忘記自己是離休幹部。現在，政策放寬了，若是倒退十年，你敢養狗麼？你說……」

接著，于成龍聽見廚房內傳出拉風箱的聲音。他翻身坐起來，頭有些輕微脹痛，但不發燒。他想起從昨晚起加上午覺，他一共睡了十五個鐘頭。自進了廣州以來的疲勞，到如今才算恢復過來。過去在台灣，于成龍有個生活習慣：每次睡午覺醒來，他得去刷牙，抹一把臉，這樣才覺得清涼舒服些。自從來到江家峪，由於農村用水困難，他在眾目睽睽之下，也不願意再去講究衛生了。他披上袂克走出臥房，發現黑狗還在樹下拴著，便幫它解開了鎖鍊，黑狗搖搖尾巴，朝著雞棚方向跑去，嚇得幾隻母雞撲閃翅膀，啼聲一片。

「小龍，你使耙子掏一下，看看孵了雞蛋沒有？」

隨著江蘭的聲音，于成龍從牆角拿起小耙子，掀開那張罩在雞棚上的舊網，伸向雞窩中去掏雞蛋，一共掏出了六個蛋。他小心翼翼把雞蛋給拾進小筐裡，端進了堂屋。

「這可好啦，今兒晚上咱們加個炒蛋罷。」江蘭的臉上現出一片喜悅的表情。

晚飯桌上，于成聖打開一瓶曲阜出產的「孔府家酒」，讓成龍品嚐。他誇讚這種白酒香味醇厚，最適宜中老年人飲用。他先給成龍倒了一盅：「你先乾了它，再吃口炒雞蛋。」

成龍端起酒盅，喝了一半，咂巴著嘴說：「不錯，這種白酒讓俺這種不會喝酒的人喝起來，比加飯酒、茅台酒還有滋味。」

成聖愣了一下，他想不到一個不會喝酒的人，竟然知道茅台酒、加飯酒；難道台灣海峽對岸的人，還能喝到大陸上的高檔酒？成聖故意問他：「你們那邊能喝到這種酒？」

「市場上很容易買到。俺今年過春節，還喝過這種孔府家酒哩。」成龍向哥哥說：「俺不會喝酒，跟俺住在一起的老丁，是個酒罈子，他啥酒都有：五糧液、瀘州大麯、竹葉青、山西汾酒……還有藥酒……任何著名的酒，俺都不稀罕它；俺最喜歡喝孔府家酒、景陽崗打虎酒，反正醉意之意不在酒，俺只是想念故鄉山東罷了。」

成聖抿了一口酒，夾起一塊炒雞蛋。「你那個朋友老丁是資本家？」

「狗屁也不是。跟我一樣，退伍老兵，送報員。」成龍哧哧笑起來。

成聖並不覺得好笑，他好像有些失望。直到吃過晚飯，成聖點上一支香煙，才開門見山問：「小龍，你打算在家待多久？」

江蘭一聽話根，便躲出去了。成龍原來不高興聽這種話，但是前天成聖提過這件事，如今已不覺難堪了。他抬頭向成聖瞅了一眼，商量地說：「俺住十天，行不行？」

成聖吸了兩口煙，尋思著說：「俺原來想陪你去泰山、曲阜玩兩天。你回來一趟也不容易，順便旅遊。可是，俺的體力不比從前。出去旅行，交通工具非常緊張，搭長途汽車，俺真擔心你受不了那個洋罪。」

「哥，俺行。」成龍孩子氣地說。

「你行俺不行。」成聖給他潑了一頭冷水：「明天俺去縣裡參加政協大會，這個會得開兩天，剛才村長送來了通知單。」

成龍暗自悲哀起來。他的同事老桑，去年十一月第一批來大陸探親，回到湖南益陽。老桑他哥是個農民，沒有文化，抱住闊別四十年的老桑，哭得跟劉備一樣。老桑告訴他：他哥為了他回家，宰了一頭豬、殺了兩隻羊，全家三十多口人圍在一起喝酒、吃肉，一把眼淚一把鼻涕，讓人聽了真是感動。為啥自己回家僅僅四、五天，哥哥卻三番兩次攆他走呢？成龍左思右想，終於鼓足勇氣問他：「哥，俺這次回來，沒給咱家帶來麻煩吧？」

成聖從桌上拿起香煙盒，抽出一支燃著。吸了兩口，慢慢地說：「本來俺不想多給你拉這些話。你出去四十年，這次回家，真不是一樁小事啊！若是在舊時代，一個村裡發生這種事，那會驚動縣太爺哪。小龍，俺實話實說，俺並沒有以為你還活著；俺以為你在四十年前，你在兵荒馬亂的年月，已經不在人間了！」

「俺沒法和你通信。再說，俺也怕給咱家惹麻煩。」

「對。當然惹麻煩啦。」成聖說著站立起來，昂步走到門口，向那月色皎潔的晚空凝望，轉頭對成龍說：「文革初期，俺是縣委宣傳部副部長，被拉下馬，停職檢查；你侄子長源，連共青團都進不去，氣得孩子直想跳黃河。咱于家犯的啥罪？——還不是因為你在台灣，哈哈！」

成龍聽著他那淒苦的笑聲，彷彿心瓣驟然觸了電波似的，渾身發出了輕微的震顫。「為了俺在台灣？」他也發出了悲涼的笑聲，「哈哈，一個小小的中尉排長……送報員……他們把俺看得太高了，哈哈。」

「你不要笑。這不是一樁好笑的事情。」成聖皺起眉頭，顯然是對於成龍的態度表示反感，「四人幫當道的年月，如果俺收到你從日本寄來的信，恐怕俺這個老骨頭早散啦。他們一定給俺扣上『裡通外國，篡黨謀反』的罪名。」成聖竟然流下眼淚來。他仰起頭，從繩子上拉下毛巾，擦去眼淚，又搭上去了。

「哥！過去的話，甭提了。這能怪得了俺嘛？」成龍覺得鼻酸、喉熱，眼淚不由得湧流而出，突然放聲痛哭起來！

這時，江蘭拿著一條褲子走進來，看到成龍的悲傷情景，忍不住掉下淚來。她倒了一杯水，遞給成龍，強作笑容說：「誰叫你喝這麼多的酒？這不是咱喝的，這是人家孔聖人喝的酒。」果然，成龍喝了一口水，心情暢快了些。

成龍放下茶杯，從旅行袋中掏出一個皮夾，數出一疊綠色的鈔票，雙手交給成聖：「這是俺給你帶來的一點錢，一共是五千塊美元，你存起來也行，換成外匯券也行。俺建議你趕快買一台電視機，這邊的電視節目很精彩，趕快買吧。」

「你路上夠用的麼？」成聖捏著那一疊花旗鈔票──五千美元，在一個台灣企業家手中實在微不足道，但是它在于成聖的心目中卻是一個龐大的數目。四十年來，他勤勤懇懇的工作，起五更、忙半夜，每個月的工資從十元、三十元、七十元，直到現在每月的離休工資升到一百二十多元，折合美鈔還不足五十元哪。

「不行，這錢不能收下。」江蘭說著走上前去想把丈夫手上的錢搶過來，但成聖卻迅速地把錢塞進褲袋，使她撲了一個空。成聖笑道：「咱兄弟千里迢迢，帶了錢回家，咱還能再退還他嗎？……他是咱們的手足同胞啊。」

「手足同胞，俺知道。」江蘭激動地說：「這一筆錢，足夠他用十幾年。成聖，你替咱兄弟想過沒有？他今年快六十啦，他也不過再活十來年哪。如果你收下他的錢，咱們得供養他的生活，不准他走了。」

成聖只是低頭吸煙，發出淡漠的笑聲。年輕時期，他好像不是這個樣子，如今變得如此冷靜、陰沉，確實讓成龍感到意外。

「既然你們不准俺走，俺就留在家鄉啦。」成龍故意順水推舟，他要試探一下成聖對這句話的反應。

半晌，成聖終於沉不住氣，打開了僵局。他嚴肅地說：「你想留在家鄉從事勞動生產，俺和蘭子當然歡迎。不過，這件事必須提出申請，經過人民政府批准。小龍，你回鄉以前，並沒有向我表示回家定居的意願啊？如果你突然提出申請的話，恐怕引起別人懷疑的。」

「懷疑？」成龍發出激憤的聲音，反駁他說：「俺有啥值得懷疑的地方？俺在台灣四十年，幹過什麼行業，填的一清二白，俺這次回鄉探親是按照海峽兩岸的合法手續申請的，俺有啥值得懷疑的地方？」

成聖忽然轉過頭來，瞪圓了眼珠，面色變得蒼白，嘴中不時發出喘息聲音，那是過於激動的緣故。他的一隻手，曾先後摸了兩三次褲袋，但最後還是擺在膝蓋上。「小龍……你離家……四十年……想不到回來四天，……咱們吵了兩三架……咱們兄弟之間沒有緣分……唉！」他低下頭，劃著火柴，重新燃上一支香煙吸起來。

坐在小板凳上的江蘭，大概仍舊氣憤不已，她又囉嗦起那五千美元的事：「小龍在外面漂泊四十年，連個老婆也沒混上，你忍心用他的錢？」

于成聖站起來，發出笑聲：「蘭子，你怎麼分化俺兄弟倆的感情？他是俺的親兄弟，俺的錢就是他的錢，他的錢也是俺的錢，俺們從來沒分過家啊！」

「哈哈！」江蘭終於撕開了他那吝嗇的面紗，冷笑起來。「你呀，說的比唱的還要好聽。俺跟你過了大半輩子，俺還會不知道？誰要能從你身上摳出一塊錢美金，俺磕頭拜他乾爹！」

兩兄弟都笑了。堂屋的空氣驟然顯得輕鬆活潑起來。

7.

清晨，于成龍起床打水洗臉，家裡空無一人，大門虛掩，黑狗的鎖鍊掛在石榴樹上。他想出去挑水，但卻發現水缸滿滿的，想必是早晨成聖進城之前把水挑滿的。走進廚房，揭開鍋蓋有小半鍋小米稀飯，他舀了一碗，坐在小板凳上喝起來，成龍過去向來不愛喝稀飯，別人請他喝稀飯，他幽默地說：「當年俺就是為了怕喝稀飯才跑出來的。」過去在軍隊，早飯有豆漿、稀飯、饅頭、鹹花生米、醬瓜、煎蛋，成龍一年三百六十天，早餐總是兩碗豆漿一個饅頭。退伍以後，成龍的早餐稍微講究了些；有時候是一套燒餅油條、一碗牛肉湯麵；有時他喝一大碗新鮮牛奶，兩只剛出籠的肉包子。台灣的物價近十年來風平浪靜，只要花上三十元吃頓早餐，那會吃得嘴角淌油，臉上冒汗的。

成龍想起昨天晚上的事，心裡有點懊悔。他不應該一時衝動，把身上的錢都交給了成聖，他原想用這筆錢在故鄉蓋一間房子，安度晚年的；但是他轉念一想，他這種作法是對的，而且了卻了自己的心願。四十年來，盼星星、盼月亮，盼的就是回到故鄉會見自己的親人！父親去世，哥哥豈不是他最親近的人嗎？

變了！成龍捂著臉孔，不禁流下感傷的淚。想起成聖那種吝嗇的神情，他就覺得生氣、失望！……少年時期的于成聖，並不是這樣的性格。在中學的同學群裡，他向來是最受人崇敬的領袖人物。他走到那裡，都圍著不少的人，這其中有不少是傾慕巴金、魯迅的人。在縣中有一句流行話，「于成聖請客」，從此可以證明他很慷慨，而且帶有幾分江湖義氣的性格。

江蘭在背地曾向成龍嘲笑他，笑他是個「二百五」。她說：「你哥哥啥老大？自己又沒啥錢，家裡又不是地主老財，你說他不是二百五是什麼？」

于成龍左思右想，卻難以找出答案。一個從小不愛儲蓄、大手大腳的人，怎麼會變成了小氣鬼？于成龍雙手抱住頭，默默無言了。

快到晌午，江蘭才推著自行車從縣城買菜回來。她帶回來粉皮、白菜、韮菜、豬肉、一盒錄音帶、一隻公雞。江蘭解開頭巾，大大咧咧地笑道：「你哥去開會，咱們在家也得加點菜吧。你回來今天是第五天了，咱們中午包餃子吃，慰勞慰勞你。」

成龍趕忙為她打了半盆洗臉水，端在她的跟前，喜不自禁地問：「你買的啥錄音帶？是不是評劇？」

江蘭起初愣了一下，因為大陸上通稱「磁帶」，待她悟過意來之後，才埋怨起來：「為了買這盒磁帶，俺跑遍了全縣城，要不俺早就回來了！現在青少年趕時髦，都喜歡港台流行歌，哪兒還有地方戲曲的磁帶呢？」

于成龍撕了錄音帶外面的塑料薄紙，把小白玉霜的〈小女婿〉第一盤，裝進他從香港帶來的那個小錄音機上。按了電鈕，磁帶緩緩轉動起來，接著發出小白玉霜的悅耳的唱腔：

香草荷包手中拿，

上面繡著一朵小紅花，

一面是字一面是花，

我送給田喜哥胸前掛。

他當不上模範我就不答應他。

……

這是于成龍回到故鄉以後，首次聽到的戲劇錄音。他坐在椅子上，凝聽這一對青年男女的戀愛趣事，他的心沉侵在曲折感人的劇情中。在台灣時，他最喜歡的就是聽錄音帶，他的床頭櫃內堆滿了京劇、豫劇、評劇、秦腔、相聲、山東快書和數來寶之類的錄音帶；在無數的失眠夜，他都是仰賴這些熟悉的鄉音催促入夢的。

江蘭剁好了肉餡，和了麵，端進堂屋。她把麵板擱在小圓桌上，先把韮菜切碎，再去拌和肉餡。她抬頭向成龍瞅了一眼，微笑地問：「瞧你聽得入了迷，好像你跟田喜一樣，也在搞戀愛哪！」

「俺哪有那個福氣？」成龍苦笑著說：「俺這一輩子還沒嚐過戀愛是什麼滋味呢。」

「你沒戀愛過？」江蘭漲紅了臉問他，手搖筷子攪拌餃子餡。

「沒有。」他把錄音機的音量調低了些。

「哼！」江蘭捂著嘴，發出輕微的笑聲，一面背起兒歌：「不害丟，不害臊，長尾巴狼子吹大號……」她那嬌柔的充滿母性的聲音，喚起了于成龍少年的夢。他慢慢走近江蘭的身後，伸出兩隻粗壯的手臂，撥開她的掛衫，握住那兩隻柔滑的乳房。

江蘭依舊不停止攪拌餃子餡，紅著臉說：「別摸了，乾癟癟的，有啥摸頭？」于成龍把兩隻手拿出來，用嘴唇親了她的耳朵，讚美地說：「真香，跟過去一樣香。」

「不要臉，少在俺面前來這一套！」江蘭用手拍了他一下，催促著說：「趕快去廚房洗洗手，幫俺包餃子！」

這一對久別重逢的情侶，坐在一起包餃子，禁不住相對無言，熱淚盈眶。餃子，這在北方的農村裡，它不僅是最美好的食物，也有象徵歡聚團圓的意義。四十年來，于成龍在台灣只包過三次餃子，每次只包十幾個，他都因為過度傷心而停止下來。如今，他雖然眼裡噙著淚水，心中卻是感到非常溫暖，因為他朝思暮想的蘭子就坐在他的身邊。

堂屋靜悄悄的。錄音機流瀉出小白玉霜哀婉動人的唱詞，在成龍的耳畔蕩漾：

鳥入林雞上窩黑了天，

楊香草守孤燈左右爲難。

我心裡千頭萬緒方寸已亂，

就好像腳踩兩隻船。

田喜哥待我好，我們情意相連，

他叫我跟他走就在三更天……

突然，于成龍站起來走近八仙桌，喀嚓一聲，他把錄音機關上了。江蘭悄悄抬頭瞅他一眼，嘴角發出幽秘的一笑。她是當事人，她當然明白成龍最忌諱聽到這句戲詞。當時在那炮聲隆隆、槍聲不斷的歲月，于成龍曾三番五次懇求她，勸她跟自己一塊走，逃出這戰火紛飛的故鄉……當時的情景，就如同這評劇中的劇情，可是田喜、香草演的是喜劇，成龍和江蘭演的是啥？

「你受了這些年的罪，你不能怪俺。……」于成龍捏著餃子，把剩下的半句話咽進肚裡。

「俺沒受罪哪。你瞅俺沒病沒災的，氣色還不錯，快六十的人了，騎自行車跑幾十里路，毫不在乎。小龍，你怎麼説俺怪你？俺誰也不怪呀。這年頭兒，誰能怪得了誰？你説。」江蘭講完這些話，又低下頭去揑餃子。

于成龍聽了她的話，心中熱火燎辣，不是滋味。為了沖淡感傷氣氛，成龍又將錄音機打開，繼續聽評劇。他談起昨晚的話題，成聖説他在台灣吃餃子有困難，他説：「在台灣吃餃子比喝涼水還容易。餃子館到處都有，牛肉餡、豬肉餡、蝦肉餡、魚肉餡、素餡，一個人進去要二十個餃子，一碗酸辣湯，這是最大眾化的飯食。俺哥説台灣吃餃子困難，你想俺哥一年到頭蹲在山旮旯兒裡，連報紙也不看，他怎麼知道外邊的情況？」

「你可別批評他，」江蘭幽默地説：「人家是政協委員呢。」

這頓團圓飯是多麼值得珍惜啊！窗外的陽光照射在窗櫺上，堂屋裡飄蕩著小白玉霜的清脆悦耳的唱詞。他倆坐在小圓桌旁，默聲吃著水餃，一面凝聽那曲折感人的〈小女婿〉：

小河流水還是嘩拉拉地響，
桃花開的還是那麼樣的鮮。
想起來跟田喜在此見面，

我親手繡的荷包戴在他的胸前，
訂下了婚姻事表明心願，
許多的話兒越說越甜哪！
回喜哥一定恨我跟他把心變，
也不知他怎麼過的這三、四天。
天邊的田野盼他也盼不見……

驀然間，江蘭放下了筷子，低下了頭，默默啜泣起來。于成龍見到這般情景，只得也撂下筷子，勸慰她說：「你別這麼孩子氣了！你應該跟俺哥學習，把人生看得平淡一些，就不會傷心掉淚了。你說，即使咱們聚在一起，永不分離，又能相聚多少年？」

這合乎情理的話果然有效，江蘭擦去眼淚，嗚咽著說：「你快吃啊。韮菜餡餃子涼了，吃了肚子疼。」

成龍拿起筷子，央求著她：「你得陪俺一塊吃。」江蘭吃了兩個，便丟下筷子，轉頭問：「你啥時候走？」成龍故意賭氣逗她：「你們兩口子是不是串通好了，想早一天攆俺回台灣？」江蘭噗哧一笑，探過身來拍他一下：「你的嘴巴比你哥還厲害！」

收拾了桌上的碗筷，江蘭催他回房睡午覺去，她還得忙碌家事。成龍有午睡習慣，回房剛倒在床上，隱約地聽到遠方的天際傳來一陣雷聲……他朦朧地想：「天氣這麼晴朗，難道還會下雨麼？」

于成龍被窗外的暴雨驚醒。他睜開眼睛，見屋內昏暗，從枕頭旁摸出手錶，湊近窗户一看，已是傍晚五時，這場覺睡了足足三個鐘頭。他翻身坐起，隔著窗户望去，院中的積水很高。那隻狡猾的四眼黑狗，正趴在門樓底下避兩，它把鼻孔頂在門檻下的空隙，似乎在窺視門外的動靜。他知道外邊兩勢正緊，根本走不出門，索性又躺下來，閉目養神。他想：「這場兩不會下久吧？若是連下上三天，俺就走不成了。」從昨天晚上，他和哥哥發生爭吵之後，便下決心——第七天天麻麻亮就走！頭也不回，眼也不濕，從今以後再也不回江家峪了！……離開哥哥四十年，盼星星，盼月亮，過端陽節，流眼淚；過中秋節，流眼淚；過春節，喝過年夜酒，蒙上被子哭一場，再朦朧睡去……沒想到勒緊腰帶，收了一個「未會」，千里迢迢跑回故鄉探親，卻換來成聖這般生冷的面孔！……

窗外的雨，嘩嘩下著。于成龍想起來看看廚房的動靜。他又翻身坐起，趴著窗台向庭院眺望，對面廚房空無一人，積水已經淹沒門前的台階。小黑狗換了一個姿勢，臉向院子，依然趴在門樓下面避雨。它那兩隻烏黑的小眼珠，像手電筒的燈泡，一閃一閃的，好像正專心瞅望什麼……順著小黑狗的目光，于成龍歪頭一瞅，不禁嚇了一跳！一個赤裸的女人背向著他，正蹲在一只大木盆內，搓肥皂洗頭。頭上的一道瀑布似的水柱，從屋頂的瓦槽中傾瀉下來，最後沖刷著她的頭髮和身體。這種靠大雨洗澡的方法，他已經四十年沒見了。住在山區的農民，吃水很難，洗澡成為一件奢侈的事。他記得小時候，夏天下暴雨，母親總是把孩子關在房裡，那她才可以痛快地在暴雨中沖澡……于成龍想起台灣的農村，電燈電話、樓上樓下，很多農家都有淋水浴缸設備；想不到四十年後的今天，江蘭還洗這種下雨時的雨水澡。觸景生情，他禁不住熱淚滿腮，嘴中囁嚅著說：「蘭子，你的命苦啊！」

淚眼朦朧，于成龍發現赤裸的女人，站立起來，她那健美的身材，猶如一個模特兒雕像，在暴雨中挺立不動；不，她開始用左手搓動右臂，漸漸向著胳肢窩移動，于成龍隱約地發現她胳肢窩下一叢濃密的黑毛……這柔美而誘惑的胴體，對於他而言是非常熟悉的。現在，他低下頭去，覺得似有千萬條蛀蟲啃噬著他的心。

「轟……隆隆！」

忽然一聲雷鳴，將于成龍驚起，他急忙趴到窗櫺旁去喊江蘭，想催她趕快跑進屋去，因為站在雷電交加的暴雨中是有生命危險的。他剛要張嘴喊叫，眼前的一個美妙誘人的鏡頭使他目瞪口呆。啊，江蘭的大理石般的健美身體，烏黑涓光的長髮，豐滿成熟的乳房，以及她那肥圓柔膩的臂部，無論從任何角度去看，誰也看不出她是五十七、八歲的女人啊！……「蘭子！」于成龍渾身打了一個哆嗦，趕緊閉上了眼睛，嘴裡默念著那個讓他終身難忘的名字；這個名字，象徵著純潔、莊嚴、永恒與無盡的愛；這個名字也如同黃河一樣；永遠在這個老兵心靈深處滾動、流淌……

星。

雷聲過後，雨逐漸停了。天已經黑了下來。遠方的夜空，露出數顆亮晶晶的星星。

8.

雨後，江家峪到處都有流水聲。暴雨的積水從高處順著村路向低窪處流淌，發出嘩拉嘩拉的聲音，十分悦耳。夜晚，村中沒有街燈，漆黑一片。村裡的農民熟悉路況，不覺為苦，但是卻苦了于成龍。他晚間出門解手，拿著手電筒，深一腳、淺一腳地摸索前行。每逢他在晚上出門解手，成聖夫婦總是勸他：「在庭院尿吧，明天一大早沖一盆髒水就行啦。咱們鄉下人哪有這麼多講究？」于成龍非常固執，他寧可把尿憋在肚子裡，也絕不肯在院子裡脫褲子排尿。他夜晚出門上茅房很麻煩，首先得抓住黑狗把鎖鍊掛在樹上，再返回堂屋去拿手電筒、草紙，然後才拉開門閂出去解手。回來短暫數日，于成龍最傷腦筋的是用紙問題。在台灣時，一包最上等的舒潔牌衛生紙，不到二十元，用起來柔軟舒服。他回來之後用的黃草紙，粗糙而缺乏韌力，有一次他用力稍大，竟然戳破了草紙，弄得手指頭粘滿了糞便。回去洗手也非易事，必須請別人從水缸內舀了水，一面倒水，他再一面搓肥皂洗手，提起此事他真窩囊得要命。

「不行。俺真過不慣家鄉生活。」那天，于成龍無意之間，流露出內心的牢騷話。

江蘭莞爾一笑，勸慰他說：「委屈點吧。你別忘記，眼前還有多少萬山區的農民，連吃水都成問題！」

于成龍似乎聽不進這些話。他每天送報紙，常在報上發現非洲大旱，幾十萬黑人嗷嗷待哺，或是孟加拉發生水災，又有數十萬人無家可歸、流離失所。這些發生在人間的悲劇，實在太多，他也懶得去動感情了。因此，于成龍有一句習慣話：「人口愈來愈多，生活愈來愈苦，這是自作自受！」

也許由於他是單身漢，他的性情有點古怪，譬如逢年過節即使是過去的老團長邀他去吃飯，他也置之不理；老同事、老長官娶兒媳、嫁女兒，紅帖寄給他，他是「禮到人不到」；唯一的凡是收到訃聞，于成龍風雨無阻，一定會去殯儀館吊喪的。

雨後的夜晚，小南風吹得涼颼颼的。于成龍蹲在茅房的石塊上，看著夜空，密密麻麻的星星，向他擠眼，彷彿對他說：「老于，你可完成心願，回到老家了吧？若在台灣，你上哪兒找到這八面通風的廁所？」于成龍用手帕堵著鼻子，想笑，怕臭味。那隱沒在牆角、草叢的青蛙，惡作劇般的鼓噪不休。他最討厭這種東西，上小學時老師告訴他青蛙是益蟲。他不聽這一套。在台灣時，他有幾年血醣過低，夜間常患失眠症。因而他最討厭蛙的鼓噪。他在鄉間只要碰上青蛙，不是把它踩死、砸死，就是把它用棍子敲死，方才罷休。

于成龍走出茅房，向家門走。江蘭正在門口等他，囑咐他趁著溫水剛倒進大木盆，趕緊洗澡。他起初猶豫不想洗，想起山村用水困難，但回家數日自己從未洗過澡，便悄悄進屋脫了衣服，在夜色蒼茫的院子裡洗了一個痛快的澡。

他擦乾身體，渾身輕鬆之至。換了一套從台灣帶來的睡衣，他走進了堂屋。八仙桌上，放著一盤切好的滷菜，菜上洒了點葱花。正凝神時，江蘭從床頭櫃摸出一瓶春鴿牌白酒，先給成龍斟了一盅，再為自己斟滿，她拿起酒盅，滿面春風地說：「小龍，咱倆相別四十年，俺敬你一杯。」她仰起脖子，一飲而盡。

三杯酒下肚，成龍發現江蘭的眼前已經泛紅，同時聲音也充滿了悲涼之情。他對江蘭說：「蘭子！不，俺現在應當稱呼你嫂子，……對不對？咱倆乾下這一盅酒，然後把酒收起來，泡茉莉花茶，怎麼樣？」

「小龍，俺酒量比你強。」江蘭答非所問，仰頭喝盡了杯中的酒。

江蘭的話是實在話，成龍根本不會喝酒。離家四十年，他很少在飯館喝酒，即使在公共宴席上，他也只是「以茶代酒」而已。退伍之後，偶爾遇到刮風下雨，他也會約同丁老海去巷口老簡的麵攤前，切上一碟豆腐乾、海帶，再來一盤醬牛肉。兩個人打開一瓶紹興酒，慢慢喝著，聊著，直喝到頭有些暈，他才回去蒙上頭睡大覺。

「小龍，俺問你一句話。」江蘭一隻手端著酒盅，眼中迸射出強烈的光芒：「你得坦白地回答我，行不行？」

「行！」他也舉起了酒盅，似在舉行莊嚴的宣誓：「咱倆從小沒有隔夜的話。你盡管問吧！」

「先乾了酒再説話。」

兩人同時仰起頭飲盡了酒。

「小龍，你啥時候走？」江蘭的聲音發顫，眼睛帶淚，酒精燒得兩頰通紅。「快説，啥時候走？」

「俺……不……走了！」成龍睜著眼説瞎話。

「為啥不走？」她逼問了一句。

「為了你，蘭子！俺回來是看你的。四十年來，俺從來沒忘掉過你！」他掏出了心底的感情話。

「你沒有哄我吧？」江蘭嘴上這麼説，但卻掩蓋不住內心的興奮情緒。

「誰要哄你，天誅地滅！」突然，成龍垂下了頭，發出了一片悲切聲音：「為了你，俺在台灣不結婚。為了你，俺得罪了不少老同事，他們為俺説媒、介紹對象，都被俺一口回絕了……你猜他們説我啥？……你猜……」他把臉轉向牆壁，沉默下來。

江蘭放下酒盅，伸過手去握住于成龍的胳臂，搖晃著說：「他們說你啥？」

于成龍轉過頭來，慢吞吞地說：「他們說我……性無能……」

于成龍從旅行袋裡找出一條新的毛巾，舀了半瓢涼水，把毛巾澆濕，輕擰了一下，遞給江蘭。她將八仙桌上的鹵菜、酒盅、筷子收拾乾淨，便去燒開水沏茉莉花茶。

山村的春夜如同黃河水一般，靜靜流淌著。庭院的幾隻母雞，經過一場暴雨的驚擾，如今都趴在雞窩，閉目養神，不敢吭氣。靠雞窩的牆角積滿了水，變成了一個凹字形的小池塘。偶爾從水窪裡發出一兩聲蛙的鳴叫。

堂屋內的那一盞燈泡，由於布滿了蛛網與蟲漬，散發出微弱的光芒。于成龍喝著茉莉花茶，依舊覺得味道不對，但是，他聽著小白玉霜的評劇，卻是津津有味，如醉如痴。

江蘭倚在靠窗户的炕沿上，半敞著懷，微閉著眼，隨同那流瀉的悅耳的戲詞輕聲吟唱。她今晚喝了有半瓶白酒，從她的聲音表情看來，如今已有三分醉意了。成龍挨近她，把一件舊袂襖輕搭在她的身上。

「小龍，」突然，江蘭睜開眼睛，把小袂襖撥開，順勢握住了他的一隻手。「你在台灣能聽到評劇？」

「嗯，聽過。」他有點害臊，把臉擺過去說。

「準是你胡扯吧?」江蘭半信半疑地問。

于成龍是個戲迷,他擁有各種地方戲錄音帶,而且還在台北、基隆看過評劇,如〈老媽開嗙〉、〈桃花庵〉、〈花為媒〉等。于成龍說的天花亂墜,江蘭聽得眸子直轉個不停。為了證實他自己的話,于成龍居然扯起難聽的嗓音,唱了一段〈花為媒〉中的〈報花名〉:

春季裡風吹萬物生,花紅葉綠草青青,桃花艷、李花穠、杏花茂盛,撲人面的楊花飛滿城。夏季裡端陽五月天,火紅的石榴白玉簪,愛它一陣黃昏雨,出水的荷花婷婷玉立在晚風前。秋季裡天高氣轉涼,登高賞菊過重陽,楓葉流丹就在秋山上,丹桂飄飄天外香。冬季裡雪紛紛,梅花雪裡顯精神,水仙案頭添風韻,迎春花開一片金。

沒等于成龍唱完這段戲,喜得江蘭如同一隻喜鵲,翻身坐起,把成龍摟得緊緊的,熱淚盈眶地說:「你的記性真好,了不起。你知道不,小龍,你這段報花名的唱腔是新鳳霞唱紅的。」

「什麼,戴綺霞?」成龍茫漠地應和著。

「新鳳霞!」江蘭解釋給他聽:「你唱的那一段新唱詞,是吳祖光寫的。他是新鳳霞的愛人。五七年反右運動,他犯了錯誤受到批判,這部花為媒影片也被禁演了。」

于成龍實在聽不懂這些話，只是裝洋蒜，點頭傻笑。接著，江蘭興緻盎然，模仿新鳳霞獨特的唱腔，那聲音渾圓悅耳，讓他聽得宛如走進萬紫千紅的花園，一對青年男女，對鳥發笑，對花含情。于成龍熱情地抱住她，激動地說：「唱得好，唱得太好了！蘭子，若是你年輕時候參加劇團，你今天比新鳳霞還要紅！」

「別提了。」江蘭的微紅的臉上現出了愁容，把眼睛轉向牆壁，慢吞吞地說：「四九年秋天，俺已經考上了華東文工團，後來到了濟南，參加排演大型歌劇白毛女，你猜俺演啥？哈，你一定不知道，俺飾演喜兒，喜兒就是女主角白毛女。他們誇獎俺音色不錯，有藝術才華。」江蘭的臉上又露出喜悅的神情。

窗外，傳來一陣沙沙的雨聲。一忽兒稀，一忽兒緊，大概雨季到了。

江蘭沉浸在往事的夢境裡。那時，她的理想比天還高，現實命運比紙還薄，于成龍走後不到半月，她進了文工團。她當時心中明白，若想等待心愛的情人，只有和于家的人保持聯繫，適巧于成聖追求她，她便順水推舟和他結了婚。那時她進入文工團剛滿十天。誰知道排演〈白毛女〉時，江蘭的生理上突然發生了變化，胃部脹痛、嘔吐，而且頭暈，通過醫院的檢查，才知道這位結婚不到一月的新娘，已身懷六甲。從此她回到了江家峪，守著黃河、守著故鄉、守著兒子于長源，做了村辦小學教師。

于成龍聽得如醉如痴，老淚縱橫，鼻眼一片模糊了。他抱緊了江蘭，向她道出衷心的歉疚的話：「蘭子，俺害了你一輩子！」

「你錯了！」江蘭堅定地搖頭說：「俺這一輩子幸福。」

窗外的夜雨，愈下愈大了。

「雨捎進來了，你去把門關上。」江蘭擦著眼淚，輕聲地說。

成龍插上房門，隱約地彷彿聽見黃河的水聲，嘩拉嘩拉，向前洶湧滾流……他看見一個半裸的充滿青春氣息的女人，躺在柔軟的沙灘上。他頓時感到口乾舌燥，兩條結實的腿在發脹，宛如蹲在起跑線上的運動員，湧出了衝出去的強烈欲望。他摟住江蘭的肩膀，一隻手搭在她那柔軟的高聳的乳峰上。

「親親它。小龍哥，親它幾口，你會永遠忘不了俺！」她發出夢囈似的語言。

窗外的雨，漸漸稀了。沙沙的，像老祖母篩豆子一樣的聲音。

「你……從啥地方學的這套……新花樣？哼，人家還說你……無能……真是見鬼……嘻嘻……」

「小聲，噓。」

雨緊起來，刷刷地。從門縫中吹進一陣陣涼風。雖然春天的夜晚涼風襲人，但是于成龍卻渾身熱烘烘的，一粒粒的汗珠，默默地從毛細管迸流而出。偏是江蘭嘮嘮叨叨、哼哼唧唧，好像患了瘧疾病，先是冷得直打哆嗦，接下來滿面通紅，周身冒出大汗，恰似剛從黃河中游上岸來的一條大魚。

「你要死啦！」她用手背抹著臉上的汗水，發出掙扎的告饒的聲調：「俺今天晚上，不該喝酒……俺碰上鬼了……」

窗外的驟雨，淹沒了堂屋內的聲浪。那掛在屋樑上的電燈泡，原是昏弱無光，如今卻顯得大放異彩，使床上這一對年近六旬的男女，煥發了青春的活力。

門外傳來雞窩的母雞拍打翅膀的聲音。雨，依舊刷刷地下得正緊。

9.

睡意朦朧，于成龍被翻轉過來的一條裸腿壓醒。他揉開眼睛。猛然想起昨天晚上的事，轉頭看見江蘭睡得正酣，便輕輕拿起床頭的薄被，搭掩在她的微微凸起的裸腹上。于成龍躡手躡腳下了床，穿上褲頭，披著睡衣，輕撥房門走了出去。

雨過天晴，曙色蒼茫的晨空閃耀著數顆星星。他覺得腦袋輕微脹痛，想是睡眠不足的緣故。站在雞窩前，朝著那凹字形的積水窪撒了一泡尿，他就回到自己房間，蒙頭睡了。

等他一覺醒來，聽得廚房有人說話，而且聞到煙火燎辣的菜香。于成龍穿好衣服，打開房門，發現庭院站著一個十三、四歲的男孩，濃眉大眼，胖乎乎的，著實讓人喜愛。正在這時，長源從廚房走出來，向他打了招呼，又拍著孩子的肩膀說：「大栓，叫爺爺，給爺爺鞠躬。」孩子有些膽怯，鞠了個七十度的躬，跑去廚房找他奶奶去了。

這次成聖在縣城參加政協大會，昨晚抽空去看看長源，告訴他成龍過幾天可能就走，長源當夜和劉青商量一下，特地帶了兩盒阿膠、兩瓶白酒、兩盒錄音帶、一包剛做的小米煎餅，還有大栓他舅送來的一瓶用蜂蜜釀泡的棗子。小兩口騎著自行車，大栓坐在長源的後座，浩浩蕩蕩地來了。長源把他帶來的禮物，一一介紹給他。他先拿出「阿膠」，他說這是上等藥物，可治婦女百病，尤其咳嗽吐血，最為有效，成龍把它放在一邊，幽默地說：「俺平日最討厭吃藥。這種專治女人百病的藥，俺怎麼能吃？你想把叔吃成男不男、女不女，出洋相啊！」劉青圍了過來，向他辯解道：「俺叔，您一定帶著它。這種藥當初是慈禧太后服用的。男人也能服用，小孩也行。它在東南亞非常有名哩。」成龍不再堅持下去，但他暗自下了決定：「絕不帶這種補藥，吃了拉不出屎，那才受罪。」接著，劉青拆開錄音帶拿，把附在盒內的唱詞遞給成龍：「叔，這是咱山東的呂劇。您一定喜歡聽。」成龍像當年帶兵似的，下達命令：「把它裝進錄音機開始收聽！」

江蘭端上一盆白菜炖肉，剛蒸的饅頭，還有長源帶來的煎餅，每人盛一碗熱騰騰小米稀粥。成龍、江蘭在八仙桌兩邊，長源靠著炕沿，劉青站著吃飯，只有大栓把菜撥在小碗中，一個人坐小板凳吃，像在教室上課一樣。

這充滿天倫樂趣的團圓飯，使這個從台灣回來探親的于成龍，感到無比的溫暖。嚼著芳香的煎餅，他又跌回了童年的回憶中。那時，他像大栓這麼大，嚼著煎餅捲大葱，鼻涕不由得流在煎餅上。「啊喲，馬蜂兒子出來了，真髒！」成聖皺起眉頭，大聲告訴父親：「爸，您看，衛生部長！」父親放下飯碗，走近成龍的面前，輕輕用手帕捏住他的鼻子：「哼，使勁哼！」清理了鼻涕之後，父親回頭怒罵成聖：「哼，看了那麼多文學書有啥用？也不能專寫文章，不照顧弟弟呀！」成龍喝了幾口小米稀粥，抬頭向牆上掛的相框瞅望，他自言自語：「相框裡貼了這麼多俺的照片，怎麼沒有俺爸的？沒有老人家培育的話，咱們哪會活到今天？」江蘭是個聰明人，她聽出成龍話中有話，只得低著頭吃飯。長源沉不住氣，他說「文革」時期，成聖為了和老一代劃清界線，把爺爺的相片焚燬，如今再也無法挽回了。成龍嘴上沒說什麼，心裡卻窩著一個疙瘩。

吃過午飯，屋裡的老少三代，湧出了別離的悲傷情緒。臨走，長源含淚對成龍低頭說：「俺叔，您老人家回來，看看俺們生活幸福，家庭美滿，您就高高興興回去吧！不瞞您說，俺們今天來看您，俺爸不知道……俺怕以後再也看不見您了。」

劉青插嘴說：「你怎麼這樣講話呢？」

「沒關係，自己親人，有啥講啥。」成龍強作笑容說。

「叔！」長源像喝醉了酒，猛地撲向成龍，雙手摟住他的膝蓋，哭泣著說：「您以後可別寄錢了。俺叔，俺們生活毫無問題，俺爸有離休工資，俺媽也有離休工資，他們加起來兩百多……現今生活比過去強了十倍……您在那邊掙點錢也不容易……叔，您再想一想，俺看您別走了……」

劉青用胳臂扶著門在低頭流淚；江蘭耷拉著頭，輕聲啜泣，而且用一個紙團堵著嘴；大栓坐在小板凳上，想哭不敢放聲，不哭憋得臉紅，他一直眼瞅著從台灣回來的爺爺發呆。屋內充滿了別離的悲傷的氛圍。

擺在桌上的錄音機，發出喀嚓一聲，一捲呂劇播完，可能由於音量稍低的緣故，從頭到尾，沒有一個人聽它唱的是啥？

淚眼模糊，于成龍走近他們，左手拉住長源、右手拉著劉青，想向這一對年輕夫婦表達他的歉疚心情：由於他去了台灣，當年影響長源無法進入「共青團」，這是他剛進家門，成聖便向他講述的一段家務事。可是，成龍再三思量，始終無法合適地表達出他的心意。他只是流淚，最後還是沒說出一句話。

「到了那邊，給俺們寫一封平安信。」半晌，長源說。

「俺叔，您老人家保重。」劉青也含著淚說。

于成龍像喝醉了酒，看看長源、看看劉青，鬆開他們的手，他又蹲下去，抱住大栓，在大栓那蘋果似的臉腮上親了一下，合上眼睛，歇斯底里地說：「俺不走了，俺一輩子守著黃河……」

「長源，扶起你叔去臥房休息。你叔實在太累了！」

隨著江蘭的叮囑，長源夫婦扶著成龍走到隔壁的房裡。掩過房門，成龍便躺了下去。他的心宛如化作千百個花瓣，隨同那滾滾的黃河水，大顫大悠地朝向遠方流去……

傍晚時分，江蘭沖了一碗雞蛋湯，端給他喝。江蘭坐在門檻上，眼睛一直瞅著他把那碗雞蛋湯喝完，便接過碗去，挨著床沿坐下，勸慰他說：「等晚上成聖回來，你別再提爸的照片的事了。小龍，不管你走也好、留下也好，你總得跟你哥哥和睦相處才行啊。你說俺這話對不對？」

成龍耐住性情，用和緩的語氣說：「不是俺不懂情理，俺總覺得成聖變了。他年輕時候，並不是這個樣子。」

江蘭長嘆了一口氣，沒說什麼。

「長源這孩子憨厚，俺打心眼裡疼他。」成龍掀開被子，坐了起來。

「你不疼他誰疼他？天下還有比父子的感情再深的？」江蘭握住他的手，激動地說。

「你說啥？」成龍好像不相信自己的耳朵，他的聲音發出了輕微的顫慄。「你說，長源是俺倆的？」

江蘭深垂下頭。半晌，她道出了埋在心底的哀怨與牢騷：「如果不是這塊肉，俺這輩子的歷史應該重寫。俺不會蹲在江家峪，俺也不會守著黃河……這歷史怎麼寫呢？也許成為一名優秀的文工團員，嫁給一個外鄉人；也許俺活不到現在……不管這個歷史怎麼寫，都會比俺目前的環境幸福！」

「那也不見得。」成龍激動地說。他內心是痛苦的，也是甜蜜的；他不願意在對方的嘴中聽到半句牢騷話。

「小龍，不是俺年紀大了，愛講陳年爛穀的話。咱們是一塊長大的。你說，俺的命多麼苦？從媽的肚子裡一生下來，就注定了倒楣命，俺屬羊的，跟西太后一樣，要不然咱們倆早就結婚了……她慈禧風光了一輩子，活得有滋有味；可俺這個屬羊的卻跟著一個毫無感情的男人，過了一輩子！」

「俺向你贖罪，行不行？……俺下半輩子，守著黃河……行唄？」成龍流著熱淚向她發出莊嚴的誓詞。但是，她並沒有聽見這句話，因為她一直低頭捂著面孔在哭泣。

飯剛擺上桌，天黑下來，從縣城開完會的于成聖回了家。他把自行車停在廚房後面，先跟黑狗逗了一會兒，洗淨了手，高高興興走進堂屋。成龍拉開電燈，見他手中拿著兩瓶白酒，便接過來隨手放在供案上。

「統戰部送給你的。」成聖咧開嘴，坐下來說：「高檔酒，俺還沒喝過呢。」

「咱打開一瓶嚐嚐。」成龍雖不嗜酒，卻順水推舟地拿出一瓶酒，擰開酒蓋，先給哥哥斟上一盅，再斟上兩盅酒。

「你不帶走了？」成聖端起酒盅，先用鼻孔聞一聞，然後珍惜地抿上一口，嘴中發出咂咂兩聲，讚不絕口地說：「真是美酒、美酒！」

成龍從回鄉探親以來，從來沒見過成聖有如此快樂的神情。他感到詫異，往日成聖吞吞吐吐、面帶愁容，為什麼出席政協大會之後，卻變得這麼心情暢快呢？難道他對這個從台灣回來的胞弟，消除了一切的政治顧慮？果然，成聖一面喝酒，談起這次開會碰上的熟人，以及他聽到和看到的新鮮事。他說：從去年十一月到現在，短短四個多月，台灣回來探親的山東鄉親將近一萬人。他對江蘭笑道：「縣委組織部老林的哥哥，前天從香港回來，帶了三大件、五小件，家裡一天到晚高朋滿座，比娶媳婦還熱鬧。哈哈，老林跟俺們開玩笑，他說台灣同胞為咱們開創發財致富的條件啦，你說這話多有意思？」

江蘭茫漠不解地問：「三大件、五小件是啥？」

成聖的眼睛頓時漾出光彩，夾了一塊肉填進嘴裡，悶聲悶氣地說：「彩電、冰箱、電動洗衣機……反正都是資本主義國家的東西。」他說著轉向成龍：「下一趟你回家，路過香港的話，你也給俺帶一個彩色電視機，二十六吋的，俺要收看建國四十周年國慶大典實況。小龍，行不？」

「行！」成龍一挺胸脯，像以前在軍隊回答長官一樣，簡單、乾脆。

江蘭回頭瞪了成龍一眼，輕聲問道：「你不是說不回去了麼？」

沒有等成龍回話，成聖便搶先說：「既然來了，就應該回去。來去自由，這是黨的一貫政策。如果你不讓咱兄弟回去，那會影響黨的政策的。小龍，你說這話對不對？」

「對！」又是一個挺胸、爽快的回答。

半晌，成龍終於打開窗户說亮話：「哥，俺明年一定帶回電視機來。不過，俺這話必須說清楚，俺並不比縣城那一個姓林的寒磣，前天俺給你的那五千塊美元，能買六個二十六吋的彩色電視機，可是你啥也不買，光存起錢來有啥用？小時候，你勸俺看魯迅、巴金、茅盾的作品，鼓勵俺向舊思想決裂；哥，您現在的思想也很舊了，你可能自己不知道……」

成聖仰起頭哈哈大笑了！端起酒盅，他朝江蘭提議：「咱倆向成龍敬酒，祝他一路順風！」說畢，他一仰脖子，乾了杯。他那乾淨利落的動作、洒脱豪爽的表演風采，如同當年在縣中公演話劇一模一樣。

10.

黃河的水越湧越高了。前天下午的一場暴雨，從千千萬萬的上游農村和城市淌出來，最後流進這條泥龍似的黃河裡。在濁浪起伏顫顫悠悠的河面上，飄浮著嫩綠的春葉與去冬的枯枝。北飛的雁群，嘎哇嘎呀的，沿著江家峪的渡口盤旋鳴叫，它們是尋覓落腳的沙灘呢？還是挽留這個即將遠行的于成龍呢？

清晨的河岸靜悄悄的，尋不著一個人影。東方的天壁，浮蕩起數朵彩雲，它像銀幕上的妙齡仙女，隨風飄曳著讓人妒忌的舞姿。于成龍向河對岸的桃林瞅望，僅是六日不見，顯得枝繁葉茂，花兒也更加耀眼了。

這次回到久別的江家峪，雖然住了六天，他和江蘭如膠似漆的愛情生活，使他終身難忘，即使今生再也不得重聚一起，他也死而無憾了！他了解江蘭捨不得他走，因此今天天麻麻亮，他連臉也未洗，牙也沒刷，像小偷一般先把黑狗的鎖鍊掛在樹上，輕輕拉開門閂，提著隨身旅行袋，走出了靜寂的江家峪；說來也巧，從出門直到黃河壩堤，他竟然沒有碰上一個人。

老實說，于成龍這次回來探親，原是打算留在江家峪，終老故鄉的。他在台灣的所有積蓄，這次統統帶上了路。如果回去，他依賴的仍舊是半年領一次的退休俸，以及派送報紙的薪水；若想明年再度回鄉，應該帶回一個彩色電視機、電動刮鬍刀，再給成聖、江蘭買兩件呢外套……他計劃回台灣之後，參加兩個儲蓄會，三千一個的，到了明年春天，他能積存到七萬二，換成美鈔也有二千，至少「三大件」款項有了著落。于成龍回過頭去，朝那煙蒸霧鎖的江家峪揮了揮手，道聲「再見」，他的熱淚不禁奪眶而出了。

黃河的春水，一聳一跳向前嘩嘩地淌著。

于成龍像孩子似的，回過頭去，用那充滿感情的鄉音，大聲喊著：「蘭子……再見……」他那蒼老的山東鄉音，在群山之間回蕩……

淚灑相思地

江家峪老一輩的人，大抵都能記得江發逃荒來此落户的往事。那是五三慘案次年，黃河發大水，魯西一帶農民扶老攜幼，紛紛逃難。有一天傍晚，一個漢子推著小車，小車左邊擺著棉被、衣服、鍋碗瓢勺，用草繩捆紮一起；右首坐著一位年輕憔悴的婦女，紮著馬尾髻，懷裏抱著一個小貓似的男孩。那漢子走到村前，把車停下，看那一輪紅日將要墜下西山，他不禁泛起了愁腸。

村裏人看到江發的狼狽樣子，已猜出他是逃荒過路的窮漢。便有人跑回家拿出煎餅、窩頭，還提了水罐，送給江發食用。江發拿起一只窩頭，掰成兩半，一半塞進嘴裏，嚼了數下便吞進肚裏；他再把剩下的窩頭掰了一小塊，走近車前，放在女人的嘴旁，輕聲喚著：「圓兒他娘，醒一醒，你吃一口窩頭。」那女人卻置之不理。江發抱起孩子，用手拍拍她的肩膀，撥拉一下她的眼珠、嘴唇，最後終於放聲哭泣起來。「圓兒他娘，你拋下俺爺倆可怎麼過呀！」他嘴中的窩頭渣滓都吐出來了！

江家峪姓江的占百分之八十，因此對於這個同姓的江發，格外同情。江發靠著他那堅實有力的雙手，便在村後的荒山坡前，胼手胝足，建起了兩間小屋。江發餵那隻小貓米湯、稀粥，眼看貓兒日漸發胖，到了翌年春天，黃河泛春水時，這個名喚圓兒的小貓，已經會在山坡上追小雞了。

村裏的女人們，對於這個沒有母親的圓兒，感到非常有趣，這是從憐憫心湧出來的感情。只要圓兒出現在孩子群中，總會哼起流傳已久的兒歌：

小公雞，跳鑽鑽，沒娘的孩兒實可憐。那裏睡？灶火裏睡。鋪著么？鋪著灰。蓋著么？蓋著坯。枕著么？枕著棰。

等到鄰居和江發熟悉以後，便有人為這位光棍提親拉線。每逢聽到提媒的事，江發總是熱淚盈眶，耷拉著頭，嘴裏叼著旱煙袋，一吭也不吭，好像傻了一樣。

「老江，你咋不吭氣呀？你是願意，還是不願意，你總得表示一下啊。」

對方只這麼一激，這個苦命的青年農民便哇地一聲哭了。哭得跟劉備似的，硬是鼻涕一把淚一把的，剎那時變成了一張大花臉。原來提媒的有點氣惱，如今見他哭得這般傷心，便感覺緊張起來；原本是作了一樁美事，誰想到會惹得江發傷心難過呢？

只要陽光充足雨水夠，撒下玉米粒不久，便會冒芽長大，眼看鮮嫩的黍葉成長，最後結出富於營養的玉米棒子；圓兒也像莊稼一樣，吃得飽，睡得著，只是三兩年功夫，這只小貓就活蹦亂跳，啥話也會說了。別看圓兒五音不全，人家還會唱兒歌呢。

三歲的小孩穿紅鞋兒，搖搖打打上學來。老師老師別打俺，到家吃口媽媽再回來。

每逢江發聽見那充滿稚氣的兒歌，總會熱淚滿眶，悲痛萬分。他知道妻子的病是讓這場水災耽誤的。若是太平歲月，他只要帶上幾個小米煎餅，天摸黑動身，來回一百二十華里，當日掌燈時分她服下馳名全國的東阿阿膠，便會霍然痊癒。阿膠專治婦女百病，它和人參、鹿茸，並列為中藥「三寶」。只是價錢貴了一些。在北伐前後，東阿懷德堂出售的「尚清阿膠」，每盒可值七十斤小麥。江發雖是窮苦人家，但他為親人治病從不吝惜，套用他的一句口頭禪：「錢算啥！有人就有錢。」但是眼前的一場大水淹沒了田地房屋，他已是赤貧如洗，無力購買那仙丹一般的阿膠了。江發並不灰心，他原來打算出外奮鬥兩年，積攢一筆買阿膠的錢，為他的妻子治病，卻料想不到剛走進江家峪她便嚥了氣！

三伏天，太陽落下山，村裏的男爺們端著飯碗、拿著蒲扇，不約而同聚集山坡打麥場上，一面喝稀粥，一面納涼聊天。

「甭想你圓兒他娘了。即使你給她吃了阿膠，也不一定治好她的病。俗話說：治了病，治不了命。一個人在陽間有多少年的壽命，閻王爺的帳本上記得清楚，咱們是無能為力的啊！」有人這樣勸江發。

「可不是麼，阿膠這種藥也是藥王爺的處方啊。」有人接著說。

江發仰頭凝望那晚暮籠罩的遠空，出現了數顆星星，亮晶晶地向他眨眼睛。有關阿膠的神話，他在少年時期也曾聽過。傳說遙遠的年代以前，東阿有個善良的閨女，名叫阿嬌。她為了給黃河兩岸的婦女治病，獨自跑到泰山去祭祀藥王爺。祭拜回來途上，遇到一個白鬍子老頭，老頭說：「要治婦女病，非用吃獅耳山的草、喝狼溪河的水的小黑驢的皮才行。」

這種阿膠的做法流傳甚久。每年春天青草發芽時，挑選精壯、純黑的小毛驢兒，趕到獅耳山去放牧，並且把它們牽到泉水甘冽的狼溪河去飲水，一直把小黑驢養到冬季再宰殺。先剝下驢皮在河內浸泡四、五天，刮毛滌垢，又浸泡數日，洗淨切成小塊；再摻藥物熬成乳膏，等冷卻後切成塊狀便成阿膠。傳說阿膠是為紀念阿嬌命名的。李時珍的《本草綱目》上說：「凡造諸膠，牛皮、豬皮、驢皮為上。」當然最上品的阿膠還是以黑驢皮熬成的。

「治了病，治不了命。」江發唸叨著鄰居的話，心胸逐漸開朗起來，心想：「即使俺跑到東阿鎮買回阿膠，給俺圓兒他娘吃下去，她能會好轉麼？就算多活上一年半載，她兩腿一蹬，這個擔子還不是俺一個人挑？」

從此以後，每逢提到病逝的妻，江發便改口喚她「短命的」。這個稱呼不僅吻合「生死由命，富貴在天」的傳統觀念，同時也確實讓他那痛苦的心靈獲得一點解脫與慰藉。漸漸地，江發從流傳民間已久的輪迴觀念中，獲得一種新的啓發：他認定上一輩子欠了圓兒他娘感情的債，她這次投胎來陽間是向他討債。於是，江發的心扉頓時明亮而開朗起來。

儘管江發心裏比從前輕快了些，但是他對於續弦的問題，依舊採取反對態度。偶爾有人向他提親，他總是發出謙卑的微笑，低聲地說：「俺這一輩子注定的打光棍的命，這是不能強求的事。再說，萬一女人進了門，不疼俺圓兒，俺咋對得住死去的圓兒他娘？」江發的這些理由，不輕不重，合情合理，溫和而委婉地將媒人送出門外。媒人不僅不埋怨他，反而尊重他，敬愛他，誇獎他是最講道義的男子漢。同時，江家峪的女人們都很佩服他，而且更加喜愛活潑可愛的圓兒了。

每當農作收割的季節，江發是村裏爭相雇用的短工。他身材魁梧氣力大，脾氣好，不挑飲食，所以在整個的秋天，他幾乎沒有休息的機會。每逢江發擔莊稼經過山路、渡口或是街頭巷尾，那些路過的大閨女、小媳婦總是停下來向他瞅望。這是多麼奇怪的男人啊，他為啥不願意續弦呢？不少的女人暗自議論他，甚至猜疑他。這些，江發一點也不知道。因為他走路遇到婦女總會低頭而過，從不會瞅人家一眼。

圓兒七歲那年，個子已經長得很高，什麼農活兒也都會做。那時江家峪村還沒有成立小學，只有私塾館。首任老師江勇仁，是一位落魄的窮秀才。他因為幼時患了軟骨症，成了跛子。再說家境貧寒，母子相依為命。老母過世，他三十多歲才討上老婆。江勇仁性情剛烈正直，經常發脾氣，若是學生貪玩逃學被他逮著，最輕的也得打十個板子。他有一句習慣話：「不打不成器」；每逢談論起新式教育，他總是把嘴一撇，冷笑道：「什麼的、呢、了、嗎，這是他娘的啥玩意兒呀！」

江老師最疼愛圓兒。圓兒進學第一天，江老師就走近圓兒的面前，拍著他肩膀說：「你是不是沒有娘？你爹叫江發對不對？」圓兒點頭傻笑。江老師問他：「你叫啥？」圓兒說：「俺叫圓兒。」江老師說：「怎麼寫？」圓兒紅了臉，蹲在地上，用手指頭畫了個圓圈。江老師的眼珠翻了幾下，喃喃地說：「左手畫圓，右手畫方。圓者，豐滿也，完全也，完滿也，運而不窮也……江圓，哈哈！」他爽朗地笑起來。又對圓兒說：「俺給你改個圓字如何？把團圓的圓改作源流的源，它和江字同為水旁，你覺得怎麼樣？……源者，水原也，水本也，事物之始也……江源，讓俺把這個字寫給你看！」

江勇仁果然目光如炬，看準了圓兒是根念書的苗子，不到半年光景，已把「三百千」讀完，教他《論語》了。有時，江勇仁喜歡坐在私塾館門前的三棵柏樹下，吸著旱菸袋，向孩子們講故事。這是江源最感到興奮的事，江老師用那充滿感情的鄉音，講起清光緒皇帝志在維新，受到慈禧軟禁的史實。他說到戊戌變法、譚嗣同等人被斬的時候，禁不住聲淚俱下。

「譚嗣同本來可以不死，逃到日本使館躲避一下就行。康有為、梁啓超都是這樣東渡日本的。但是譚嗣同不走，他決心要用自己的鮮血，喚醒大清國人民的覺醒。……

……了不起啊！」江勇仁熱淚滿腮，他掏出一塊不太乾淨的手帕，擤了鼻涕，又擦乾了眼淚，便搖晃腦袋，吟起了譚嗣同的五言律詩：「世間萬物抵春愁，合向蒼冥一哭休。四萬萬人齊下淚，天涯何處是神州。」吟罷，他激昂地站起來，向身旁一群小蘿蔔頭說：「你們要下定決心，跟譚嗣同學習！一個知識份子，應該以天下為己任，絕不能唸死書啊。這些話，你們懂嗎？」

蹲的、坐的，還有站著的二三十個學生，不知如何作答。一個個小蘿蔔頭，「張飛看刺蝟──大眼瞪小眼」。

驀然間，江勇仁指著樹底下的圓兒，問道：「江源，你懂不懂？不要強不知以為知，懂不懂呢？」

「俺懂。」圓兒吸溜一下鼻涕，笨拙地說：「您教俺們長大以後，要知道報答國家，不要自私，要跟……糖四桶學……」

「糖四桶，你可真嘴饞！」江老師挖苦了圓兒一句。

柏樹下的小蘿蔔頭哄然大笑，嚇得樹梢上的幾隻麻雀飛遠了。

「進來吃糖吧，江源請客！」江勇仁吆喝著孩子們，一跛一跛走進學屋。

這一位落魄的年逾不惑的鄉塾教師，住在黃河渡口附近一棟破舊的石屋裏。江源每次去看他，常見他坐在屋角的凳子上，身前擺著一張漆得發亮的矮桌，桌上堆滿了線裝書。江勇仁宛如一位古人，正靜心觀看詩稿，偶爾舉起酒壺，滿斟一盅，一飲而盡。屋外的庭院寂靜無聲，一只懶貓躺在屋檐下晒太陽。他那一位不會生育的妻子，坐在靠牆的石榴樹下作針線活兒。每次江源去玩，她總是老遠地向他點頭微笑。江源從來沒聽見她講過一句話。

有一年端午節，江源提著一串剛出鍋的粽子去孝敬老師。那時江勇仁醉意朦朧，接過粽子，不禁悲從中來。他激動地說：「圓兒，咱們把粽子投進黃河，讓它隨波逐流沖到汨羅江去，祭悼偉大的詩人屈原……」江源拉著他的手，貼近他的耳朵，大聲說：「老師，您喝醉了，可別扔粽子啊！」江勇仁坐下，端起酒盅喝盡了酒：「粽子，咱不吃。……屈原……」圓兒捂著嘴直笑：「俺是江源，不是……七元！」

「你腦袋裝的盡是錢！七元、八元，哈哈！俺怎麼教導出如此庸俗的學生？……涕泣交而凄凄兮，思不眠以至曙。終長夜之緩緩兮，掩此哀而不去。……屈原為了憂國憂民，失眠竟夜；而你卻昏頭昏腦為了七元、八元，三毛、五毛在發愁、嘆息，你不覺得可恥麼！」忽然江老師站起來，厲聲罵道：「給俺滾出去！」

那個剛滿九歲的圓兒，懷著悲哀而恐懼的心情，跑回了家，趴在床沿上，嗚嗚地哭起來。

江發正在廚房劈木柴，聽得圓兒在哭，走近床邊，把圓兒扶起來，問了大半天也沒問出啥名堂。江發以為孩子可能背不出書，寫不好字，挨了老師的罵。便勸慰道：「你知道改過就行了，哭有啥用？江家峪哪一個不知道江老師疼你？人家背後說你是江老師的義子。」

「腆子？」圓兒翻身而立，怔忡地問。

「不是腆子，是義子。」父親更正他的誤解：「義子就是乾兒子。這是好話。」

這時，從遠方傳來巨大的爆炸聲，混合著激烈的槍聲，震得屋頂直晃悠。江發跑出去看個究竟，原來縣城早已掛上了太陽旗。韓復榘一槍也沒放，拱手把濟南府讓給了日軍。目前，我國軍隊正在魯南集結，準備大幹一場。剛才的槍炮聲，聽說是日軍下鄉掃蕩，遇上了抗日隊伍發生的一場戰鬥。

隔了半月多，江源在一個月明星稀的晚上，走進江老師的家。一進門，一股濃烈的中藥氣味，衝進鼻管。他發現江勇仁躺在床上，額頭貼著一帖膏藥。油燈底下，江師母蹲在一只小爐前，正在餵藥。圓兒看見江老師蒼白削瘦的面孔，禁不住流下了眼淚。

「乖孩子，你別難過，老師不會死的。」他攢住圓兒的小手，微笑著說：「過兩天，俺就去學屋教書，你把中庸唸完以後，俺想教你唐詩。咱們中國的文化學問，博大精深，了不起啊！」

江勇仁喝下藥汁，兩腮泛紅，瞳孔發亮，彷彿喚發了青春。他把枕頭墊高，以便聊天。順手摸出一冊黃仲則的詩集，他向這個九歲的愛徒，講起黃仲則從二十二歲到三十二歲，從意氣風發到兩鬢蕭蕭，連進了六次考場，結果都是落榜。詩人灰心了，絕望了，他報效國家的門路，即使鑽破腦殼也進不去了！「一身常寄愁難寄，獨夜淒涼何限事。住難留，去誰收，問君如此天涯愁麼愁？」江老師的聲音，溶化在詩人黃仲則那悲戚的情感天地間。油燈閃爍，他的眼眶現出兩顆珍珠般的淚水。

「老師，您歇著，別說話了。」江源想走。他聽不懂。

「你別走，俺有話給你說！」江勇仁睜大眼睛，微晃腦袋，背誦出黃仲則的詩：「側聞天下朝星辰，誰知人間茹冰炭。江源，作為一個知識份子，別當水泥匠粉飾太平啊！從你誕生下來，僅是咱山東百姓就災難深重，五三慘案、水災，還有旱災，如今津浦線鐵路全給日本軍隊佔據，咱們中國人應當怒吼了！……我曹生世良幸耳，太平之日為餓民。黃仲則怎是發牢騷？這是先天下之憂的愛國情操啊！」

那位蹲在牆角的婦女，發出激動的不滿聲音：「你講這些話給孩子聽幹啥？你愛國，你有情操，你說……」她竟然抱頭大哭起來。

江勇仁像一隻土撥鼠，渡過了漫長而黑暗的冬天；民國二十七年四月梢，臺兒莊大捷的消息隨著春風吹到江家峪的時刻，他卻長眠在苦難的家鄉土地上。江老師的死，在四億人民的國度裏，宛如秋季飄下來的一片枯葉，無聲無息，剎那時隨風而逝；但是他那孤寂、悲涼的性格，憂患意識的氣質，卻像埋下去的一粒種子，最後在圓兒的身上發芽、茁壯成長起來了，這卻是讓人意料不到的收獲。

1.

小北風呼呼地吹，吹得窗户上的報紙唰唰地響。屋頂上，掛著一個二十燭光的電燈泡，由於使用多年，燈泡佈滿了污漬與蚊屍，因而散發出昏暗的光芒。

江源打出去一張東風，對家喊了一聲「碰！」牌風轉好，心情開朗，對門竟然唱了起來：「東風吹，戰鼓擂，叫你們知道知道誰怕誰？」

麻將桌晃晃悠悠，煙圈繚繞四周。江源宛如在大霧中漫步一樣。他摸進一張二萬，打出一萬，單聽旁邊七萬。他這付厲害的牌若是倒下來的話，坐在對門的仁兄準會哭笑不得！

「甭唱了，哭吧。」江源的嘴角現出一絲笑意。

對面坐的是中學退休教師江昆，年輕時候，是個田徑健將，曾代表山東省參加北京全運會。因為身材魁偉，中專文化程度，當年賀龍非常欣賞他，給他取了一個綽號「酒簍子」，文革時期，賀龍遭受批鬥，江昆也被關進牛棚。平反以後，江昆提前辦理離休手續。此人性情直爽，好勝心強，最大的缺點就是嗜酒如命。即使他平日講話、工作也帶有幾分醉意。

「碰北風！」江昆的聲音像呼口號，嚇了江源一跳。他將下家打出的北風，拿到自己面前，帶著警告的意味邊說邊唱：「同志們，睜亮眼睛，四喜可不是小牌呀！俺說不定要端鍋呢！……東風吹，戰鼓擂，叫你們知道……啥，是西風？」

「西風？」上家賭氣把面前的三張西風亮出來，說出帶著刺兒的話：「你甭四喜了，西風在俺這兒呢。我說老于，混一色幾番？」

「老規矩，十番。」

江源聽得這一問一答，猶似火上澆油一般難受。他打了八圈牌，累得腰酸背疼。年事日長，他早已戒除晚間打牌的習慣。江源這趟返鄉探親，從台北市到桃園機場，進關登機，到了香港又折騰了半天，好容易拖著二十多公斤的行囊，回到了江家峪，少小離家老大回，兩位老人雙亡；年輕時別離的妻，如今已變成老太婆，怎不傷心落淚？今兒晚上過「小年」，臘月二十三，灶王爺上天，他老伴于小英為了人情、面子問題，特地炒了幾樣熱菜，宰了一只大公雞，邀請江家峪的村長、會計和退休教師江昆來家吃飯。江源原想把帶來的那瓶洋酒款待鄉親，誰知四十年一別，故鄉的同胞酒量有了顯著的進步，一瓶洋酒如同「點心」，菜還沒端上桌，你一碗、他一碗，只是嚐嚐外國酒是啥味道，剎那間便嚐了個光！這頓晚餐一共喝了半打白酒，兩罐當地釀製的甜酒。飯後收拾碗筷，拉開桌子打牌。如今八圈即將結束，上家是四付牌落地，只等和牌；下家是混一色，看樣子聽牌已久；坐在對面的江昆，縱然做不成「四喜」，瞧他那猴兒急的神情，實在不能輕放。江源低頭暗想：「七萬只出來一張，俺不信邪，這邊七萬的清一色聽了快四十年了。媽媽的，難道最後一把牌還能輸給人家？」

「小英呢？」江源探頭向牆角的火爐望去，但見小英耷拉著頭，坐在板凳上打盹兒。他突然覺得一陣心酸，眼淚禁不住掉下來，掉在左手背上，感覺輕微的搔癢。「你過來，看看俺這付牌，俺……不會……打……了。」

「快幫你老頭子看看，別和了小相公，哈哈！」江昆在對面幫腔。

「小相公，咱也付錢，優待台灣同胞，這是咱們的政策嘛。」于村長在說笑話。于小英慢慢走進江源，剛戴上老花鏡，彎腰看牌，江源卻隨手摸了一張七萬，把牌一推，揚起勝利而謙虛的笑聲：「背牌和末把，僥倖、僥倖！——算了，算了！」他站了起來。別人付他這把牌的錢，江源堅決不收，推讓了一會兒，每個客人終於收回了錢，向主人道別。江源熱情地走出去送客。

臘月將盡的冷風，刺骨寒冷。江源在外面撒了一泡尿，返身回屋，凍得直打哆嗦。「看你凍成這樣。江源，俺不是給你準備尿盆了麼？你咋老是不聽話？」她抓住他的兩隻手，伸向火爐，不停地搓著。冷，冷，江源還是覺得渾身發抖。小英熱淚盈眶，悲哀地說：「咱倆這一輩子沒法團圓了。這是命裡注定的。俺是無神論者，從不信那些邪道歪門的事，到如今俺不能不信命啦。」江源凝望她那堆滿皺紋的臉，是粗糙的，暗無光澤的。從江源回來見到她第一眼開始，他便感慨萬端：原來文學家筆下的花長開、月長圓、人長壽的話，只是幻想而已，至於「青春永駐」的詞句，也僅是人們的祝願的話。四十年前，這個從關東草原跑回來的姑娘，大眼睛、大臉盤、大腳丫，這個被江家峪鄉親背後稱作「混血兒」的漂亮閨女，真不知道迷惑了方圓百里多少年輕後生？

那年冬天的雪下得最緊。江源放寒假回了村，幫助父親蒸點饃饃、花捲，準備過年。他家只有父子倆，孤孤單單，像一座古樸的破廟。偏是近來他父親撂下飯碗，便去村後山腰間于長順家打麻將，有時也不回來吃飯，他只得一人在家，躺在破被窩裡看〈科爾沁旗的草原〉……他被那瑰麗的充滿幻覺的關東草原的景色迷住，同時也被那開放的帶有幾分野性的「小子要闖，丫頭要浪」的風俗搖撼了……他沒有湧出當作家的欲望；他卻想背起小包袱，帶著幾本文學小說去闖關東，真正踩在那塊長滿大豆、高粱的豐饒而苦難的原野上。

窗外的風呼嘯，吹得院裡的棗樹嘩嘩作響。驀地，他聽到狗在吠叫，誰呢？他披上外套迎了出來，先拴住狗，發現一個年輕的閨女，身穿陰丹士林布棉袍，圍著白毛線圍脖兒，倚在門口向他招呼：「俺進去坐一會兒行唄？」

「行。」江源想笑。

姑娘健步走進屋，摘去圍脖兒，滿頭烏黑涓光的頭髮，眉宇之間流露出青春的氣息。她東瞅瞅、西望望，接著坐在太師椅上，終於道出了來意：「江大爺今兒牌順，連和了兩個雙龍抱柱……他叫俺通知你先剁餡，等晚上回來您爺倆一塊包餃子……還有，大爺頭疼，叫我把萬金油捎去；萬金油擱在他枕頭底下……對了，江源大哥，聽說你是小說迷，你看過張愛玲的小說嗎？」

江源急忙答話：「萬金油，我就去拿；韮菜早就洗乾淨了，呆會兒剁餡……你是不是于大叔的女兒小英？你在東北，怎麼看到了張愛玲的小說？」

于小英笑了。笑得很甜，也很含蓄。只是刹那間，江源已感悟出自己過度緊張，因而講出缺乏邏輯的話。即使讀者從未到過俄國，難道看不到托爾斯泰的作品？何況張愛玲住在上海呢？

「我不喜歡她的小說。」江源終於坦誠告訴她：「因為她的人生觀不健康，帶有病態心理。」

「你覺得一個優秀的作家應當具備什麼條件？」于小英像一名醫師，正在診察患者的病情。

「首先應當深入生活，反映生活。」江源最不喜歡談論文學理論問題；他丟開這枯燥話題，談起了東北草原的風俗民情：「俺雖然沒到過關東，可是俺知道那邊的大姑娘吸煙，……對不對……小英，你抽不抽煙？說實話。」

「俺不抽。」她說。

「即使你抽煙，也沒啥關係，只要不上癮。」江源的激烈的、熱情的眼睛，正凝視著她，她似乎有點不自然了。「江源，你咋知道東北的閨女抽煙？你過去跟東北閨女戀愛過？」

「我讀過東北作家的作品，懂得一點關東一帶的風土民情。」江源從桌上翻出一本詩集，向她念起臧克家的〈中原的胳膀〉一段詩稿：

關東的風情我也摸一點，

大姑娘拖一支長的煙袋，

關外的窗户紙是糊在外，

養個孩子倒吊起來。

文學，像冰天雪地裡的窩棚，溫暖了兩個年輕人的心。窗外的風呼呼地吹著，他倆忘記了長輩交代的話，忘卻了門外的封凍的冬天；他們談著文學，談著音樂，談著茫漠的將來……

臘月將盡的老北風，吹盡了樹枝上的枯葉，也吹皺了江源青春的臉，如今，他確實老多了。滿鬢霜白，眼眶浮腫，也許由於用腦過度，他常有頭暈症候。坐在這間陰暗的老屋，他一直覺得置身在車廂裡；北風呼嘯，吹得窗户紙嘩拉拉直響，這猶如火車頭拖著一列車廂，晃晃蕩蕩，從南中國的廣州，朝向蒼茫的北方原野奔馳……「可到了家啦。」他見到小英，就像跑馬拉松的選手，剛衝到終點，感覺到輕鬆與歡喜。

「你老了！」小英拍著他的肩膀，看他的臉，看他的腰，看他的兩隻腳，最後熱淚盈眶地說。

「你也老了！」江源終於迸出這句同樣的話。他猛地撲上前去，抱緊了妻子的肩膀，嚎啕大哭起來。

「傻瓜、傻瓜！你活了六十歲，咋一點也不進步？咱們四十年分離，今天團圓了，這是大喜的日子，你應該高興才對啊。為啥哭呢？……傻瓜，傻瓜……」小英不停地囉嗦著。她的聲音冷凝而充滿感情。若不是一個飽經人世滄桑的人，她絕對講不出來這樣的話。

離開故鄉四十年，江家峪風光依舊，而人物全非。江源和小英的父親，早在六十年代初便先後病逝。小英沒有生育，也從未離開家鄉，守了四十年的活寡；同時她自江源走後，一直住在娘家的老宅裡，渡過萬卉昭甦的春天，捱過風雪嚴寒的冬天，彷彿她活在人間只是為了看這一幕戲的結局——到底能否大團圓？

「咱們總算團圓了！好啊，明天過小年，俺給灶王爺燒香、磕頭，保佑咱家平安！」她嘮叨著。

「小英，你還信這些？」江源茫漠地問。

「一種寄托嘛！不然，活著還有啥味道？」她的臉上現出惶恐而畏懼的表情，生怕江源那肆無忌憚的話，褻瀆了神明似的。接著，希望的喜悅逐漸映現在她的衰老的臉上，她抬頭向江源說：「前幾年，我請算命先生為你算卦，他們說你在南方，還活著，娶了老婆生了三個兒女，俺真高興啊！盼星星，盼月亮，俺總算把你盼回來了，真靈！」

「靈啥？」江源笑起來：「俺到今天還是光棍一條！」

「哼！虧你還說出這種話來！」她埋怨了丈夫一句，點上一支香煙，吸了兩口，苦笑地說：「難道你還真的想在台灣討個女人，把俺甩了？」

江源恍悟過來，隨口說：「俺咋敢呢？」

「貧嘴！」她罵了一句。臉上流露出幸福的微笑。

為了讓丈夫睡得舒服，小英趕了一個通宵，縫出兩床新棉被、新枕頭，床頭上還張貼了一幅電影海報，一對青年，胸戴紅花，喜氣洋洋，旁邊有人放鞭炮、有人鼓掌，一派結婚祝福的景象。

江家峪總共不過三十多户，哪家的老母豬生了小豬，哪家的婦女穿上新款式的衣裳，不到半天功夫，這消息會傳播到每一座農屋裡。何況江源是從遠方回來的「台胞」呢？

去年春天，村外黃河泛春水的時期，離于小英不甚遠的那棟石屋裡，來了一位「台灣同胞」，聽說帶回不少洋貨。那個「台胞」年近六旬，走起路來挺胸瞪眼。

可惜那個「台胞」只在江家峪呆了一禮拜，就匆匆地走了。有人猜疑他跟他哥吵架，不歡而別；有的說那「台胞」吃不慣村裡的井水，喝了不是肚疼就是拉稀，所以他趕緊回了台灣……但是絕大多數的村民，對於「台胞」這個詞匯茫漠不解；好像這是從外國回來的人，他們的思想意識，生活習慣跟江家峪村民是截然不同的。

現在，于小英的丈夫、「台胞」江源回了江家峪，這猶如晴空的一聲春雷，確實震驚了全村。人們用那驚喜與妒忌的心情，嘁嘁嚓嚓談論他們夫妻會面的情景，是抱頭大哭一場呢？還是掉幾滴眼淚，點到為止呢？女人在一起常愛討論江源在外面結婚沒有？生了幾個兒女？或者帶回來多少錢？也有心眼歪的人，偷偷談起這一對少年分手、老來團聚的夫妻，還能不能行房？……人們用各種的理由或借口，總想轉悠到小英這位老寡婦的門口，想看看那「江台胞」到底長得啥模樣？是俊、是醜？是白、還是黑？

屋裡，小英忙碌著請客的事。明天是「小年」。小英還告訴江源，吃過飯打八圈麻將，熱鬧一番。

過去，老一輩的人就是在麻將桌上，為江源和小英定的親。小英的父親于長順，從十九歲闖關東，在千京寨做了三十年煤礦工人。他英俊魁梧，拉得一手好胡琴，會划拳，也能喝兩盅酒，但是從未醉過。他會講幾句日本話，也能哇拉兩句老毛子話。愛新覺羅・溥儀在新京登基，建立偽滿州國那年秋天，這位講義氣、有才華的山東工人，愛上了一個漂亮、潑辣、帶有幾分野性的、會吸旱煙袋的滿族姑娘，兩人在灰暗的貧民區築起溫暖的家。

小英剛會走路，那位苦命的婦女在一場流行霍亂病中去世，拋下父女二人，相依為命。等到日軍投降，于長順返鄉時，小英已是亭亭玉立的大閨女了。

每當于長順和江源他爸在一起打牌、喝酒，談起病故的妻，總引起他的悲痛心情。

「俺對不起她，真的……少年喪父，中年喪妻，俺這一輩子沒啥指望了。」于長順抓住江源他爸的手，熱淚盈眶，他說：「有一句話，俺不知道該不該說？」

「咱哥倆沒有隔夜的話，你說唄。」

「俺哥！你跟我，兩個老光棍兒。你有一個小，俺有一個妮兒，咱們兩家併成一家行唄？」

「行！」江源他爸答覆得很乾脆。

這和開玩笑似的，也跟文藝小說上描寫的一樣：四個打麻將的，其中兩人成為兒女親家，另外兩位作了媒人。就在次年春天，黃河泛起春水，對岸一片桃林吐出鮮嫩的花蕾時，江源、于小英在村民的祝福聲中，舉行了婚禮。

那是饑饉的年月，荒亂的年月，東北戰役剛告結束，平津的學生也在鬧風潮，物價猶如插了翅膀的鴿子，飛向浩瀚的灰空。江家峪的農民，似乎還在平靜的山窪裡度日。有些村裡的鄉親跟江源開玩笑，說：「你小兩口的婚事是你爹他們在麻將桌上定下來的，將來你們生了兒子，就叫江麻將吧。」頓時惹起一陣哄笑。接著，有人認為「江麻將」這名字不雅，不如改成「江牌」。這些開玩笑的人都覺得江源修養好、人緣好，而且文化程度高，所以他贏得了江家峪村民的喜愛。正因為如此，江源失蹤了四十年，村裡的父老都把這份感情轉移在于小英的身上。四十年來，村裡的鄉居都以為江源病死他鄉，他們做夢也未想到江源會成為「台灣同胞」呢！

2.

送走了客人，屋內頓時寂靜下來。他們清理了煙灰果皮，擦淨桌子，沏上兩杯茶，靠近爐邊坐下。聽門外北風呼嘯，火爐上的水壺發出單調的鳴叫，這時江源內心猶如刀割般的難受。

離開故鄉四十年，隔著浩瀚的台灣海峽，音訊渺茫，江源早已忘卻小英的模樣；如今驟然重逢，他簡直是像做夢一樣啊。

「那年你走的時候，到底坐了幾天火車到了南京？」驀地，小英提起了這樁往事。

「俺想一想……」四十年前，江源走遍萬水千山，嚐遍了苦辣酸甜，他可真是想不起到底坐了幾天火車才到達了南京？

津浦線的南下火車，從濟南、徐州到南京下關這一段，打七七事變以後，猶如一條生存在土壤中的蚯蚓，有時被農人的鐵鍬砍斷尾巴，有時給拉犁傷害了腰身，它時斷時續的頑強而韌性的活了下去。尤其是抗日戰爭時期，敵我兩方都以破壞路軌來阻擋對方的進犯。因此，搭車的旅客時常坐一截車，走一段路，再搭一段車，這樣忽斷忽續捱過無數的日日夜夜，才能到達目的地。

那年夏天，黃河兩岸鬧旱災，太陽像一個火球，終日曝晒著乾涸的大地。江源彷彿中了魔似的，一顆心總想朝外跑。他夢想自己能夠考取大學，然後半工半讀，完成大學學業。從遙遠的年代起，江家峪的人，不管姓江的、姓于的，或是少數外來户，幾乎都是泥腿子出身，從小到老和莊稼打交道。從清朝中葉起，魯西一帶的窮苦農民，為了謀求生路，他們在春寒料峭的季節，揹起一包行囊，趕到津浦線的小站，買上一張三等車票，先到天津，再轉車進了山海關，到達瀋陽、千京寨或大連等城市，出賣勞動力。有的混了一些錢財返鄉，有的病死異地，也有的在關東娶了女人，安家落户……江源的岳父于長順，雖稱不上衣錦榮歸，但是江家峪跑關東的農民，從辛亥革命成功，濟南城頭飄起五色旗以來，他稱得上是一個混得最不錯的關東客。從盤古開天地，江家峪還沒有出過一個大學生。江源的學業成績不錯，尤其他的新文學最為出色。他在濟南唸高中，便時常向京滬一帶報刊投稿，每次發表的作品，他總是剪貼在一個本子上，拿回家來給小英看；每次得到的稿酬，他總是讓小英積存起來，準備將來作為大學的費用。但是到了江源真正想動身去南京投考大學時，小英卻茫然無主了。

那是一個難忘的夏夜。月亮高掛在村外的金雞山頂上。山風偶爾吹來，暑意頓消。他倆沿著黃河岸的小路，默聲漫步。一盞盞的活動的螢火蟲的小燈籠，在他倆的周圍閃爍不停。走到一片葱綠的草地，江源拉著她的手坐下來。

黃河受了氣候乾旱的影響，現在河床的水面也不過五十米寬。看到河水在月光下泛起粼粼波影，江源湧出了游泳的欲望。他脫下小褂，短褲，放在小英懷裡，赤裸著身子下了水。他走到水面齊腰的地方，停了下來。雙手捧水洗了洗頭髮，猛地一個筋斗翻進河中，河面頓時寂靜下來。坐在岸上的小英，靜靜地向著對岸眺望，她猜想江源大概會從那兒露出頭來。月光下，黃河如同一條靜寂的冰河，默默地向東向北方流淌。驀然間，她聽到下游兩百米的河面翻起一陣水花，江源終於露出了頭。他轉過身子，伸出一隻胳臂來揮動兩下，接著以自由式快速游回小英的身邊。擦淨身上的水珠，他如同一隻飢餓的野狼，抱住小英，將她放倒在鬆軟的草地上。

「要死喲，你幹啥？」她捂住胸前的衣扣，掙扎著想坐起來，但立刻被江源那一隻毛茸茸的大手壓下去。她想罵他兩句，卻又被兩片熱情的嘴唇堵住了嘴。她覺得渾身血液急速地順著血管流動、運轉，而且有膨脹的痛楚。山風順著河面飄蕩著，她並不知道河水的清涼，也不知道山風的爽快，她只感到血管的膨脹，呼吸的急促，每一粒細胞都有暴脹的感覺。但願趕快噴冒而出，像火山一般噴射出紅色的岩漿來。可是，火山卻沒有爆發的跡象。

「江源，你瘋啦？」她喘息著。

「俺沒有瘋。俺求你替俺生一個三胞胎，兩男一女。」他滿身是汗水，沾了許多泥土和雜草。人類求得繁衍綿延的力量，是多麼具有韌性啊。

那是呼哧呼哧的富於節奏感的列車奔馳聲。江源滿頭大汗，車廂的人非常擁擠，跑單幫的、逃難的、士農工商，三教九流，每一個人都期望趕快到達驛站。江源坐在靠窗的座位，他一直向窗外的倒退的景緻凝望。他腦海中一直浮映著于小英的影子……她現在做啥呢？看小說、剝毛豆角、洗衣服、還是幫助父親修蓋豬圈？……為了混一張大學文憑，不惜和他心愛的女人翻臉，這是何等自私而愚蠢的行為？即使將來考上大學，又能如何？……一千個懊悔，一萬個懊悔……但懊悔又有啥用？津浦線的火車真如同蚯蚓，忽斷忽續，剛走過了兗州，到達魯蘇邊界，而兗州已陷入戰爭炮火中。如今回程的列車已不通了。……江源在朦朧中，似乎聽到一個女人的呻吟聲，忽高忽低，似笑似泣。睜大了眼，定睛看時，原來是他思念的小英，他撲上前去，一把抱住了她，激動地問：「小英，你怎麼哭了？」

月亮照映著黃河粼粼的波影，宛如一條黑色的緞帶，讓人撲朔迷離，如幻如夢，如詩如畫……江源聽見小英的呻吟聲逐漸低沉、隱沒。小英猶如一隻青蛙，赤裸地趴在柔軟的河邊草地上，兩隻淒迷的眼睛，正凝視一塊烏雲掩住的月亮。

「你想啥？」江源把小褂搭在她的腰上，輕聲地問。

「俺在想：將來咱倆分手以後，隔上很多很多年，你老了，我也老了，到了那時候，兩人見了面，還有啥話可談的？」

「到那時候，恐怕沒啥可談的了。」

江源一直把小英的這句話，記在心裡。逢年過節，每當他想念故鄉、想念黃河的時候，小英那柔美的聲音便在他耳畔蕩漾。誰知道就此一別，竟是四十年呢？這件事回憶起來怎不讓人椎心刺骨？

為了阻撓江源赴南京考試，小英曾想藉著父親的力量，勸說他回心轉意。那位具有藝術才情的老工人，激動地說：「傻丫頭，你想不開啊！關東有句俗話，小子要闖，丫頭要浪。江源才二十歲，正是求學創業的年紀，你把他拴在褲帶上咋行？那不是糟蹋人材嗎？」女兒在親爹面前撒嬌：「您說的比唱的還好聽。您讓他走，俺可不依！」于長順聽了大笑。在父親的眼睛裡，兒女永遠是小孩：「妮兒，你還是讓人家走吧。只要他在外邊身體硬朗，事業發達，即使分開三年五載，有啥關係？只要江源他活著，哪怕走到天邊也是你的男人！」次日，她對江源說：「你走吧。只要你不在外邊亂搞男女關係，即使你離開俺十年八載，俺也放心！」

江源聽了直笑。心想：「我咋會離開十年八載，這不是講笑話麼！若考取大學的話，寒假期間就會回家過年，假使考不上大學，俺會馬上回來，絕不在外面找事做。」唉，誰能想到江源到了南京，參加考試，發榜之後名落孫山，他正準備渡江到下關搭津浦線車北上，濟南已發生包圍戰；接著兗州、滕縣、臨城相繼失陷。津浦線猶似被切斷數截的蚯蚓，根本難以暢通。江源困在南京，身上盤纏眼看用盡，那時通貨膨脹，一個燒餅賣到兩千元，他在走投無路時，碰上了救星。

那天，江源在新街口碰見濟南的老同學汪緒。他鄉遇故知，倍感親切，汪源談起自己的困境，汪緒便把他帶到教育部辦的「山東流亡學生接待站」報到，領了一點零用金，去無錫鄉間一所「聯合中學」上課。

這所中學約莫一千多人，男女學生分別在廟宇、祠堂裡住宿、吃飯和上課。由於他們穿得寒磣，語言不同，引起當地百姓的好奇與興趣。若說這些青少年是游擊隊吧，他們卻不帶槍枝，而且門口也沒有站崗的；如果說是學生吧，看一個個病懨懨的，手上拿的是飯碗、兩枝筷子，有的還如同小和尚似的用筷子敲碗，口中念念有詞，這哪像是學生呢？

「儂從哈個地方來？」

「山東。」

「儂是奥沙茲?」

「俺們都是流亡學生。」

當地的老百姓反覆唸叨起「流亡奥沙茲」這個詞匯，既新鮮有趣，而且彆扭拗口，最後憋不住笑了起來。

江源參加這所流亡學校，並非為了求學，因為他已高中畢業，報名時只填「高二肄業」，為的是想混一碗飯吃。那兒每日兩餐，糙米摻沙子的乾飯，青菜蘿蔔湯。那些青少年正是「半樁小子，吃煞老子」的年齡，每個人都是飯桶，時常發生搶飯的風波。每個隊，都有「菜龍」、「菜虎」、「菜霸王」，最厲害的是「猛一端」，菜剩下小半盆，他老兄猛然將剩菜完全傾倒在自己飯碗中。説起來滑稽可笑，令人同情。

無錫一帶的農村風景非常秀麗，有山有河，農民進城搭乘小木船，沿著蜿蜒曲折的河溪，經過不少村鎮。每到一個碼頭，船家搖起銅鈴，催促農民登岸，等搭船的上了船坐穩之後，船家再搖動櫓槳，向那如畫的河溪環繞的城鄉駛去。

江源每到假日，常到小鎮遊逛。無錫一帶的水鄉景色，雖是初訪，但在江源的腦海中卻早已有了印象；那是他曾在《倪煥之》長篇小説中看到的。這些座落在稻田、河溪之間的小鎮，最吸引江源的是小飯館，那肉骨湯煮的陽春麵、蟹殼黃芝蔴小燒餅，擺在小蒸籠內熱騰騰的燒賣、肉包，實在讓人眼饞。可嘆江源很窮，無法經常光顧小飯館。他聯想起過去看過的《倪煥之》，生活在風光秀麗、魚米富饒的水鄉，這個青年若是安下心來，在故鄉謀得一份小差事，娶一個質樸勤勞的女人，沒有災荒，沒有戰亂，平安地度過幸福的一生，那是多麼讓人羨慕的事！偏是倪煥之走出故鄉，跑到十里洋場的上海，參加什麼罷工運動，最後卻消失在人海茫茫的異鄉，像一株水草悄悄被洪水沖走。江源對於這個小說男主角倪煥之土生土長的美麗水鄉，卻悟出另外的一種想法，他認為倪煥之前往上海謀求發展是對的，雖然他稀里糊塗死在反對帝國主義侵略的罷工浪潮中，也是很有意義的。

戰亂的炮火籠罩下，江源內心苦悶至極。當年初冬，他效法倪煥之的闖勁，跟隨汪緒到了上海，然後渡海去了基隆。哪知道他會在那個四季常春的島上，生活四十年，最後成為「台胞」呢？

江源從香港搭火車到了廣州，剛下車便發現月台上掛的簡體字標語：「歡迎台灣同胞」。他感到新鮮，也覺得滑稽有趣。他在台灣住了四十年，當地人說他是「外省仔」，回到大陸，自己又成為「台胞」，這豈不變成流浪的猶太人嗎？他提著行李通過海關，愈想愈不是滋味，眼淚不由地奪眶而出。廣州車站一位職工熱情地問他：「老先生，你要是不舒服，到裡面休息一下再走吧。」江源苦笑道：「我很好，沒事兒。」那位職工又問他：「你從哪兒來的？」江源說：「我是豬八戒照鏡子，兩邊不是人。俺是台灣海峽一條魚。」對方聽愣了。而他卻提起行李吸溜著鼻子，走遠了。

少小離家老大回。從江源回到江家峪見了小英以後，他動不動就流眼淚，有時竟致嚎啕大哭。彷彿他壓抑了四十年的委屈，到如今要盡情地在親人面前傾吐出來。小英起初勸他，陪著他流淚、哭泣，但是她見江源如此激動，便故意埋怨說：「在這個大時代裡，生離死別的痛苦，只有咱們嗎？太多了！你咋這麼懦弱呢？你為啥不替我想想呢？我血壓快二百毫米了，你一哭，俺就升高血壓——你哭吧！」小英的話果然有效，他擦乾眼淚，再也不敢哭了。

一到「小年」，江家峪的村民開始忙碌起來。那濃雲湧捲的冬空，飄著細碎的雪花。偶而還能在半空看見一粒火花，接著發出辟啪的脆響。聽到鞭炮聲音，使江源感覺到春節愈來愈近了。

儘管于小英年近六旬，頭髮白了一半，但眉宇之間依舊流露出往昔的風采。闊別四十年的丈夫回來團聚，使這個寡居大半輩子的齊魯婦女，像走在大沙漠中的駱駝，如今尋到一塊綠洲，盡情地暢飲清泉，滿足了她那乾涸已久的心田。有時，于小英總會故意嘮叨那句話：「你在台灣沒結過婚，這簡直是神話吧。」江源悶不作聲，只是傻笑。從踏進家門起，白日談話、流淚，夜晚相擁相親，偏是小英猶如新婚時的健壯多情，這使江源怎能吃得消？

「你笑啥？」小英摟住他的脖頸，開始泛疑、生氣。

「你不讓俺笑，難道讓俺哭？」他背過臉去說。

「不准轉臉。」小英掰過他的臉，嚴肅地說：「坦白從寬，抗拒從嚴。江源，你到底哪年哪月結婚？對象叫啥？……文化程度、階級成份，快說！」

「我的媽呀！這不是鬥爭會嘛。」江源瞪圓了眼睛，向那似笑非笑、似嗔非嗔的小英笑道：「早知道俺回來挨批挨鬥，俺何苦千里迢迢，攀山過海回來探親呢？」

趴在他身旁的小英，嗤地笑起來。她用兩手蒙住臉孔，從手指間流出幾條清瑩的淚水。江源向她道歉：「你哭啥？俺是跟你鬧著玩的。」她捂著臉站起來，走到門旁拿毛巾擦去淚水，默聲走出去了。

江源躺在床上，腦海湧泛出另一個女人的淚臉。那時她才十九歲，漂亮的大眼睛，笑起來非常媚人。她的一張十二吋的彩色半身照片，擺在基隆一家照相館的櫥窗內。江源服務的那家雜誌社，就在照相館的對門，他每天都要向那個迷人的少女瞅上幾眼。這位姑娘到底住在哪兒？若是和她見上一面，哪怕是聊兩句話也是幸福的。可不是嘛，她跟小英太相似了，不僅是臉型、眼睛、鼻子，尤其是她那冷凝的微笑表情，簡直像于小英站在眼前一樣。

有一天，江源鼓足勇氣，走進照相館。他說下期雜誌想採用那個小姐照片作封面人物，請他們幫忙沖洗一張，並且奉送稿酬。那照相館老板笑道：「她不是電影明星啊。」江源問：「她是幹什麼的？」老板把帳簿找出來，翻了很久，才查出那位小姐登記拍照的日期是在去年五月四日。對方只填寫姓徐，拍攝四吋照片，加洗一打。後來老板因為非常滿意這個作品，便沖洗了一張十二吋照片，裝上鏡框，陳列在門前玻璃櫥窗內，供給顧客欣賞。

江源當時很失望，基隆市人海茫茫，他上哪兒尋找那個貌如小英的徐小姐呢？驀然間，他想起「五月四日」是文藝節，莫非她是一個愛好文藝的女青年？江源終日幻想有一天能在基隆碼頭、公園、信一路、或是和平島散步時，無意之間會碰上那位徐小姐。想著，想著，窗外的雨又嘩嘩地下起來；那哀怨的、低沉的帶著海水氣味的〈港都夜雨〉的音樂旋律，伴和著按摩人的淒涼的笛聲，隨著風雨灑進窗來，他的鄉愁愈來愈濃重了……

3.

外面飄著漫山遍野的雪花。原來他們計劃天一亮騎自行車去戚家峪看姑母，下午回來。看天色昏暗，雪下個不停，兩口子只得躲在屋內烤火、喝茶。這正符合了于小英的心意。這次江源回來，她充滿新婚度蜜月時的心情，總不希望江源拋頭露面，怕天寒地凍使他受涼，怕街坊鄰居大閨女對他品頭論足，怕村外的野狗咬著他的腳趾頭……她恨不得像匹哈巴狗把他拴在床頭，一天到晚不准他出門，寧肯陪伴他吃飯、喝水、聊天，夜裡侍候他睡覺……她總覺得既然嫁給了江源，江源的那兩間破舊的老屋，屋內堆的兩缸糧食、幾罈酸菜、四五袋地瓜，還有那一櫥巴金、張恨水、魯迅、蕭軍、曹雪芹、莫泊桑等人寫的書，都和她有了不可分割的感情；然而最親暱的則是她的丈夫，她的一輩子的歡樂與哀愁，都將全部寄托在江源的身上。這在外國人聽起來荒唐可笑，但是在咱們古老的中國，卻是天經地義的事情。

儘管江源比小英大兩歲，但小英卻顯得成熟些。從他回來第一天晚上，她便猜疑丈夫在台灣已結婚，江源卻堅決否認，兩人爭辯了半天，還是得不到結論。

「你憑啥誣賴俺結過婚？」現在，江源又提出這個問題。

小英吸著他從香港機場買的三五牌香煙，噗哧一笑！「俺問你，你這個愛好文學的人，咋亂用詞彙呢？我憑啥誣賴你？我有啥本事、有啥資格誣賴你？」

江源耷拉著頭，嘿嘿直笑。

爐上的水壺噴出水花，澆在爐中，發出沙沙的聲音。小英提起水壺，將開水灌進桌上兩只暖水瓶裡，再加滿了涼水，放回爐上。她彈了一下煙灰，把香煙抽了幾口，微笑說：「你年紀一大把，精力還挺旺盛，比年輕的時候還行，花樣又多……俺才不相信你在台灣沒有女人！」

江源嘴上苦笑，心裡卻是五味雜陳，非常難受。離別四十年的夫妻，剛團聚一起，怎能提這件事？從江源回來以後，他就未曾問過她結婚沒有？他不敢問及此事，這是難以啓齒的敏感問題。站在愛情的立場，他當然不希望她結婚，他希望她像王寶釧一樣在故鄉等四十年，但這是一件多麼殘酷的事實！江源在台灣時常幻想小英找到對象，兩人感情很好，甚至還生了兒女。每逢想到小英，心裡總是難受。他這趟返鄉探親，其實並未奢想還能看到小英，他以為小英早已離開江家峪了。

「圓兒，你在台灣沒結婚，俺才不相信呢。」她還是重複著這句話。

「我確實沒有結婚。」江源說。

驀地，小英撲進他的懷裡，默默啜泣了。

雪花在窗外飛揚著，但屋內卻很溫暖。基隆的冬天，當寒流過境，氣溫也不過攝氏十度左右，他坐在客廳沙發看書，坐在旁邊的女人織毛線衣，門外揚起一個小販的吆喝聲：「燒肉粽！」

「江源，你在大陸真的沒結過婚？」女人抬起頭問他。一雙烏黑的眸子在閃耀光芒。

「我還是學生，咋能結婚？」他放下書，仰頭笑起來。

徐校芬兩眼盯著他，彷彿想從他那歡笑的表情中，尋找出真偽的痕跡來。

「難道學生就不能結婚麼？這不是理由。」她笑著說。低下頭繼續編織毛衣。

江源初到台灣，住在陰濕多雨的基隆，他在文藝雜誌社作編輯。名義上是編輯，卻無邀稿、決定稿件的權利，他只是負責登記來稿、退稿，以及作初審稿件工作。凡是收到的稿件，不論詩、散文、小說或評論文章，他先粗看一遍，凡是示合適的稿件即時退稿。另外，他在雜誌社最重要的工作是校對。因此每到下半月，江源幾乎忙得團團轉，有時還得在晚間加班工作。那時他才二十出頭，瘦得臉上只剩下一根鼻樑，況且學會了吸煙，因此度過一個漫長的雨季和冬天，便患了枝氣管炎。看稿時間，江源總是咳嗽不停。社內的一個出納小姐，皺著眉頭說：「小江，你趕快去看醫生吧，我想你可能有肺病。」江源聽了非常討厭。過了幾天，他竟然咳出一團鮮紅的血絲，便急忙到醫院去求診，那個滿鬢霜白的醫生解開他的上衣，用聽診器仔細檢查，詢問了病情，便在白紙上寫處方。江源膽怯地問：「我有肺病是不是？」醫生翻了一下眼皮：「神經病。回去莫呷魂（不吸煙），病就好！」醫生的話雖近似官腔，但聽了非常舒服，江源如釋重負出了醫院……

江源咳嗽起來。小英替他倒了一杯熱白開水，讓他喝。她提起如煙往事：江源過去時常咳嗽，小英的爹——那位具有藝人氣質的老工人于長順，曾經叮囑過女兒：等八月間梨上市之後，買上兩斤給他吃；想辦法勸他戒煙，他不戒的話，一天限制他吸六支香煙，多了就跟他吵。可是小英從來沒有勸過江源戒煙，她只是買過梨給丈夫吃，吃了也不見有效。後來拖了半年多，竟然稀裡糊塗痊癒了。

「在台灣，你得過啥病？」小英想起這件事問他。

「剛到基隆第二年，得過枝氣管炎。後來，俺去了台灣南部，天氣熱，常流汗，枝氣管炎慢慢好了。到了四十七年，俺俺了輸尿管結石病。」

「四七年你還在家呢！」小英更正他的話說。

「俺說的是民國四十七年。你說的是啥，俺不懂。四十七年就是一九五八年。」經過江源這樣解釋，小英才完全明白過來。她說：「五八年夏天，俺得了一場大病，差一點見了閻王。那場傷寒病好了以後，頭髮幾乎快掉光了。飯量又大，一頓能吃四個窩頭，兩碗稀飯，差一點沒有撐死。」

江源聽了這話，默然無語。他從小英的這場病，判斷她可能從未考慮過結婚的問題。他痛苦地垂下頭，故意探求這個疑問：「你沒去住醫院？」她搖了搖頭。「誰侍候你呢？」小英抬起頭，向牆上掛的鏡框內發黃的父親照片，瞄了一眼：「俺爹。」

江源從心底深處湧泛出歉疚與罪惡的感情。他聯想起少年時看過一場京劇〈武家坡〉，那個拋棄妻子離家十八年的薛平貴，回到故鄉。他不但不急忙尋找妻子，反而在寒窯門前把那個苦命的女人調戲一番，為的是考驗她的「貞操」。那時江源曾熱淚盈眶，氣憤至極，他發誓將來要寫一部為婦女爭取自由平等的小說，替兩億蒙受委屈的中國婦女伸冤出氣。但是年屆六旬的江源，如今卻成了薛平貴第二，他不敢去問小英結婚的事，反而用旁敲側擊的方式來探索此事，這是多麼卑鄙而罪惡的行為啊！他兩手捂住臉孔，抽泣起來！

「你怎麼了？」她著實吃了一驚。

起初，江源並不講話，他只是默默地低頭哭泣。小英推搡了半晌，拿毛巾給他擦臉，甚至嚇唬他自己的血壓將急劇上升，但始終無效。後來，也許他哭過了癮，沒有氣力再哭下去，卻驟然雨過天晴，端起茶杯，咕咚咕咚喝了半杯茶水，接著和風細雨地說：「離開你四十年，有一句話不敢問你，從俺走後，難道你沒打算結婚？還是沒有合適的對象？」于小英臉上閃過一陣紅暈，頓時抬起頭來問道：「你在台灣咋想的？你是希望俺改稼呢？還是希望躲在家當王寶釧？」江源毫不考慮地說：「俺當然希望你結婚，過幸福日子。」她苦笑說：「俺得了那場傷寒病之前，光是想著你，等你回來；得了傷寒病以後，簡直脫胎換骨變了另一個人，那幾年俺根本不敢照鏡子！兩個老人家過世，俺真想上吊，不想活了，活著還有啥意思？那時候俺才三十歲，年輕後生都喊俺江大娘，即使人不老也被他們喊老了。你想一想，俺有啥心情嫁人？人家誰會來向我求婚？」她嘆了一口氣，笑了。

晌午時分，雪花停了，他倆剛把庭院的積雪清掃乾淨，一輛改裝的拖拉機停駛門口，原來小英的姑母從戚家峪趕來，探望剛回來的侄女婿，她是讓她的孫子開拖拉機送她來的。

四十年前，江源和于小英結婚時，曾見過戚家峪的姑母。那時她不到四十歲，濃眉大眼，梳著香蕉髻，陰丹士林長褲底下露出一對大腳，一看就是窮苦出身的勞動婦女。她從三十二歲守寡，起午更、忙半夜，好容易把兒女拉拔成人：如今大兒是退休師級幹部，住在濟南，兩個小孩已參加了工作；二兒在縣裡當幹部，媳婦是中學教師，也有了兩個孩子；最小的女兒陪同母親住在一起，女兒是戚家峪村黨支書記，女婿在縣礦局當工人，他們只有一個男孩，就是開拖拉機送她來的這個小青年，他在村裡小學當教師，三十了，到現在還沒找到對象。這是老人家最發愁的一件心事。

姑母是窮苦人家出身，年近八旬，身體還蠻硬朗，只是左眼患白內障，如今失明。她能喝半瓶白酒，每餐還吃下一個饃饃。江源送給姑母一個金戒指，送給她孩子兩雙襪子，見她會吸煙，又塞給她兩包Kent洋煙。也許老人家多年沒見過戒指，她喜不自禁，不停地摸弄，套在手指上，又取下來，再又套上……江源在旁邊觀看姑母的眼睛，閃出金爛爛的光芒。

「圓兒！」姑母還沒忘記他的乳名，轉頭問道：「你在那邊混得還不錯吧？幾個孩子了？」

江源告訴她，他在台灣文化圈混飯吃。當過編輯，寫過幾本文藝書。至於孩子，他說他沒結婚咋會有孩子呢？姑母用手絹捂住嘴，偷偷笑了。接著，她流出悲痛的淚水。「唉，苦了幾十年，你跟小英兩口子總算團圓了！圓兒，這是大喜的日子啊！

別說你們高興，連俺也高興，今年大年初一，別忘了放鞭炮啊！妮兒！」

坐在床沿上的小英，噙著淚花說：「記住了，姑。」

姑母從桌上的Kent香煙盒內掏出一支煙，她孫兒幫她劃著火。她連吸了兩口，從鼻孔噴出兩股輕煙，微笑著說：「外邊的煙，咋甜不拉幾的，俺抽不慣。還是咱山東的老煙葉子抽著過癮。」看到江源兩口子嘿嘿直笑，老人家煥發了青春。她談起年輕的時候，吃了上一頓，愁下一頓，聞著煙味就嘔心。她從四十歲起學會吸煙，一晃就是四十年。清早起來第一樁事，就是裝上一袋煙吸上幾口，才能做事有精神。

青年小學教師勸他祖母：「奶奶！吸香煙對身體不好。」

老人家激動地說：「那你咋也抽煙？毛老頭是個老煙槍，他不是抽煙抽死的，是被江青女妖氣死的。」她轉頭問江源：「俺圓兒，你在台灣聽說過江青這個娘們兒沒有？她是混進黨內的壞胚，妄圖推翻咱們泥腿子用鮮血換來的江山，咱是一百個不答應！」

江源向她不停地點頭應付差事。旁邊，小英捂嘴想笑，又怕姑母發現挨罵。

姑母吸完一支煙，將煙頭撂在地上，便問江源：「回來有啥打算？是找工作還是種地、吃農業糧？」

江源低聲說：「過了年，俺想回去。等明年俺姑八十大壽，俺回來給您磕頭。」

「現在不興磕頭，你回來就好。」姑母咧嘴直笑，轉臉看了小英一眼，小英像掉了魂似的，兩隻眼睛向著紙糊的窗戶發怔，她那冷漠的表情，使屋內的人感到詫異。江源悄聲問她：「姑來了。咱晚上包餃子行唄？」她充耳不聞，也不答話。姑母看出小英在鬧情緒，勸慰著說：「你們夫妻離開四十年，俺小英可受了罪啦。每一波運動，咱江家峪總有幾個壞蛋說你去了台灣。咱家成份好，人緣好，他奶奶的屄！咱怕啥？」

小英嗚咽成聲，打斷了她的話。

「哭啥？苦日子都熬過來了，咱要過甜日子呀。」老人家又跌回往事的回憶裡去：「圓兒，現在政策變了，黨中央歡迎咱台灣同胞回來探親、定居。你別走了，別再讓俺小英守活寡了，王寶釧守寒窯守了十八年，俺妮兒守了四十年……」姑母說不下去，淚水已塞滿了她的喉管。

「姑，咱別求人家了。您沒聽見麼，人家過了年就回台灣。人家一顆心還是擺在台灣。」小英哭了，她掀起棉襖內的小褂角，擦拭眼睛。

「不會吧。俺圓兒在那邊無親無故，急著回去幹啥？他忍心再拋下你麼？」老人家世故地說。

「誰教咱沒給他江家生下一兒半女嘛！」小英憋在心裡的苦悶，如今像火山一般爆發出來。

江源為了打破這尷尬場面，他向小英解釋著說：「俺這趟回來，原是打聽咱家的情況，啥也沒帶。俺在台灣一呆四十年，就算住客棧，你臨走也得跟掌櫃的打個招呼吧，你說對不對？」小英插嘴問他：「掌櫃的是誰？」江源笑道：「俺是打個比喻，並不是說，台灣真有一個掌櫃的。」小英流著眼淚，一面激動地說：「就算真的碰出一個內掌櫃的來，俺干小英也不在乎。」說得大家笑成一團。

姑母喝了一碗雞蛋湯，又借古喻今的對她勸說一陣，見兩人滿面春風，才返回了戚家峪。臨走，姑母還當著江源的面向侄女說：「妮兒，你的命不錯，嫁給圓兒這樣好脾氣的男人，你還真是上一輩子修的呢。唉，要是你爹和你公公活著多好！」

雪停了，小南風從黃河上游刮過來，捲著雪沙，冷氣襲人。四十年沒回故鄉過冬，江源在村莊走不多遠，就覺得兩隻腳像浸泡在冰河裡，凍得要命。在台灣住慣的人，每到冬季寒流過境，氣溫降到10°C左右，只要穿上厚外套，防禦面部與身體的寒冷就行。但是大陸的北方冬天氣候不同，氣溫在0°C以下，冰雪凍腳，強風灌頭，若是在十冬臘月天出門，不戴帽子，不穿棉靴的話，那真會凍得鼻青腳腫的。

正由於天氣太冷，再者那些街坊爺們見了江源，總是以好奇的眼光對待他，使他感到侷促不安。所以他寧肯躲在屋裡烤火取暖，促膝對談，也不肯到村裡轉悠蹓躂。四十年別後重逢，千言萬語說不盡；但猶如一部二十四史，真不知從何說起？也許是江源從東方之珠的香港，進入中國大陸，他在香港街頭看到碧眼金髮的西方女人，挺著肉彈胸脯招搖過市，也看到蝴蝶似的東方女郎，在資本主義社會的萬花叢中爭奇鬥艷，讓男人眼花繚亂；如今回到僻靜落後的山村，看見一別四十載的妻子于小英，儘管風韻猶存，但那蓬散的短髮，老舊的棉襖，滿臉堆積的皺紋，看起來真像一個六七十歲的老太婆。她屬猴的，虛歲五十八，這個年紀的台灣婦女，若是風流的話，還是談戀愛的季節呢。江源深愛著她。由於感到對她的歉疚，再加上看她是那麼蒼老，因而他對小英更擁有深厚的愛情。在嚴寒的冬夜，他摟緊了小英，噙著眼淚對她說：「讓俺親個夠吧！肉肉，……親親……」

「別說這些不要臉的話了。圓兒，咱山東不興這一套……」她的嘴唇壓住了江源的熱呼呼的嘴唇。冬季的長夜，愈來愈溫暖了……

4.

每到舊曆年尾，江源、于小英這一對分離的夫婦，都有共同的心願：希望對方活在人間，即使對方有了新歡，雖然感到厭惡與妒忌，但總是一樁喜事。四十年來，浩瀚的台灣海峽隔絕了他們的訊息，但卻隔絕不了夫妻的恩情。

在史無前例的文化大革命的風暴中，于小英風華正茂，脾氣依舊有些暴躁。由村裡貧下中農組成的宣傳隊，敲鑼打鼓，手持紅寶書，走進于小英的家門。領頭的叫喊要「台灣反動家屬」出來坦白交代。

政治上的折磨終於過去了。但是，四十年來她卻受盡了夫妻分離的情感上的折磨。她的一顆思念丈夫的心，被歲月的碾盤軋得鮮血淋漓，最後被晒成了褐色的粉末，隨風而逝了。數不清的大年除夕夜，她一個人燒上香，跪在地上，閉著眼睛，嘴裡祈禱：「天呀，神呀，祖先呀……毛主席呀，您可憐可憐俺這個苦命的女人吧……俺從小死了娘，俺爹為了痛恨日本強盜，帶俺回到江家峪；俺結婚還不到一年，圓兒就走了，八成去了台灣，……俺要問您：哪年哪月俺夫妻倆才團圓呢？……」門外的風雪怒吼聲，淹沒了于小英的哭泣聲。是啊，天若有情，它也聽不見這個弱女子的祈禱聲音；在這秋海棠葉形狀的國度，有數十萬骨肉分離的人呵！

于小英曾在夢中見過江源很多回：夢見他身披袈裟，手敲木魚，當了和尚；夢見江源在一片藍色大海之間游泳，天空有幾隻海鷗展翅飛翔，似乎在呵護著他，小英喊了半天，他卻愈游愈遠，小英最後哭醒了……有一回她夢見江源赤裸半身，五花大綁，頭上插有一束草標，昂步走向刑場，江源吟著魯迅詩句：「橫眉冷對千夫指，俯首甘為孺子牛」，說時遲，那時快，只聽得啪啪兩聲槍響，江源應聲倒在一片血泊裡。小英驚醒以後，哭了很久，她曾為了此夢，專程跑到戚家峪去問姑母，姑母笑道：「你這個傻丫頭！這是好夢啊。血是紅的，大喜啊。」她興高采烈回來，但是轉念一想：「莫非是江源在台灣結了婚？」她掐指一算，江源屬馬的，那年三十歲，他怎麼不可能結婚呢？結婚就是一樁大喜的事啊。

隔著一百多浬的台灣海峽，于小英住在江家峪，江源住在基隆，誰也不知道對方的生活情況。

江源三十歲那年失了業。一家三口，仰靠他那個台灣妻子工作維生。早晨，校芬買好了菜，騎摩托車去報關行上班，他和魯兒正在酣睡。等女兒哭醒，江源看孩子、看報、看《紅樓夢》，拖到中午時分，他先沖奶粉餵飽女兒，自己再下麵條，吃午飯。整個下午都是躲在那間二十坪的磚瓦房中，陪著魯兒，跟賈府的一群娘兒們廝混。直等到日落西山，校芬下班回家，他才交了差，呼吸起自由的空氣。

在窮困中過日子的人，脾氣格外粗魯、暴躁。有時，校芬埋怨丈夫幾句，他便嘴裡不乾不淨罵了起來：「你滾吧！徐校芬！沒有你這個報關行的小會計養家，我跟女兒也餓不死！」她抱著女兒，淚灑胸懷。魯兒那兩顆亮晶晶的眼珠，像珍珠一般美麗，正烏溜溜向她凝望。她冷笑道：「到了現在，我能說什麼呢？我們台灣有句俗話：乞丐趕廟公，你讓我滾蛋，我還沒讓你滾蛋呢？江源，我抱著女兒上哪兒去？你這個沒有良心的東西！……」她嗚嗚地哭起來，女兒也嚇得哇哇哭了！

在那雨聲淅瀝的冬夜，江源痛苦地坐在書桌前，吸著新樂園香煙，燈前的稿紙是一片空白……他在那家雜誌社幹了七年。當業務欣欣向榮時期，江源在當主編，有一天，老板找他談話，為了開展銷路，新聘了一位剛從美國回來的青年學人賈揚作主編，江源改作「執行編輯」，但薪水照舊。江源為了現實生活問題，強作笑容，點了頭。美國碩士在台北兩個大學任教，由於他是詩人，時常參加文藝社團活動，因此他每周二、五下午來基隆雜誌社。他的上班，套句社內會計小姐的話，是「蜻蜓點水式」。

賈揚年僅三十出頭，臉色蒼白清癯，戴一付近視眼鏡，講話時常夾雜英語，因此讓江源聽起來很吃力。到社第一天，他提出「新編輯企劃案」：為了爭取讀者，擴大銷路，今後應邀請女作家、海外華人作家寫稿；作品題材以描寫性愛、商場內幕、海外奇俗為重點；同時賈揚還開了學者名單，讓江源去聯絡邀請他們撰寫西方文學思潮、文學評論文章，藉以提高雜誌的水準。那天老板聽了賈揚一席話，目瞪口呆，畢竟遠來的和尚會唸經，如果按照賈揚的「新編輯企劃案」執行，不出一年光景，這份文藝雜誌一定銷行世界五大洲！老板樂歪了！

「我反對這個編輯路線！文藝不是商品，文藝若是變成人們消遣娛樂的工具，那台灣還有什麼文化？」江源理直氣壯地說。

賈揚瀟灑地一笑，看看手錶，在以「時間即是金錢」作準則的賈揚，青年才俊，前途似錦，他不屑跟一個編輯辯論，他只向雜誌社的董事長負責。「OK，」他說著站起來，走近老板面前握手，低聲講了幾句台灣話，轉身走了出去。「他奶奶的屄，老子不幹了！」江源罵了一聲，故意讓老板和賈揚聽見。不過他們已步上樓梯，並未轉回來和他對罵。江源收拾了一下抽屜，把稿件清理完畢。走了。

江源賭氣離開雜誌社，猶如吸煙噴出一團煙圈，剎那間就煙消雲散了。江源原以為老板會留住他，勸他回心轉意。像他這樣具有文藝氣質與修養的人，而且工資不高，編輯、校對兼作，上哪兒去找呢？……江源在家蹲了快一月，一直在作白日夢。在人浮於事的多元化社會，人和人之間沒啥情感道義可言。江源原是高中畢業生，進那家雜誌社初期，他每天晚上往返基隆與台北火車廂上，喝涼開水、吃便當盒，苦讀五年，才混到一張夜間部大學文憑。雖然他寫了不少文藝作品，發表在台灣、香港報刊上，但是這有啥用？結婚五六年，租房子住，過的是游牧民族的生活。你賭氣離開雜誌社，雜誌照樣月初問世。即使你是諸葛亮隱居在台灣花蓮鄉間，也不會有劉備三顧茅廬，請你出來作官；你當了官他當啥？從內地來的作家、報人、知識分子，還有些人竟日窮泡在咖啡館、茶樓中翻報紙，在廣告版上尋求生路；何況每年暑假大專院校畢業出來的新聞、文學科系學生，猶如過江之鯽，每天在城市的報紙、刊物尋找工作。江源賭氣辭掉編輯工作，老板還暗自高興呢，怎會再來求他回去？這豈非痴人說夢？

江源失業在家，精神非常苦悶，每天看《紅樓夢》。有時迷戀過度，魯兒從嬰兒車內爬出來，他依然手不釋卷，全神貫注。有一天，校芬氣憤地說：「你光知道一天到晚陪著林妹妹、薛妹妹談戀愛，這有啥用？你看女兒瘦得已經皮包骨了，你還有啥心情看紅樓夢？」江源賭氣將《紅樓夢》一扔，痛苦地說：「我早已沒有心情看書了，從林黛玉死了以後，我的心就像她焚燒的詩稿化成一股煙，早就不在人間了。」她將地上的女兒抱在懷裡，氣呼呼地說：「你離開人間不要緊，我跟魯兒還得活下去。」

每逢江源想到現實問題時，他才真正體會出貧賤夫妻百事哀的滋味。住在江家峪的鄉親，祖宗三代都未曾離開過那棟古老的石屋。就拿于小英而言，她在這棟老屋住了將近半世紀，她當然會具有安土重遷的情感。但是江源和徐校芬生的女兒，因為租賃而居，從學會走路到進幼稚園，竟然搬了五六次家。魯兒曾摟著他的脖子哭訴：「我不要搬家，不要搬家！爸爸，沒有鄰居小朋友跟我玩！」數不清的淅瀝淅瀝的雨夜，江源曾向那個沒有眼光的漂亮女人許願，他要努力地從事筆耕工作，用那一頁頁填滿漢字的原稿紙，換回來嶄新的散發著油墨香的鈔票；他把鈔票儲存在銀行，一月、二月……一年、二年……只要勤勤懇懇熬過十年寒窗，等魯兒背起書包，騎自行車上學的時候，江源一定可以買得起一幢二十坪的樓房，兩房一廳。到了晚上，校芬在客廳打毛線衣，他和女兒躲在各自房間看功課、寫稿。

當江源講述他的夢想時，魯兒伸出肥嫩的小手鼓掌，小嘴巴可真甜：「我們買了房子，不搬家啦。爸爸好偉大喲。」

「校芬，咱們買了新國民住宅，我準備在客廳裡掛上一張二十四吋的彩色照片，就是你那一張擺在照相館的。行唄？」他向身旁看報的妻，興高采烈地說。

「別提那張照片了。我這一輩子就是因為那張照片，上了賊船，別提了！」她的幽默話，也是牢騷話。

每逢兩人提起照片的事，江源總是掩不住笑容。是啊，若不是那張照片擺在照相館櫥窗內，他不會和她認識的。那年夏天，他在基隆海水浴場游泳，無意之間發現一個身材苗條的女孩，穿黑色游泳衣，在沙灘上走。江源看得目瞪口呆，好像在哪兒見過？思索良久，他才恍然憶起照相館展出的那張迷人的照片。那天艷陽高照，游泳的人很多，趁著那個女孩抱著救生圈在海中嬉水，江源從人群中潛下海去，剎那間從一百米外的海面浮起來，用右手抹了一下臉上的水珠，對那個玩救生圈的女孩笑道：「徐小姐，我找得你好苦啊！」海水約莫三人深，江源原處踩水，只見女孩臉上現出紅暈，睜大眼睛說：「我怎麼沒見過你？」江源笑道：「你的照片擺在照相館的櫥窗裡，誰不認識你呀？」她的美麗的臉孔紅了，兩隻水靈靈的眸子，漾出惱意：「為了那張照片，我挨家裡人罵，罵我出風頭。這都是照相館老板給我惹的麻煩。我只有自認倒楣！」江源聽了哈哈直笑。瞧她那動人的表情，和影星林黛有啥不同？她那成熟的胸脯，白皙的皮膚，渾身散發出少女特具的青春活力，他恨不得撲上去擁吻她。是啊，照相館老板真有眼光，像她這樣漂亮而健美的模特兒，實在難找啊！

「你叫什麼名字？」

「徐校芬。」

「小芬？」江源低聲唸著她的名字：「若是你叫小英多好？」

「我大姐叫徐校英。」

小英，小英……小英如今可無恙？他轉頭向那浩瀚無垠的北方眺望：越過大陳島、舟山群島、嵊泗列島，前面便是長江口，從基隆到上海搭海輪航行四百零八浬便抵青島，從青島上岸轉乘膠濟線火車去濟南，再坐上三個多鐘頭的汽車，就到了他朝思暮想的故鄉江家峪……江源在淚眼矇矓中喊著：「小英，小英，小英！」

剛結婚那幾年，江源時常從夢中呼喊「小英」而驚醒，蜷臥在他身旁的徐校芬，白天上班，回家洗衣、煮飯帶小孩，睡得如同一堆爛泥，她怎會聽見丈夫的夢話？何況江源使用的是家鄉話呢？她怎麼聽得清楚呢？

在一個飄雨的冬天，也像現在一樣，離舊曆年關很近。也許江源寫稿太累，也許他思鄉心切，夜間做夢看見了父親、小英，他恍如隔世一般抱住他們，喊著、哭著，最後醒來，眼角流出了熱淚。

睡在身旁的女人問他：「你是不是跟雜誌社的人吵架了？」

「唔。」他依舊在夢境中徘徊忘返，不停地哭泣。

「有個孝瑩的人欺侮你嗎？」她關心地問。

「孝……瑩？」江源睡意朦朧，自言自語，擦拭眼淚。

「剛才，你喊孝瑩……聲音還很大呢。嚇了我一跳。」她心有餘悸地說。

「啊，我不知道。」他的思緒在夢與現實之間飄蕩，他確實聽不懂徐校芬的話。

「若是工作不愉快，乾脆別幹了，在家寫點愛情的、武俠的，不用費腦筋的東西。只要一個月賺幾百塊錢，加上我的工資，咱們還有什麼發愁的？……再說，我也是貧窮人家出來的。」沒等她的話說完，江源早已打起了輕微的鼾聲……

日子像螢火蟲的屁股，亮一下，黑一下，亮一下，黑一下……寫作、睡覺、吃飯、看書報、睡覺……有一天，江源無意之間從報紙上得知汪緒來基隆演講。他非常高興，從那次兩人分別，恍然間已過十年。台灣雖是一座海島，由於都市房屋愈蓋愈高，人口增加愈來愈多，因而人與人之間的關係愈加疏遠、淡薄。所謂同學會、同鄉會也者，只是極少數有心競選民意代表的人，藉此機會廣結善緣、吸收票源而已，絕大多數人是毫無興趣的。

演講會場擠得水洩不通，聽眾除了學生、公教人員以外，還有不少慕名而來的工商界人士。江源站在會場後面，遠遠地看見汪緒身穿西裝，站在麥克風前講話，偶爾還夾雜一兩句英文詞彙，不過聲音比賈揚悅耳些。講台前擺滿了花籃。通過後面的擴音器，他似乎聽到汪緒宣傳當前西方國家的企業化精神，如何運用人力、時間，把產品推銷到每一個工廠、學校、家庭去。江源滿腦子活躍著林黛玉、賈寶玉、羅亭、郁達夫、約翰．克利斯朵夫、黃仲則等人的形象。這些都是有血有肉、敢愛敢恨、有夢想與情感的人物。他們不懂得仕途經濟，更不會企業管理，因此江源聽過汪緒的演講，味同嚼蠟，矇矓不解。但是他感到無比的幸福與成就感。十年以前，長江沿岸炮聲雷動，祖國各地狼煙四起，汪緒和江源兩人從上海渡海來到基隆。汪緒幸運地插班進了大學，後來他考取了公費留學，在美國苦讀六年，拿到博士學位。汪緒目前是大學副教授，而且還兼任經濟委員會委員，成為台灣目前頗受矚目的青年經濟學者。

在台灣，江源幾乎三年五載才和汪緒碰一次面，見面也僅是打個招呼，最多在一起喝咖啡小敘片刻，因為社會結構發生變化，每人都局限在自己活動的範圍。即使他們碰在一起，聊那些年輕時期陳穀爛米的往事有什麼用？在時間就是金錢的現代社會，誰還有閑工夫陪你扯淡？就是這次江源返鄉探親，他也沒有通知汪緒知道。自從五年前汪緒作了大學校長，他的電話號碼更換後，他們再也沒有聯絡過。除非將來會兒結婚，江源會寄給汪緒一張喜帖，但是汪緒也許「禮到人不到」，這在台灣已是司空見慣的事。臨動身前，江源並非沒有考慮去告訴汪緒，但是對於故鄉的感情，每一個人都不盡相同，何況汪緒在台灣作了大學校長，他不像江源那麼單純，一定會有些顧慮存在。隔離了四十年，即使結髮夫妻重逢一起，兩個人的思想觀念也有一定的距離，何況是親友和鄰居同學呢？

5.

天已放晴，雪花開始溶解，氣候格外寒冷。由於年關接近，江家峪的農民趁著天氣好，紛紛進城趕辦年貨。從江家峪到縣城雖說十八里，但是在健壯的農民的心目中，來回走一趟根本不當一回事。那天早晨，于小英升好爐子，收拾一下，便想騎自行車進城。江源堅持和她一道去。為了進城的事，他們昨晚爭辯甚久，小英為了怕他受到風寒，不願帶他同去。她將準備購買的食物、用品，寫在一張紙上，又數了數鈔票，便想動身。誰知江源像個小孩子一樣，硬要同行。于小英非常為難，她所以不願意江源進城，乃是怕街坊鄰居看見他。過慣了獨身生活的小英，四十年來很少出門，即使出門也是單槍匹馬，從來沒和男爺們走在一起。如今驟然身邊有個男人，這豈不招惹是非？若是不向別人解釋，閑言冷語，讓人難受；如果向人家介紹，四十年來家國，浩浩蕩蕩，講起來麻煩事情可多呢？何況當地百姓聽到「台灣」兩個字，畢竟還是有點陌生而敏感的。壓在小英心底的秘密，她咋能向自己的丈夫說清楚呢？

「你真想跟俺走？」小英紅著臉問他。

「我想去。順便買點紅紙寫春聯。俺還想逛逛書店。」江源把那件鴨絨袂克的拉鍊，拉到脖頸下面，走出房外。這件衣服是臨來的時候，校芬在頂好市場買的。

「等一會兒，俺去借一輛車子。」

于小英跑到鄰居家借回一輛破舊自行車，兩人騎著車子，沿著公路南行。這條公路對於江源來說，是非常熟悉的：四十年前，他曾騎著自行車在這條公路上飛馳，坐在後面的于小英，一隻手摟緊他的腰，一隻手揮動著桃花，引吭高歌：

春風吹面薄於紗，春人妝束淡於畫。遊春人在畫中行，萬花飛舞吹人下。梨花淡白菜花黃，柳花委地芥花香。鶯啼陌上人歸去，花外疏鐘送夕陽。

她那渾圓有力的歌喉，隨著春風飄蕩在如畫的山野間。走在路上的婦女，在地頭休息的莊稼漢，任何人看見這一對郎才女貌的小青年，沒有不誇耀的。歲月無情催人老，眼前的風光依舊，但是那騎在前面車子上的于小英，如今卻變成乾癟的老太婆。江源觸景生情，禁不住掉下眼淚。

淚眼矇矓，眼前公路上長出兩行茂密的龍眼樹，遠山如黛，晴空似海，那騎在前面的野丫頭愈騎愈快，眼看要轉彎了。他在後面吼起來：「慢點騎，等著我！」她回頭一望，立刻鉚足了勁頭，繞向沿海公路了……海靜靜地沐浴著月光，椰子樹在晚風裡搖曳，這一對青年男女坐在沙灘，凝望月光下的台灣海峽……

「假若有一天你回了山東，我就一個人坐在這棵樹下等你。」

「如果我不回來了，你還等我幹啥？」

那個聰明漂亮的台灣姑娘，望著月亮，唱起了歌：

每日思念你一人，抹得通相見，親像鴛鴦水鴨不時相隨，無疑會來拆分離。

牛郎織女因二人，每年有相會，怎樣你那一去全然無批，放舍阮孤單一個。

若是黃昏月娘欲出來的時，加添阮心內悲哀。你欲加阮離開彼一日，也是月

卻出來的時。阮只好來拜託月娘，替阮講乎伊知，講阮每日悲傷流目屎，希

望你早一日返來。

她那柔美而帶有濃重感情的歌聲，雖然有些詞句使他朦朧不解，但他卻猜得出那是思念遠方的親人。抬頭看著月亮，不禁吟起蘇東坡的〈水調歌頭〉：「明月幾時有？把酒問青天。不知天上宮闕，今夕是何年？……」突然，江源垂下頭去，嗚咽成聲了！

「怎麼，你想家了是不是？」徐校芬拉著他的手，憐惜地說。

江源擦著眼淚，默不作聲。甚至當他倆結婚之後，江源每當想家時，只是默默流淚或者痛哭，但卻不說話。是啊，詩人蘇東坡的話說得好啊！但願人長久，千里共嬋娟；只要健康地活下去，一樣欣賞到月光，即使隔著台灣海峽不見面，又有什麼關係呢？想不到這個夢想今天竟然實現了，這是讓人喜極而泣的事啊！

縣城的街道和建築外貌，宛如台灣南部的僻靜小鎮，但比起四十年前卻有顯著

的進步。他們騎到一家書店門口，把車子停放牆角。于小英去買年貨，江源便進書店去參觀。說是書店，其實裡面還出售其他物品，如鍋碗瓢勺、成衣新帽、包子糕餅，各種白酒，因為春節將近的緣故，不少民眾在買年貨。江源邊走邊看，忍不住想笑！「天哪，這算啥書店，這是雜貨鋪啊。」這家書店和台灣鄉鎮書店相比，顯得寒磣了些。僅是店內的書架上堆積的書，至少比這家多三倍以上。咱們中國人都有主觀的意識，阿Q進了縣城，聽城裡人把「長凳」叫「條凳」，阿Q覺得好笑；阿Q見城裡人煎魚放上切細的葱絲，因為未莊都加上半寸長的葱葉，他也暗自搖頭。江源走近書櫥旁，大致看了一下，陳列的書籍實在不多，新進出版的根本沒有。抬頭望去，但見書櫥上面牆壁上，掛著一幀條幅，那是出自許德珩的手筆，題的是：

獅耳山前狼溪河畔千載珍品揚名中外

原來書櫥上角擺了十數盒「東阿阿膠」婦科補藥。江源想起校芬近年身體虛弱，若服用阿膠，比任何補藥都會有效。江源買了四盒福字阿膠，準備留給小英兩盒，另外帶回台灣給校芬服用。江源在書櫥旁停留很久，最後選購了一冊劉白羽的報告文學《大海》。他剛走出書店，看見于小英提著兩簍年貨，氣喘吁吁走來。他急忙迎上前接過一簍，用繩子捆紮在車架後面。

「年貨辦齊了沒有，想一想，別忘了什麼。」江源說著把阿膠掛在車把上，然後拉開半截拉鍊，將那本書塞進上身裌克裡。

于小英一眼瞥見那一包阿膠補藥，臉上紅一陣、白一陣，她並沒有作聲，只是捆綁年貨。

「鞭炮買了麼？」江源轉臉問她。

「買了。」她低頭說。

他們推著車子，穿過露天市場，小英又買了兩斤大米，兩人便騎上車子，向回程走。路上，江源看出小英有些不高興，但卻不知道原因。騎到半途，迎面看見江昆騎車而來，八成也是進城買東西。江昆咧著嘴巴嚷道：「你們兩口子為啥不出去逛逛？泰山啦，孔廟啦，到外面度蜜月去吧！」

「那是資產階級的享受。」于小英俏皮地頂了他一句。

等江昆的車子消失在煙籠霧鎖的背後，江源挨近了小英，關切地問：「江昆的老婆是哪莊上的？」

「他是光棍。」小英握住車把，使了點勁，搶騎到前面去。

「他的條件不錯嘛。咋還是光棍？」

「文革時期，他被劃成走資派，關進牛棚。他愛人跟他劃清界線，打離婚，帶著孩子去了長春。」小英斷續地說。

「過年，邀他來咱家喝酒吧。」

前面，有兩個農民趕路，于小英按了兩下車鈴，超車而過。她說：「你這麼大歲數了，咋不懂光棍的心理？到了年節，人家咋願意來咱家喝酒？哈哈！」她突然笑起來，臉也漲紅。江源了解她的坦率性格，肚子裡不能裝隔夜話。便趁風逐浪地說：「俺沒回來的時候，江昆打過你主意沒有？」小英噗哧笑道：「圓兒，你回來是看我呀，還是搜集寫作資料？」江源嘿嘿直笑。小英回過頭罵了他一句：「不害臊！」

在這樸素而偏僻的山村，男女的交往非常純潔。尤其在文革時期，貧下中農掌權，即使江昆對于小英有意，他又怎敢表示呢？四人幫垮台，拖了三年，江昆才獲得平反，他一天到晚酗酒、罵江青，村裡的人都管不了他。于小英有點文化，她以「老嫂比母」的身份，狠狠罵了他一頓。誰知江昆不但不發脾氣，反而捂住臉大哭一場！從此以後不再酗酒，也不再罵江青了；而就在這時，村裡愛管閑事的人說：「一個沒男人，一個沒老婆，他們二人若是湊合在一起還挺不錯呢。」

這些閑話傳到于小英的耳裡，使她啼笑皆非。她認為以自己的健康情況，可以再活二十年，她和江源這一輩子會有重逢的一天，誰能想到于小英這話說了不到十年，江源竟然提著旅行箱回到她的身邊。這是做夢也料想不到的事啊！

那天，于小英拉開大門，發現一個陌生的老師傅站在門前，她怔住了。

「同志，你找誰？」

「俺找于小英，大嫂！」江源瞪著兩隻眼珠發愣。

「你找于小英？」于小英有點膽怯，便盤問他：「你是哪兒來的？你找于小英有什麼事嗎？」

「俺從台灣來的。于小英……」江源正說著話，卻見她把頭一擺，用右手捂住臉孔，嚎啕痛哭起來。

回來頭幾天，于小英幾乎沒和他談什麼話。過久了獨居生活，驟然間身邊多了一個男人，形影不離，她覺得非常彆扭。有時，于小英神經質地用指甲掐自己的胳臂兩下，暗自思忖：「這不是做夢吧？江源真的回來了嗎？」過去，她曾幻想能夠在夢裡和江源相遇，那也是一件幸福的事。現在，她已知道這不是夢，而是事實。離家去南京投考大學的圓兒，忘了回家，在外面混了整四十年，現在變成一個小老頭兒回來了！

這個離家四十年的圓兒，雖然臉上佈滿皺紋，眼袋顯著，而且也長出老年人特有的斑疤，但是他面色紅潤，精力充沛。在于小英的記憶裡，如今江源那健壯的腿力與臂力，並不比新婚初期退化，甚至他那種帶有原始野性的粗獷動作，還讓她感到畏懼退縮呢。

有時，于小英心情歡暢時，她會故意逗他：

「圓兒，你到底上過大學沒有啊！」

「上過。」

「啥系？」

「中國文學系。」

「俺的天哪，你這個大學唸得真不容易呀！唸了四十年，頭髮都白了！」她繃著臉忍住笑在挖苦江源。

「嘿嘿！」江源傻笑了。每當他無言以對時，便這樣傻笑。過去在台灣，徐校芬也常和他開玩笑說：「你這老狐狸說不定在家鄉結過婚。可是看你剛來台灣的照片，又黃又瘦，像個十四五歲的小孩子。圓兒，你到底結過婚沒有？從實招來。」江源嘿嘿地傻笑了。

雖然江源嘴巴在傻笑，可是他心裡想哭。由於海峽隔絕了兩岸親人的訊息，他不願親人增加顧慮與痛苦，所以才說謊，說自己沒有結婚。當台灣開放大陸探親時，江源便急著到處探聽消息，如何填表、買機票，以及有關大陸海關的規定事項。起初，徐校芬還以為他在準備此事，但等江源決定前往大陸探親，她卻感到驚訝起來。「你去幹什麼？人家回家探望老婆兒女，你回去看誰呢？你跟著湊熱鬧作什麼？」江源拉下臉來，老淚縱橫地說：「我去看看父親，他老人家今年九十大壽。他一輩子沒穿過膠底鞋、沒進過飯館。他樂觀、知足，他說他活著有指望——」徐校芬走近他，低聲問道：「他指望什麼？」江源吸溜著鼻子，忍著淚水說：「他總是指望我念好書，當上江家峪小學的教師，那時候俺爹就揚眉吐氣了！」

屋內的空氣凝凍下來，徐校芬也陪著丈夫默聲流淚。

臨動身前，徐校芬還囑咐江源，若是父親身體健康，想辦法把他接到台灣來住；若是身體不怎麼硬朗，還是留在故鄉安度晚年。江源早有打算，即使父親身體硬朗，他也不會把九十歲的老人家接來台灣，他咋受得了旅途顛簸之苦？

江源進入廣州以後，腦海裡一直盤旋著父親和于小英的影子。他想：他們都還住在江家峪麼？若是回到家鄉撲了空，誰也沒有見著，那是多麼痛苦的事！在旅途車廂裡，他的眼睛一直浸泡著淚水，眼圈呈現紅腫，彷彿害了嚴重的痧眼病，或是高血壓引起的眼珠腫脹。他來到這陌生的環境，確實有些孤獨膽怯的感覺，猶如置身在外國的領土。坐在車廂，江源有時閉目養神，裝作熟睡，即使睜開了眼，他也老是眺望窗外的嚴冬景致，避免和別人談話。

「老師傅，這趟車是從廣州開出來的？」坐在對面一個旅客，跟他搭訕。

「唔，廣州。」江源支吾地說，好像洋人初學中國話的腔調。

「你上哪兒去？」那位約莫四十歲的旅客，操著江浙口音的普通話問他。

「山東。」

「回家過年？」

「嗯。」

「嘻嘻，我剛才還以為你是台灣同胞呢？」那人自言自語，江源早已閉上眼睛，把袂克搭在小腹上，裝作朦朧入睡，他心裡暗想：「你趕快下車吧，省得再和我囉嗦了。」

火車向前奔馳。那車輪碾過鐵軌的聲音，對於江源而言是非常熟悉的。當他十歲那年，初次跟隨父親去濟南。他們走了三十多里路，發現前面有一棟獨立磚瓦房，門口掛著一個白色招牌，上寫「萬德車站」。買了車票，江源走進月台，心裡非常緊張，眼前是兩條黑色的鐵軌，鋪向了遙遠的天際，到底火車從哪兒來，又把他們載向哪兒去呢？驀地，江源發現遠方一隻黑色的怪獸，拖著十幾個車廂軋軋地駛來。他拉緊父親的衣角，心噗噗直跳，手心在冒虛汗。火車剛停下，忽然哧地一聲，火車頭屁股冒出一股熱氣，嚇得江源向後撤退了四五步。

「你怕啥？它又不咬你。快上車！」父親喝斥著他，把他拉上了三等車廂。

過去四十年來，不管何時何地，思念或作夢，只要父親的面容映現在江源的腦際，他一定會熱淚盈眶。現在，他從朦朧的夢境中醒來，掏出手絹拭去眼角的淚。聽見坐在對面的那位操江浙口音普通話的旅客，向另外一個人談起他的家務事：原來他三歲那年，他的父親跟隨印刷廠從上海去了台灣。為了這個歷史問題，他曾受過歧視，而且也無法入黨。他說著激動地流下眼淚。

「過去的事情，別想它了。要向前看。」對方安慰他。

「你跟你父親聯絡上了沒有？」江源插嘴問他。

「去年才聯絡上。」那個四十出頭的中年人低頭回答：「我父親早在七六年過世了，埋在高雄覆鼎金……」他說到此處，便沉默下來，眼角淌出晶瑩的淚水。

6.

趁著天氣晴朗，于小英蒸饃饃、炖肉、洗菜。江源幫她做點雜活兒，總有些礙手礙腳。過慣農村生活，小英如今無論輕重工作都可以勝任，但是長年從事腦力勞動的江源，卻難以適應艱苦的農村生活。

十冬臘月天，從村頭井邊打水回家，凍得江源直打哆嗦。小英看見他的狼狽樣子，心疼得哭了。而且埋怨他不應該偷著去打井水。江源覺得慚愧，辯白著說：「你這四十年都是自己挑水？」小英激動地說：「俺過慣了這種生活，根本不當回事，可你不能跟我比呀！你過了幾天農村生活呢？」

雖然天氣不錯，偶爾太陽還從濛茫的雲層顯現形影，猶如蠶蛹內的老蠶在隱約地蠕動，但是臘月的寒風吹在身上，卻是刺骨般的寒冷。從江源回到江家峪，嚴冬氣候冷，水土不服，他的結腸炎病復犯。由於農村用水不方便，他的短褲內占滿了糞汁，卻無法洗熱水澡。他計劃除夕的夜晚，燒上兩鍋熱水，把廚房門窗封嚴，即使不幸感冒，也得洗一次澡。若是再不洗澡，他可真得發瘋了！

過去，江源在台北的時候，每天一定洗澡，當寒流過境的隆冬季節，氣溫有時降到10℃以下，只要開窗外的煤氣桶，再回浴室擰開水龍頭，熱水自動流出來。冬天，客廳的暖氣溫暖如春，沐浴出來披上睡袍，坐在沙發上看電視節目，一天的疲倦頓時忘卻腦後。在台北，不覺什麼，可是江源如今回憶起來，卻讓他感到無限的嚮往與懷念。

于小英是個坦率而熱情的女人，過了四十年獨身生活，她的性格變得冷峻而沉默，彷彿對任何事物都不願接近。少女時期的她，愛憎異常鮮明，喜歡就是喜歡，不喜歡連眼皮也不翻一下，像小葱拌豆腐，一清二白。有時，江源好奇地問她：「小英，咱村的人對俺這個從台灣來的，有啥看法？」小英只是支吾著說：「也許很新奇吧，我想……」若是觸及有關政治問題，她便顯得有些緊張起來，帶著不甚愉快的神情說：「俺咋懂得這些事？如果懂得，早成了大幹部了。」于小英對於外界的事物，漠不關心，她頂不放心的是江源回來以後，吃的、喝的、住的是否滿意？最關心的是他能否適應農村生活？只要見到江源吃得多，臉上現出笑容，她比什麼都感到痛快。

春節之前，容易買到的是韭菜，于小英為了衛生，多洗了兩次。晾乾以後，切成碎段放在瓦盆裡。拌以粉絲、肉末、雞蛋，灑上鹽和香油，攪和均勻，兩人便開始坐在一塊包餃子。

「你在台灣包過餃子？」小英問他。

「沒包過，吃過。」江源用筷子挑起一坨餡，夾進一片餃皮內，撂下筷子，兩隻手指一捏便形成一只水餃。

「吃餃子，想不想家？」小英停止工作，端望著他問。

「有時候想，有時候忘了。」

「想誰？」

「想你跟俺爹呀。」

「唉！」驀地，于小英長嘆了一口氣：「人呀，真是矛盾。俺又怕你在台灣結婚，又怕你在台灣搞不到對象，到了現在俺才知道你還是一條老光棍。圓兒，你咋混的？咋連個女人也沒追上呢？」

「沒本事。」江源自我解嘲說。

「咱村裡人都不相信你在外面沒討小老婆。」小英說著把擺滿的一小筐餃子端上桌子，臉上堆滿幸福的微笑：「江昆還跟俺打賭，他說你要真的沒結婚，他輸給咱一瓶貴州茅台酒。」

「去他的！誰希罕他的酒？」江源略帶醋意地說。

「別包了。夠咱倆吃的了。」

「剩下這半盆餡咋辦？」

「拿抹布蓋起來，明天晚上再包餃子。」于小英端起餃子朝外走，叮囑丈夫：「你洗洗手歇一會兒，俺去下餃子。」

江源嘴上理直氣壯，但是內心卻非常惶惑不安。若是將來小英發覺他在台灣已成家的消息，她一定傷心萬分。紙是包不住火的；當火苗尚未燃燒以前，只有暫時用紙包住火吧，不然又有啥辦法？誰讓自己預先沒有表白清楚呢？那位住在台北的徐校芬，也曾懷疑江源在大陸結過婚。有一年她帶魯兒去觀音山旅行，特地到一位摸骨大仙家去算命。算命的是盲人，用右手四個指頭敲打她的手掌心，一面唸唸有詞，這就是所謂「摸骨」。那天，算命的說她是「斷掌」、命硬，而且命中注定當人家的「細姨」。那次她回家以後，鬱鬱寡歡數日。江源以為她在公司和同事發生爭執，也未在意。後來徐校芬終於透露出這個秘密，她認為江源即使在山東老家有妻子，但是海峽兩岸音訊渺茫，他們二人結婚，徐校芬也不算小老婆。唯一讓她感到痛苦的是算命的說她「命硬」，那會上剋父母，中剋丈夫，下剋兒女……江源急忙安慰她說：「你聽那些鬼話幹啥？我和魯兒不怕你剋，你愈剋我們倆愈健康。」他笑了。魯兒笑了。徐校芬不停地擦著眼淚，終於破涕為笑了。

燈下，一對老夫婦喝著白酒，吃著剛撈出的韮菜肉餡餃子。年關將至，預料也不會有客人上門，江源特地叫老伴拿出香油、醋碟，剝了兩顆蒜。這頓餃子吃得滿臉冒汗，過癮至極。飯後，于小英沏了一壺茉莉花茶，老兩口從「餃子就酒，沒飽沒醉」談起，談到舊社會民不聊生、餓莩載道的悲慘情景。江源幼時聽江老師說，民國十九年，西安湧來數萬四鄉的難民，進城乞討，當時出賣婦女的價錢，凡在二十歲以前，每一歲售價一元；若超過二十歲的女孩，超過一歲減少一元。江老師還說有一位婦女嫁出去後，男方聽說她身旁帶著一個剛會走路的小孩，馬上悔約退錢。那女人只得溺死小兒，才滿足對方要求。聊起血淋淋的悲劇，兩人忍不住淌下了同情的熱淚。

他倆聊到凌晨一點多，依然興致盎然。于小英催他洗腳上床。灌滿了熱水袋，塞進被窩下面。小英又把尿壺放在床下，才熄滅電燈，摸索上床，立刻被一隻結實有力的胳臂摟住，她輕微地掙扎了一下，但刹那間猶如一隻困在乾涸沙灘上的海豚，渾身癱瘓，只得任意讓漁夫玩弄擺佈了。也許由於江源多喝了兩盅白酒，他竟變成酒盒上的那個古裝人物——武松，握緊鐵錘般的拳頭打虎，無情地將腰身下面那個美貌的漢滿「混血兒」，打得汗水淋漓，呻吟不已。

大清早，江源喝了一碗雞蛋湯，戴上父親遺留的破毡帽，便一個人走出村子，到黃河沿去散步。這是他在台灣養成的習慣，也是他唯一的運動方法。陽光在東方的雲層若隱若現，荒野透出春的氣息。站在黃河渡口，他發現對岸那片荒蕪的桃林裡，有三四個農家青年在放風箏。看見飄揚在半空的風箏，江源想起父親，想起童年的往事，恍如昨天的事一樣，但它已過去半世紀了。他順著河邊的小路漫步。遇到黃河結凍，河床上留著孩子扔的碎石瓦塊。今年冬天暖和，河面上泛出粼粼的波浪，在冬日陽光下，現出耀目的光芒。

江源發現河岸矗立著一塊巨石，漲潮的時候，河水圍繞巨石打漩渦，激起一片美麗的水花。這兒是河水最深的一段，即使江家峪游泳最好的年輕後生，過去也從不敢在此跳水游泳。他記得八歲那年三月，河對岸桃花盛開，春水泛濫，江勇仁老師帶著他沿著河邊小路散步。走到這塊巨石前，江老師停住腳步，顯然地他在欣賞那湍急旋轉的浪花景致。

「江源，常聽人說：不到黃河心不死，這句話你懂嗎？」驀地，江老師提出這個難題。

江源鼓著圓溜溜的眼睛，搖頭傻笑。

「因為黃河是中華民族的發祥地。黃河，就像咱們中國老百姓的母親。江源，你想一想，一個作兒女的若是見不著親娘，他該怎麼樣？」

「他會哭！」江源想了一想，回答說。

「對啊！這就是不到黃河心不死的意思。」江老師仰起頭，向那湛藍色的天空眺望，嘴中發出沉重的聲音：「你知道碧眼黃髮的外國人看不起咱們嗎？你知道連東鄰日本國也稱呼我們是東亞病夫嗎？江源，你說該怎麼辦？」

「咱們也罵他，行唄？」

「不行，沒用。」江老師嚴肅地收斂了臉上的微笑，繼續地說：「從清末民初到現在，咱們山東省老百姓的平均壽命是三十五歲，若是按照這個統計，俺已經多活了七年啦，咱們怎麼不是東亞病夫？再說，山東是孔子的故鄉，但是目前山東省的文盲，占全省人口的百分之八十。江源，要立志啊。千萬別自我陶醉啊……」

兩隻水凫展翅飛過江源的頭頂。遠方，隱約地傳來喚他的聲音，他轉頭朝渡口方向望去，原來是于小英。他的腦海浮現出江勇仁的身影。半世紀前，那位貧病交困的私塾館老師，看不到希望，也看不見光明，他懷著滿腹牢騷與憂愁，投身在這塊巨石下的漩渦間。他的屍體隨波逐流，後來在沙溝峪附近黃河上浮現出來，才抬回了江家峪。誰知國軍台兒莊大勝日軍的捷報，卻作了掩埋江勇仁的葬禮。江源每逢想起這件往事，心裡總感到萬分遺憾。他走到黃河渡口，看見于小英的車子停在身旁，便問：「誰來了？」于小英說：「你還記得汪紀麼？奇怪，他咋知道你回來了？他是山東省文化廳副廳長，還是省文聯委員，你知道不？汪紀還是很有名的作家呢。」

江源騎上自行車趕回家。老遠，他發現一輛黑色小轎車停在門前。走進屋，一個熟悉的面孔，頭戴鴨舌帽，穿黑色呢中山裝，站起來和他握手：「江學長，我是汪紀，你還認得我不？」江源握緊他的手，往事湧進心頭：「你是咱們學校五月文藝社的領導人。」汪紀聽了這種恭維話，有點受寵若驚。急忙辯白道：「你才是真正領導人呢。我們是跑龍套的。」汪紀首先介紹一個三十開外的女幹部，那是文化廳主管文藝工作的杜科長，接著又介紹了陪同他們來的司機老張。

如果汪紀不作自我介紹，江源早已忘卻他的相貌。四十年前，江源在濟中讀高三，汪紀讀高一，他是學校的文藝活躍份子，主編校刊、擔任話劇社導演，又是〈五月文藝社〉副社長。過去，汪紀胖糊糊的，大眼睛，高鼻樑，講起話來愛皺眉頭，並且愛引用名人的語錄。江源初次認識汪紀是在一次討論「兒童文學」座談會上。那天汪紀擔任主席。他在男同學之間，比較英俊瀟灑，最吸引人的是他那帶有磁性的濟南味的普通話，所以他在講話時，每個同學都聚精會神凝聽。

「在討論創作兒童文學之前，我想起魯迅的一段話。」汪紀低下頭，看著一張卡片唸道：「魯迅說：只能先從覺醒的人開手，各自解放了自己的孩子。自己背著因襲的重擔，肩住了黑暗的閘門，放他們到寬闊光明的地方去……」

江源輕輕推了一下旁邊的同班同學汪緒，低聲地問：「這個同學叫啥？」

汪緒紅著臉說：「他是我弟弟汪紀。」

「怪不得他和你長得一樣。」江源偷偷笑了。

由於江源熱愛文學，同時汪紀跟汪緒是同胞兄弟，因此江源格外喜歡汪紀，在許多文藝活動場合，江源發覺汪紀具有文學的潛力與才華，他寫的散文，有熱情、有思想，且具有煽動性；這和他的口才一樣，很有組織與說服力，汪紀確是難得的領導人才。

在華北戰局緊張的階段，濟中陷於混亂狀況，江源領到高中臨時畢業證書，正準備返回江家峪。那天，汪紀倉惶地跑來宿舍找江源，開門見山說明自己的立場，並且勸江源不要返鄉，積極參加護校運動，等待濟南解放。江源坦白告訴汪紀，他反對戰爭，因為從他生下來便沒有見過太平日子。中國剛打完八年抗日戰爭，誰再發動內戰，誰就是人民的敵人。

汪紀微笑著說：「想不到你跟俺哥一樣，過份固執，不了解時局。」

江源急忙問他：「汪緒在濟南？」

「他去南京了。」

汪紀機警地將江源拉到僻靜地方，從衣袋掏出一本小冊子，送給江源：「江學長，你看看這本小說，也許它會幫助你認清方向。在我的心目中，你有詩人的氣質和熱情，我對你比俺親哥還親。你再考慮一下，行唄？」那個十七歲的英俊小青年，和江源握手道別，從此他們天各一方，音訊渺茫，誰想到四十年後他們又重逢了呢。

汪紀比江源小兩歲，若是讓別人評論起來，不管是容貌，或是健康情況，任何人也會說汪紀比江源大十歲。歲月無情，不到六旬的汪紀看起來已像七十的老翁了。汪紀的精神還不錯，只是背有點佝僂，那是文革時期被關在牛棚裡打的。

「我還算幸運的。比起前輩作家田漢、夏衍、趙樹理、范政，我等於沒受到苦痛。」汪紀喝了一口茶，滿足地說。

「范政？」江源摸著腦袋，插嘴問他：「是不是寫過《夏紅秋》的范政？」

「就是這個人。」杜科長說。

于小英從外面回來了，手中提著小籃，籃內裝滿了雞蛋，顯然這是剛從鄰居那裡湊弄來的。

那次臨分手前，汪紀送給江源的一本小說就是范政的《夏紅秋》。這小說以光復後的東北作背景，寫青年夏紅秋的曲折道路。原來共軍收容他作文工團員，但他卻逃到國軍占領的地區去尋找理想。通過時間與現實的考驗，夏紅秋終於做出最後的抉擇，只有跟著共產黨走，才有希望。江源雖然沒有受到作者的影響，但他仍然對於作者的生活情況非常關心。他迫不及待地問：「范政先生，他還在東北麼？」

「老范同志早就去見馬克思了。」汪紀黯然地說。

「他犯了啥罪？」江源不解地問。

「范政是一位優秀的作家，他的小說《夏紅秋》，劇本《吉鴻昌》，對社會發生巨大的影響。文化大革命，我跟他關在一起。他樂觀豁達，他從來沒想到會被折磨致死……范政十二歲為黨工作，十四歲參加中國共產黨，想不到他後來成了叛徒……哈哈，笑話！」汪紀愈講愈加激動，最後發出暢快的笑聲。

于小英端進來雞蛋湯，這是江家峪招待客人的食品。這時汪紀趁機拍了一下江源，「帶我去解個手。」兩人走出門外，汪紀從廁所走出來，悄聲問江源：「你回來以後，沒跟他們談起俺哥汪緒的情況吧？」江源說：「沒有。我連家裡人都沒提過。再說，小英也不認識他。這些年我也沒跟你哥聯絡。」汪紀鬆了一口氣：「那就好，省得囉嗦。」兩人回到屋內，汪紀才向主人宣佈：「今天晚上，省文聯舉辦文藝春節茶會，江學長是台灣作家，我們請他出席作報告。明天我們再把他送回來。咱們馬上動身，行唄？」

7.

可能江源在台北生活過久，看慣了車水馬龍、高樓大廈的景致，如今回到濟南，覺得這個城市顯得比較單調。也可能時過境遷，早先詩人筆底下「四面荷花三面柳，一城山色半城湖」的描寫，已經不易見到了。

汽車駛過鬧區，汪紀指著路旁一棟老舊樓房，對江源說：「你還記得這座樓房嗎？」江源搖了搖頭。汪紀笑道：「十王殿大樓。」江源實在愣住了。頂頂大名的十王殿大樓，曾被千千萬萬的山東老鄉讚賞、誇耀。半世紀前，這座矗立商埠區的高大建築物，它一直是濟南繁榮的象徵。過去江源每次走過此地，總會停住腳步向它凝望，確有仰之彌高的感觸。如今，這座樓房在江源的眼中卻變得非常渺小，還比不上他在中和住的那棟公寓漂亮哩。

正是年關時節，街頭巷尾已呈現春節景象。汽車停在趵突泉公園門前。下了車，杜科長買了門票，他們三人一塊去逛公園。江源看見淤塞的池塘前，豎立著七八位紙糊古裝人物，手腳僵硬地在輕微擺動，四周圍了一群遊客，有人說這是呂洞賓，那是何仙姑。沿著路旁盡是個體户攤販。繞過池塘，前面便是趵突泉。泉內水淺見底，那三股噴泉，由於泉水過少，只泛湧出三朵水花。江源看在眼裡，笑在心頭。汪紀引導他去參觀文物館，遊人極少，大抵對此不感興趣。江源看見了郭沫若親題的七言律詩，詩曰：

七二名泉莫與京，

才觀趵突又溪亭；

珍珠潭底魚三尺，

一片琉璃入大明。

在春節茶會上，汪紀代表山東省文化廳作了簡短講話，號召與會文藝界要貫徹「雙百」方針。他説，貫徹「雙百」方針是為了鼓勵藝術題材、內容、形式和風格多樣性，鼓勵文藝理論和創作上的不同觀點充分展開討論，促進文藝的繁榮，但最終的目的還是使文藝更好地為人民服務、為社會主義服務。

坐在汪紀身旁的江源，呆若木雞，他用心聽汪紀講話，但是他聽來有些吃力，像聽哲學論文一樣艱澀枯燥。這時，汪紀向身旁的江源看了一眼，提高嗓門說：「同志們！朋友們！現在我介紹剛從台灣返鄉探親的作家江源先生，跟大家會見、講話。」

在一陣熱烈掌聲中，江源慢慢站起來，把他從事文藝創作的體會，概略地講了一下。對於大陸的文章，江源看得不多，總的說來，作家的生活比較深厚，作品從內容到形式都很樸素，這是台灣作家比不上的地方。

江源講話的時候，燈火驟亮，十幾架攝影機對準了他，為他拍照、錄像。燈火朦朧，江源隱約地看見許多著名的作家老舍、田漢、阿英、柳青、周立波、楊朔、郭小川、聞捷、李廣田、孟超、司馬文森、羅廣斌；著名文藝評論家馮雪峰、邵荃麟、王任叔、劉芝明、何家槐、侯金鏡、徐懋庸；著名的京劇演員周信芳、蓋叫天、馬連良、荀慧生、尚小雲、言慧珠、李少春；著名的電影藝術家蔡楚生、鄭君里、袁牧之、田方、崔嵬、上官雲珠、應雲衛、羅靜子、顧而已、魏鶴齡……等人的冤魂，向著他吶喊、流淚。江源沉痛地講起自己的身世：「俺娘逃荒到江家峪，就咽了氣。俺娘是餓死的。在座的汪副廳長可以為我的話作見證。我不是地主資本家，台灣的作家像我這樣的人很多。他們比黃仲則還窮，比黃仲則還愛人民。黃仲則有兩句詩：側聞天下朝星長，誰知人間茹冰炭。作家不是粉飾太平的水泥匠，要為人民的疾苦講話才行啊。」

江源突然中止了講話，哽咽起來。整個禮堂內的作家、藝術家，都沉默無話。偶而聽到吸溜鼻子聲、嘆氣聲、啜泣聲。

幸虧茶會中還有文藝節目演出，否則會場將會一直充滿悲哀的氛圍。不少年長的作家、藝術家走近江源，和他握手談話，還有幾個人探問台灣的近況，因為他們的親屬住在台灣。有些年輕作家，也詢問台灣的稿費、版稅及出版情況。這都是在文藝節目進行中交談的話題。文藝節目有短劇、相聲、舞蹈、呂劇、魔術等，節目緊湊，掌聲四起。可惜江源為了答復許多人的提問，無法集中精神欣賞節目。最後的山東省歌舞團大合唱，陣容比較堅強，當他們唱起〈黃河頌〉，江源的心隨著怒潮澎湃的浪花，起伏不已。他的嘴巴在哼唱，眼眶飽噙著熱淚。

……

啊，黃河，你是中華民族的搖籃，
五千年的古國文化從你這兒發源，
多少英雄的故事，
在你的身邊扮演。

啊，黃河，……

江源懷著沉重的心情，回到黃河邊的江家峪村，那首半世紀前中國人民怒吼的歌曲，激勵了抗日的熱潮，終於把侵略者趕出黃河，趕出秋海棠形狀的中國。是啊，「多少英雄的故事，在你的身邊扮演」；但卻有更多血淚的悲劇，在黃河的流水中嗚咽啊……

那日，天空飄著小雪，江源帶了香箔冥紙，獨自走向黃河之濱。他在當年江老師自殺的巨石前面，停立下來，凝視那旋轉的浪花，耳畔竟然響起江老師的悲痛聲音：「四萬萬人齊下淚，天涯何處是神州？譚嗣同的詩句，寫出了俺心底的憂患意識啊！」江源默默蹲了下來，從衣袋摸出了火柴，擦著火，先燃紙箔，再點上三柱香。江源站起來向那矗立在黃河中的巨石，拱手禮拜，淚眼朦朧地說：「安息吧，老師！」江源蹲下去翻動燃燒的紙箔，嘴角帶著微笑，眼角卻噙著淚水。

江源拖著破碎的一顆心，沿著河畔小路朝村裡走。記得從台灣剛來的時候，他編織了一個美麗的幻夢：他有兩個溫暖的家，一個是在黃河下游的江家峪，有山、有河，有濃郁的鄉情，也有深厚的文化風俗。春天，黃河泛春水的季節，他從海峽對岸的台灣，像一隻候鳥回到江家峪。白天，他和老伴小英勞動，晚間兩人挑燈夜讀，吟起山東前輩詩人辛稼軒的詞句：「我見青山多嫵媚，料青山見我應如是；情與貌，略相似。」江源住在故鄉，比辛稼軒寄居江西上饒要恬適些。等到秋風起兮落葉飄零的季節，江源再帶著兩盒東阿阿膠、四瓶孔府家酒，回到台灣去避寒。走進南勢角那幢公寓的四樓，脱去身上的厚棉袂克，換上畫有椰樹、海浪的港衫。校芬為他沏上一杯剛烘焙的包種茶，清香四溢。正在歡笑中，電話鈴響起，那是魯兒從東部花蓮打來的長途電話：「媽，老爸從山東回來了嗎？……」江源閉著眼睛，陶醉在自己編織的美麗幻夢裡。他在返鄉的途中，不停地問自己：「這個夢會實現嗎？」

想起魯兒，江源如同展翅開展的孔雀，打心眼兒裡感到無比的溫馨與驕傲。江源臨動身之前，魯兒還從花蓮打電話來，千叮囑、萬叮囑，回老家少掉眼淚，多看一看鄉親鄰居，回來寫一篇小説。魯兒講過女婿講，女婿講完兩個雙胞胎小外孫向他問安。魯兒是他的獨生女，漂亮、乖巧，她從醫科大學畢業，便和她的男同學林同梁結婚，夫婦都在花蓮醫院作醫師。去年，魯兒在花蓮近郊買了一棟平房，有一個小庭院，院中還種著兩棵木瓜樹。魯兒在電話裡告訴他：「老爸，您搬來花蓮養老吧。在這裡寫作、看書，非常安靜。」江源噙著眼淚責備女兒説：「我才六十歲，你就嫌老爸老啦？」女兒怎能了解父親的心事？從女兒呱呱墜地，江源便給她取名「江小魯」，為的是讓女兒記住她的故鄉是黃河下游的「山東」。是啊，眼前這條古老黃河，永遠在他的心底流淌啊！

雖然江源是一個作家，他曾認真地分析研究小説人物的思想感情，但是卻從來沒有沉靜下來，記錄一點自己的心理實況。初來台灣，他毫無結婚打算；雖然他和徐校芬相戀而結婚，他卻沒有安定的感覺，好像投宿一家旅館，明天他便離此而去。後來，他搬到台北，在中和市南勢角買了房子，而且他服務的那家報社待遇好，工作也稱心愉快，有充分的時間從事文學寫作。但是江源的心，依舊像一隻候鳥，它憩息在這座島上只是為了避寒。只要北方氣候轉暖，它會展翅北飛的。偶爾遇到心情不好，夫婦發生爭執，女兒總是站在母親一邊，對父親賭氣說：「老爸，您如果討厭這個家，您就回山東江家峪吧！」江源氣咻咻地說：「死丫頭，你明知道我回不去呀！若是俺回到江家峪，他們把我抓起來當反革命治罪怎麼辦？」魯兒俏皮地摟住媽的脖頸，模仿山東口音說：「老鄉見老鄉，兩眼淚汪汪，您跟人家拉老鄉關係，多說好話唄！」聽見魯兒的調皮話，他笑了！

台灣開放大陸探親，江源決心回山東走一趟。他當時並沒抱啥希望，父親、于小英，他總以為早已不在人世。所謂「不到黃河心不死」，江源這次山東之行，那怕見到黃河一眼，他這輩子也算吃了秤砣、鐵了心啦。

在江源忙著辦手續、購置衣物的時候，那個和他過了三十年患難生活的徐校芬，曾瞞著丈夫向魯兒吐露心情：若是江源回到故鄉，和老妻團聚，他還捨得回台灣麼？魯兒在長途電話中笑道：「媽，您的更年期到了，應該去看精神科醫生了。老爸怎麼會捨下您、捨下我、捨下他在台灣留下的血汗成果呢？……雖然老爸在文藝界不紅，也沒有紅過；可是他是一位真正的作家，這是客觀的事實吧？媽，您想一想，即使讀者不留戀他，他怎麼不留戀讀者？……您放心吧！我敢向您保證，老爸一定回來！……」

聽過魯兒的勸慰的話，徐校芬總算放了心。近兩年來，徐校芬退休在家，把全付精力投入證券市場。起初，她整天在號子裡泡，今天買兩張食品類的股票，隔不上兩天，賺了兩三萬，她又轉進兩張紡織類股票。這種炒短線的做法，讓她嚐到了甜頭。徐校芬是個精明能幹的婦女，從小受苦，長大了嫁給一個窮作家。她勤勤懇懇工作二十多年，如今女兒出嫁，老兩口不愁衣食，每月還儲蓄兩萬多元。她若是在股票上發一筆財，索性勸江源辭掉報館工作，在家過清閑生活，想寫點東西就寫，不想寫去遊山玩水也行。徐校芬了解自己丈夫的坎坷身世，了解他那種嫉惡如仇、憤世嫉俗的性格；即使他的才華橫溢，學富五車，在這商業化的庸俗社會裡也難以出頭。何況當前的社會是碩士、博士滿街跑，歸國青年學人最吃香。你想，一個年已六旬夜間部中文系出身的老芋仔，正如同住在未莊的阿Q，雖然他姓趙，他怎敢姓趙？那裡配姓趙？江源怎敢出頭？他又那裡配出頭？

「他媽的，這是什麼社會！」江源每次看報紙，總是發脾氣。

「江源，你生氣幹啥？台灣又不是你一個人，兩千萬人哪。」徐校芬笑著：「你放心，我買的這五張水泥類股，若是到下月底，我可以賺上三十萬！夠你去歐洲旅行了吧？哈哈！」

「我不要去歐洲，我只要看看黃河，哪怕只是看它一眼，我就死心了！」說著，他暗自啜泣起來。

「你看你……又來了……你身體不好，老是這樣怎麼行？你不是說要多活兩年，去遊歷黃河的發源地嗎？」徐校芬把毛巾遞給他，一面安慰著說。

江源從來不想置產，也不懂經濟之道，他領到工資、稿酬或版稅，只是朝袋內一塞，便交給徐校芬去處理。近年來徐校芬炒股票，江源並不贊成，但他卻絕不阻止她的意願。「你還是在家休養，別搞股票了。股票市場是大企業家的天下，大魚吃小魚，小魚吃蝦米，校芬啊，你那點錢連蝦米還不如，早晚讓人家一口吞掉！」校芬瞪了他一眼：「閉上你的烏鴉嘴！」其實，江源對於目前台灣的證券市場的情況並不特別了解。大企業家獨攬證券市場的局面，早就結束了。平民百姓，尤其是中年婦女，玩股票的越來越多，對股票市場的參與意識也越來越強。這些人往往小股交易，銖積寸累，有利就進，無利則退。它已成為台灣不少閑散之士招財進寶的重要途徑。

「若不是我徐校芬在股票市場進進出出，落買漲賣，賺到一筆錢，就憑你那點工資，連養家餬口都顯得緊緊巴巴，還談什麼外出旅行，還籌劃什麼回大陸省親！」徐校芬越說越氣，最後竟掉下淚來。

一日夫妻百日恩，何況他倆銀婚早過，已是老夫老妻了呢！江源連忙上前，好生安慰她：「我是外行，我是外行！夫人炒股票辛苦了，而且戰果輝煌，江源不才，深表敬意！」

幾句話又說得徐校芬咯咯笑起來：「你呀，不懂就不要指手劃腳！」

「校芬，我已經下決心回大陸探親。現在正是難得的大好時機，遲走不如早走。我已是年逾花甲之人。夜長夢多，現在不走，萬一有個三長兩短，就會變成終生遺憾！」

江源見徐校芬笑了，又提出了回大陸的想法。

「你真的想回去？聽人家說，北方天氣很冷，生活又苦，你回去吃得消麼？」

徐校芬說到這裡，瞪著眼睛，狡黠地笑了笑：「你一定有什麼事瞞著我，你在大陸一定娶過老婆！」

「沒……沒有。校芬，請相信我。」江源吞吞吐吐地說，「我回去是看看老爸爸！」

「那你還會回來嗎？」校芬仍不放心地問。

「當然要回來。」江源向校芬保證說：「這裡有我的愛妻，我的家室，我的女兒，我怎麼會不回來呢？」

徐校芬放心了，並積極幫助江源買這買那，準備回大陸探親。臨走前，她還不斷叮囑，要江源千萬保重身體。

一個風和日麗的晴天，江源終於來到桃園機場，啓程向海峽對岸飛去。

近十年來，也許江源年事漸長，每逢春節期間，他總設法到外面去度假。因為春節的氣氛凝重，讓他思念故鄉而傷心落淚；同時春節時期的鞭炮聲響，晝夜不斷，尤其鄰居燃放長串爆竹時，那辟里啪拉的噪音，震得耳膜嗡嗡作響，一陣陣嗆人的濃煙隨風飄進樓窗，使他幾乎喘不過氣來。少年時期喜歡過年，人過中年卻對春節泛起厭惡之情，這真是不可思議的感情變化。

那年春節，江源是在炎熱飄雨的印尼雅加達度過的。除夕晚上，他在中國人聚集的一條街散步，看到商店的櫥窗通明，擺有各種色彩的男女布料。有一家櫥窗上貼著旅遊廣告，包括華東十日遊，旅遊地點是上海、杭州、無錫、南京、廈門等城市；還有華北十二天旅程，參觀北京頤和園、故宮、長城、濟南大明湖、千佛山、趵突泉公園……江源突然愣在那裡不動，眼淚不由得奪眶而出。他悲痛地想：「俺這一輩子還有機會回到濟南嗎？」那次過年到印尼去旅行，原來是想躲避煩惱的，那知卻得來更多的煩惱。

現在，江源終於如願以償回到了故鄉。這簡直是他做夢也沒有料到的事。雖然春節即在眼前，江家峪還是非常寧靜。偶而從那濛茫幽邃的冷空，發出一兩聲辟啪的爆竹的脆響，這才提醒了那些質樸勤勞的人民，充滿祝福氛圍的春節快到了。

江源回到故鄉最喜歡的飯食，便是熱呼呼的小米稀粥，炒一盤黃豆芽，嚼著饃饃，吃得真香。臘月二十八的晚上，江源和于小英正在喝小米粥，江昆醉醺醺地叼著煙捲走進來，朝炕頭沿一坐，揮揮手說：「你們吃飯，別管我。我吃過了，在家裡悶得慌，找你們聊天。」江源飯量不大，吃完那半塊饃饃，把筷子一放，就離開飯桌，將椅子挪動一下，便跟江混聊家常話。

這次江源回來，最投緣的便是江昆。因為這個「酒簍子」腦筋單純，講話從不拐彎抹角，對於現實的一切，好的他就誇獎一番，不滿意的他敢於批評。想當年江昆馳騁運動場上，何等英雄！康生在山東時期，每次見到江昆，總是拍著他的肩膀笑道：「小江，你要拿到冠軍，我送你一瓶貴州茅台酒。」這是傳遍華北運動會的趣事。六十年代初，江昆這位眾所矚目的田徑選手，在全國運動會稱雄的時代，有關他的趣聞妙事，更是青少年時常談論的話題。傳說賀龍有一天和江昆下棋，江昆吃了賀總一個「馬」，賀龍按住自己那顆「馬」，忙不迭地說：「不行不行，這步不能走！」江昆把手裡的香煙一扔，臉紅脖子粗地說：「他奶奶的，老總你是賴皮啊！」文革時期，賀龍遭受四人幫迫害致死，曾被賀龍鼓勵的運動員江昆，也給安上莫須有的罪名，關進了牛棚，結果導致婚姻破裂，他也變成江家峪的一條老光棍兒。別看江昆是個酒徒，可是酒不醉人人自醉，他對是非曲直看得清楚。畢竟他是見過大人物、大場面的人，因此他對於這位受難的堂嫂于小英，既敬重而又同情；自從江源返鄉以後，他對江源的文化素養、待人風度都非常佩服。若不是年關將居，家家都忙於過年事務，江昆每天都是江源家的座上客呢。

「源哥，你打算過了年開春走嗎？」江昆吸著香煙，尋思著說。這個敏感的話題，江源輕易不願提它。每次談及此事，總會惹起于小英的牢騷與傷感。江源趁著小英去廚房舀水灌壺的機會，回頭低聲對江昆說：「我初三就得走，機票早訂妥了日期。我初六晚上開始到報館上班。耽誤一天也不行。」這時于小英剛巧推門進來，大概聽到話尾，沒頭沒腦地問：「晚一天都不行，啥事這麼要緊呀？」江源搶先說：「俺給江昆兄弟說，台灣報館工作，耽誤一天都不行。」于小英說：「咱這裡吃大鍋飯，自己當家作主，想工作就工作，想喝茶就喝茶，嘻嘻！」她倒了一杯茶，端到江昆面前：「喝茶吧，這是老江從台灣帶回來的包種茶，嚐嚐咋樣？」江昆接過茶杯，喝了一口：「啊，還真香呢。這種茶為啥叫包公茶？是打咱河南帶去台灣的種籽？」江源笑道：「什麼包公茶？這叫包種茶，它是最早從福建引進台灣的。」

他們從茶葉談到喝酒，話題猶如樹葉的脈絡，逐漸擴展散布起來。江源晚上多喝了兩碗小米粥，如今又喝茶，他覺得腹部脹痛，從旅行袋裡摸出萬金油，將肚臍眼周圍塗抹一圈。于小英勸他出去解大便，也許會舒服些。江源拿著手電筒，慢慢走出大門。那個山石壘成的公共廁所，中間用兩塊青石板鋪成茅坑，他解開褲子蹲下來，一陣陣刺骨的寒風吹得屁股疼痛至極。他咬著牙忍耐，想起自己的父親、妻子、江勇仁老師和無數的鄉親們，幾十年來、幾百年來還不都是蹲在這種露天廁所解手？他聯想起作家應該體驗生活，才能寫出具有現實意義的文學作品。他原是農家的子弟，後來去了台灣四十年，他對於農村幾乎斷絕了關係，現在他已成為典型的城市文化人了。

第二天，兩人約好進縣城。于小英沒有借到自行車，兩個人只得騎一段、走一段。他們到了縣城大街，趕集的鄉民非常擁擠，連新華書店門外都擺滿了個體戶攤販。還是依照上回逛城的辦法，于小英去採購東西，讓江源在書店翻閱書刊，然後再一起回去。過久了城市生活，江源沒有走路習慣，他恨不得找一個僻靜的地方，小睡片刻。縣城建設雖比過去進步，但因為此地畢竟還是農業地區，整個縣城只有一家公共浴室、兩家理髮店，江源原想找一家茶館歇一會兒，但是走遍縣城的大街小巷卻找不著一家茶館。

新華書店內，雖然人也很多，但都是圍在販賣貨品部門，出售書刊櫃台卻冷清得很，只有兩三個小青年在翻看言情小說。江源從書架上摸了一冊聞一多詩選，倚老賣老，便坐在一張破椅子上，看起書來。櫃台裡面的女售貨員，一邊打著毛衣，一邊聽對面一位中年男子唸徵訂書的簡介文字。那中年男子整理了一下訂書單，對打毛衣的女售貨員說：「小吳，俺跟你再核對一遍，咱書店預訂的書目及數量是《性心理》一百本、《社會心理學》五本、《歷史的內幕》七本、《黃襯衫血案》七十本、《走向現代化》三本、《愛你入骨》一百二十本、《郭沫若創作之路》六本，另外就是《裸體紅舞女》七十本，沒錯吧？」那女售貨員點點頭。

在台灣，江源對於文學藝術商品化的嚴重問題，非常不滿。許多書商為了促銷書籍，和報紙副刊編輯掛鉤，假借民意導演一種「暢銷書排行榜」，這是文藝界人所盡知的醜劇。江源曾對大陸的文學創作園地有過憧憬，他認為自己發表一篇文藝作品，最少也有二億讀者；若出版一本書，全大陸二千多個縣，每個縣即使銷售一百本，他的這本書也會銷售二十多萬冊，這是多麼過癮的事！這次江源從廣州起，便細心探討出版問題，原來近幾年受了各種影響，再加上紙張漲價文學商品化，許多優秀的中老作家非常痛苦，相反地那些創作《裸體紅舞女》的騙子卻發了大財。他偷偷地笑，卻又想跑到黃河邊大哭一場。他手中拿的那冊《聞一多詩選》，有些詩稿他少年時便看過，那首膾炙人口的〈死水〉，江源至今還能背誦呢。

這是一溝絕望的死水，
這裡斷不是美的所在，
不如讓給醜惡來開墾，
看他造成個什麼世界。

淚眼矇矓，眼前忽現當年煙籠霧鎖的寒冬景象。環繞古老的城牆而流淌的溪水，現出淤淺的現象，枯萎的水草暴露河面，有一位撈蝦的年輕人，正在涉水前行。河旁坐著一對中年夫婦，衣衫襤褸，面目污穢，那男的呼天搶地的叫喚著：「行行好吧，俺那好心的老爺太太！」正凝神時，身後跑出一群青少年，手持鐵棍，追逐毆打。江源膽量小，他趕緊躲進路旁的防空洞去。洞內黑漆漆的，暗無天日，摸索前行。不小心腳踩了一條蟒蛇，軟乎乎的，他嚇得縮回腳來想朝外跑。這時聽得哇地一聲，原來他踩醒了一個嬰兒！罪過啊！……江源從衣袋裡掏出僅有的一點錢，摸索地放在嬰兒的腰身布帶上，便默默走出了防空洞。沿河的石子路，靜悄無聲，遠方傳來一聲兜售「泉水」的吆喝。江源走近溪岸，揀了一塊石頭坐下。

「這是一溝絕望的死水，這裡斷不是美的所在……」他仰起了頭，想起餓死的母親，想起投河自殺的江勇仁老師，想起戰後濟南街頭的難民和乞丐，他熱淚盈眶，吟起了聞一多的詩稿。走吧，離開這條醜惡的淤塞的死水，尋找那美麗的、泛春水的河流去吧！江源四顧茫茫，悲哀地想：「這條河在哪兒呢？」

江源慢慢站起來，無力地將書本放回原處，走出了新華書店，卻隱約地聽到那個打毛衣的女售貨員，俏皮地罵他：「這個老師傅真精，跑到這兒歇腿來啦。他看書裝得和真的一樣，八成是個睜眼兒瞎！」這些話傳送到江源的耳中，他覺得非常有趣可笑。「睜眼兒瞎」，這是「文盲」的別稱，江源已經四十年沒聽到這親切而熟悉的詞彙了，他湧出故人重逢般的喜悅感情。

于小英提著籃子從人群中鑽出來，見江源傻笑著，便問他：「你咋站在這兒傻笑？」

「哈哈！」江源笑道：「俺是個睜眼兒瞎！」

8.

除夕夜。窗外寒風呼嘯，冰天雪地；房內卻煙圈繚繞，溫暖如春，散發出一股淡淡的酒香。燈光和爐火映紅了人們的面孔，更增添幾分醉意。江源手在摸牌，心裡卻忐忑不寧，他向那坐在火爐旁打盹兒的小英瞄了一眼，想起她為了做年夜飯，忙碌了一天，如今才能休憩一會兒。江源摸起一顆無用的九萬，迅捷地打出去，坐在對門的江昆喊「碰」，三付萬子落地，空氣驟然有點緊張，這時江昆搖晃著頭哼唱起來：「東風吹，戰鼓擂，叫你們知道知道誰怕誰？」

「誰怕誰？誰也不怕誰！」江源打趣地說。

兩個同村的老光棍嘿嘿直笑。

雖然江昆三付萬子落地，目前已有兩家聽牌；江源只要摸進一張嵌二條，打出東風，便單調八萬……因此這三家最怕摸進萬子牌，那就全部泡湯了。這兩個老光棍是江源幼時的玩伴，感情和睦，早在江源剛回江家峪時，便講妥請他們兩人來家吃年夜飯，並且打麻將守歲。因此打起牌來非常輕鬆自在，誰也不在乎輸贏。

這時，輪到江源摸牌，他用右手的拇指與中指拿起一張牌，兩手指輕輕一摸，「糟了！」他脫口而出。三個人幸災樂禍朝他發出笑聲。江昆問：「萬子是不是？」江源正在摸牌：「不是萬子俺是狗！」但他突然轉悲為喜，原來摸進的是一張八萬，打出東風，聽嵌二條。他心底流淌著輕快的音符，人間的煩惱已全部忘個乾淨。

驀地，從窗外傳進來一陣辟啪的爆竹聲，驚醒了坐在爐邊的于小英。她起來替打牌的斟滿了熱茶水，偎坐在江源身後看牌。這場牌陷入膠著狀態，誰也不肯放牌，摸來摸去，摸到最後的一張牌，江源竟然以「海底撈月」摸到了二條，他真是喜不自禁了！

「這是老嫂子的福氣，叫老來福。」江昆搓著牌，給于小英戴高帽兒。

「你甭挖苦俺啦。俺守了四十年活寡，還有啥福？」

「現今俺源哥打台灣回來，你這不算老來福嗎？」江天順應和著說。

「是啊。江家峪的人都誇獎俺有福，俺是有福。過了四十個春節，俺都是一把鼻涕一把淚，那像今年這麼熱鬧？這麼高興？將才俺睡覺了，還在做夢呢。但願俺現在不是在做夢吧……」于小英哽咽地說。

江源從桌子下面伸手捏了她一把，示意勸她不要再講傷感的話，免得人家笑話。果然，于小英再也不吭氣，她慢慢站起來，走回爐子旁，添了兩塊煤，便坐下來。

擺在江源面前的十三張牌，五花八門，亂七八糟，使他尋不出做牌的路向。江源轉頭瞄了于小英一眼：「小英，你看俺這把牌做『十三爛』行唄？」

「你酌量著打吧，我有幾十年沒摸牌了。」于小英說。

江昆打出一張紅中，抬頭問道：「你在台灣常打牌吧？」

「那邊打麻將的風氣很盛，你若想打牌，只要有時間，每天都可以打牌；不過，俺一年打不上幾場牌。碰發財！」

「不做『十三爛』了？」下家問他。

「談何容易啊。」江源說。

「你們那邊打麻將，沒人管麼？」江昆抓住這個話題不放，繼續問他。

「只要不妨礙鄰居，誰也不管。一筒，碰！」他拾起那張一筒，從手中打出一張三筒。「凡是愛打麻將的，最怕太太囉嗦。最好是夫妻兩人都打牌，和平共存，互不干涉。」

「你沒人管，應該無拘無束地打麻將吧？」江昆跟他開玩笑說。

「誰說她不管？」江源的聲音有些激動：「她最反對我出去打牌！」

「你指的是誰？」江昆問。

「我太太呀！」他脫口而出。摸起一張一筒，開槓，從槓上摸來一張發財，又得開槓，結果摸來的是一張放炮的牌——五萬，江源捏著不放，他躊躇起來。

這時，打牌的三個人的眼光，集中在他的眼睛上，帶著驚訝而不滿的神情，使他感到奇怪。江源以迅捷的手法，啪地一聲將五萬打出去，但卻無人和牌，也無人繼續摸牌，那三個人彷彿中了催眠術，呆如木雞，一動不動。江源笑道：「打牌呀，別停住。」於是，下家開始摸牌、出牌。屋內只有麻將牌的輕微撞擊聲音，一切恢復了夜的寧靜氣氛。

也許江源把精神貫注在那十三張麻將牌上，他講的話和答的話，根本沒有通過大腦，剛才他說他太太反對打牌的事，如今早已忘卻九霄雲外，但是牌桌上的三個同鄉卻萬分驚訝，都暗自為那位坐在爐旁打盹兒的苦命婦女叫屈。從此他們三人只是默聲打牌，誰也不願講閑話了。

這時，于小英慢慢站起來，為他們四人的茶杯加了熱茶水，轉身披了一件破棉袍，自言自語道：「你們慢慢打牌，俺出去轉悠一下，老是覺得胸口悶得慌。」四個人愣在那裡，眼看她慢步走了出去。

「小英，你——」江源站起來，從裌克袋內掏出一瓶萬金油，想給她抹一下。江源有個習慣，每逢肚脹、胃疼或頭痛，他總是用萬金油塗抹患處，藉著藥力忘卻疼痛。可是，于小英已走遠了。

眼前牌桌上是「一吃三」的壓倒性局面，暫時的勝利者竟是江源，這實在是戰略上最大的錯誤。按照江源的計劃，他夫婦邀請這三個老光棍來吃年夜飯，一則感激他們對小英的生活照顧，同時藉著打麻將來排遣寂寞，他想從牌桌上輸給他們一點錢，以博取這三個孤獨老人的歡心。現在，江源發現自己是大贏家，心裡暗自懊悔，喝了幾盅酒，怎麼變得這麼糊塗？

「源哥，咱不打了行唄？」驀地，江昆提出這句話。

「俺也贊成。」另一個說：「咱找嫂子去。」

「她出去蹓躂一圈兒就回來了。不行，才南風起，還早哩！」江源堅持地說。

雖然江源堅持繼續打牌，但是他心裡已感到疑惑，小英說她「胸口悶得慌」，既無心臟病，顯然是勞累過度或是腸胃不舒服，為什麼不躺在床上休息，反而到寒風呼嘯的外面去散步呢？何況今天夜晚又是除夕，若被村裡人看到的話，人家會怎樣猜疑呢？

江源心不在焉，故意不和牌，一圈打完，江源的鈔票吐出去一大半。西風起輪到江昆起莊，江昆一連坐了三把莊，上家竟以萬子清一色下了莊。江源面前的鈔票已經輸光，從衣袋向外掏錢付牌錢，這正吻合了他的原意。

忽然，江昆發出驚異的聲音：

「咦，嫂子咋還不回來？」

「也許她在隔壁江會計家裡看電視，聽說北京台轉播各地春節文藝節目。」坐在江昆上家的江老二說。

江源想起隔院住的是江會計，過小年還邀他來家打牌。他家有一台十六吋彩色電視機，每天晚上不少鄰居去他家看節目，時常隔著院牆傳過來一陣陣的笑聲。他曾計劃明年返鄉時，帶回一台二十吋的彩電，安裝在牆角水泥架上，讓小英在床上看節目。不過他並未將這個計劃告訴小英。

打到北風底，三條光棍贏，只有主人輸，總算符合了江源的原始計劃，皆大歡喜。看看手錶，已是清晨二時，江昆提議收拾牌桌，陪江源去找小英，讓他倆回去睡覺。但是江源堅持也讓江昆回家休息，準備明天出去拜年。兩人推扯了半天，最後江昆只得歉然而歸。江源獨自清理一下桌椅，拿起手電筒，捻滅電燈，摸索走出大門。夜色蒼茫，小南風吹得刺骨寒冷，他站在石頭牆根向隔院瞅了一眼，黑漆漆的，連一點燈光也沒有，哪兒還會有人看除夕電視節目？他此時有些緊張，按著手電筒走出村子，直奔黃河渡口。

仰望那烏雲湧捲的夜空，漆黑一片，偶爾現出數粒螢火蟲般的星光。黃河猶如一條帶魚，從溟濛幽邃的上游蜿蜒而過。他沿著河邊小路朝著巨石方向走。五十年前，那位落拓不羈的私塾老師江勇仁，滿懷著沉痛悲憤的心情，趁著月黑風高的深夜，獨自來到河邊，投河自殺。江勇仁就是在前面那塊巨大的岩石旁跳下去的。黃河的水捲著泥沙湧流下來，由於巨石矗立河畔，擋住水流，形成一股湍急的漩渦。世世代代，江家峪最懂水性的年輕後生，都不敢在此下河游泳。因為漩渦猶如飛轉的石磨，剎那間便會把人捲進河底，永遠浮不上來。

江源坐在濕漉漉的岩石上，凝聽著湍急的旋轉的河水聲。他想：若是人跳下去，被河水捲進河底，為什麼江勇仁的屍身卻浮現在沙溝峪附近的黃河河面？……想起江老師生前的話語；想起半世紀來中國翻天覆地的變化；想起台灣島上妻子、女兒的叮嚀……江源像一隻喪家犬，雙手撫膝，面對漫長的黑夜哽咽起來。

一陣輕微的腳音自遠而近，最後停止在他的身後。江源如今像一隻剛從河水中被撈獲起來的喪家犬，渾身疲困至極，他唯一的盼望是尋到一角土地，沉睡它幾十年、幾百年，甚至幾千年，他現在實在是太疲倦了……

「圓兒，我問你，你啥時候在台灣成家的？」

于小英的大眼睛，多美，多柔情啊，猶如兩顆黑色的閃亮的珍珠，在江源的眼前旋轉。

「你不應該瞞著我。圓兒，咱倆是結髮夫妻，你第一次見我的時候，俺才十九歲，你就大膽的說你愛我，這些往事你該不會忘記吧？」

江源在喘氣、流淚。走遍了萬水千山，飽嚐了世態炎涼，他從來沒有聽到如此溫柔的聲音，這聲音煥發了她的青春。他默默地點了點頭。

「圓兒，你跑這兒來幹什麼？」

「找你。」

「俺去村長家看電視節目：李谷一唱歌、姜昆說相聲；還有台灣同胞來北京探親的講話，那個老頭兒長得真像你，俺偷偷哭了……」于小英像個孩子似的嘮叨起來。

「小英！」江源突然抓住她的手，激動地央求著她：「請你回答我，我過了年初五回台灣，你不會生氣吧？」她不作聲。江源拉她的手，催促著說：「你說呀！快說！」于小英裹緊了棉袍，向那蒼茫的夜空瞅望：「到了這個時候，俺快進棺材的年齡，俺還生氣做啥？你剛進家門，我就知道你在台灣娶了老婆，生了兒女，要不的話，你咋保養得紅光滿面，長得像俺的侄兒呢？」

江源嘻嘻笑了……

于小英悲痛地哭了……

「你咋了？」江源搖晃著她她肩膀說：「別哭了，別哭，今兒是過年啊。你有啥委屈，盡管朝俺說罷！打也好、罵也好，甚至你叫俺跳河贖罪，都行！只要你甭哭了……」

眼前的巨石沖激的水花，濺在他們的臉上，江源不由得打了一個冷顫。小南風愈刮愈緊，黃河的漩渦發出唰唰的激流的聲響。淚眼朦朧，江源彷佛看見偉大的詩人屈原，緊蹙眉頭，浩然長嘆：「已矣哉！國無人莫我知兮，又何懷乎故都！……」他伸出雙手，正要迎接那位心儀已久的偉大詩家；耳畔卻聽得黃河的女兒的泣訴：「

有一年，你帶我去濟南逛趵突泉，在一間破廟裡，圍了很多善男信女，聽白鬍子老頭講道，他講的是：勸世間人要仔細聽，敬天敬地敬祖宗。受苦受難多忍耐，一不可埋怨天，二不能埋怨地，悔不該生在災禍臨頭亂世裡……那個白鬍子道士講得多好啊！你我夫妻分手四十年，這是年月不濟，在劫難逃……我以為你早就死了。真的，俺真不知道你是被哪一陣風吹回來的？……假如你初五就走，你就不應該回來……圓兒！黃連苦，俺這一輩子比黃連更苦，想不到你還折磨我！」于小英走了，哭著走的；她那柔美的肩膀一聳一聳，兩隻手交互地抹眼睛，凝望她的衰老的背影，江源已是欲哭無淚了……

黃河的水嘩嘩流淌著……